Zentrum Moderner Orient
Geisteswissenschaftliche Zentren Berlin e.V.

Abgrenzung und Aneignung in der Globalisierung: Asien, Afrika und Europa seit dem 18. Jahrhundert. Ein Arbeitsbericht

■ Herausgegeben von
   Henner Fürtig

Arbeitshefte 19

Verlag Das Arabische Buch

Die Deutsche Bibliothek - CIP-Einheitsaufnahme

Abgrenzung und Aneignung in der Globalisierung: Asien, Afrika und Europa seit dem 18. Jahrhundert : ein Arbeitsbericht / Zentrum Moderner Orient, Geisteswissenschaftliche Zentren Berlin e.V. Hrsg. von Henner Fürtig - Berlin : Verl. Das Arab. Buch, 2001
  (Arbeitshefte / Zentrum Moderner Orient, Geisteswissenschaftliche Zentren Berlin e.V. ; 19)
  ISBN 3-86093-312-4

Zentrum Moderner Orient
Geisteswissenschaftliche Zentren Berlin e.V.

Kirchweg 33
14129 Berlin
Tel. 030 / 80307 228

ISBN 3-86093-312-4
ARBEITSHEFTE

Bestellungen:
Das Arabische Buch
Motzstr. 59
14059 Berlin
Tel. 030 / 3228523
Fax 030 / 3225183

Redaktion und Satz: Margret Liepach

Druck: Offset-Druckerei Gerhard Weinert GmbH, Berlin
Printed in Germany 2001

Gedruckt mit Unterstützung der Senatsverwaltung
für Wissenschaft, Forschung und Kultur, Berlin

Inhalt

Vom Umgang mit einem Thema   7

KATJA FÜLLBERG-STOLBERG:
Teilprojekt (1996-2000): Die afro-amerikanische Aneignung von
Afrika. Die Begegnung schwarzer Amerikaner und afrikanischer
Bevölkerung zwischen „Civilizing Mission" und Pan-Afrikanismus   23

HENNER FÜRTIG
Erstes Teilprojekt (1996-1997): Islamische Weltauffassung und
außenpolitische Konzeptionen der iranischen Staatsführung seit dem
Tod Ayatollah Khomeinis
Zweites Teilprojekt (1998-2000): Das Ende des Ost-West-Konflikts
in politischen Konzeptionen arabischer Strategiezentren   33

BERNT GLATZER
Erstes Teilprojekt (1996-1997): Zur Dynamik limitischer Strukturen:
Soziale und lokale Abgrenzungen im staatlichen und internationalen
Spannungsfeld bei Nomaden und Bauern in Afghanistan und Pakistan
Zweites Teilprojekt (1998-2000): Lokalität, Ethnizität und Islam im
gegenwärtigen Konflikt um den Staat Afghanistan   43

ANNEMARIE HAFNER
Teilprojekt (1998-2000): Filmemacher und populäres Kino
im kolonialen Indien: nationale Identität, sozialer Wandel, politische
Emanzipation   55

AXEL HARNEIT-SIEVERS
Teilprojekt (1996-2000): Lokalität, Ethnizität und Nationalstaat
in Südost-Nigeria: Igboland seit ca. 1880   65

SONJA HEGASY
Teilprojekt (1998-2000): Die Reflexion der globalen
wissenschaftlich-technologischen Herausforderung in den Debatten
der Zeitschrift al-Mustaqbal al-ʿarabī, Beirut: 1978-1987   77

PETRA HEIDRICH
Teilprojekt (1996-2000): Tradition auf dem Prüfstand. Bauernführer im
spätkolonialen Indien   85

GERHARD HÖPP
Teilprojekt (1996-2000): Biographien zwischen den Kulturen.
Lebenswelt und Weltsicht muslimischer Migranten in Mitteleuropa
in der ersten Hälfte des 20. Jahrhunderts   95

HEIKE LIEBAU
Teilprojekt (1996-2000): Zwischen Hinduismus und
Christentum. Veränderung sozialer und religiöser Bindungen
im Süden des vorkolonialen Indien   107

ANTJE LINKENBACH-FUCHS
Teilprojekt (1998-2000): The making of Uttarakhand.
Zum Konstruktionsprozeß von Territorialität und regionaler Identität
in Nordindien   119

JOACHIM OESTERHELD
Teilprojekt (1998-2000): Bildung nach der Kolonialzeit.
Zakir Husain und nationale Bildung für ein freies Indien,
1920 – 1947   131

ACHIM V. OPPEN
Teilprojekt (1996-2000): Die Eingrenzung „lokaler Gemein-
schaften". Fallstudien zur Territorialisierung im Hinterland
Ost- und Südzentralafrikas   141

ANJA PELEIKIS
Teilprojekt (1998-2000): Lokalität, Konfessionalität
und Geschlecht. Zum Wandel lokaler Identitäten
am Fallbeispiel multi-konfessioneller Dörfer im Libanon   151

DIETRICH REETZ
Teilprojekt (1996-2000): „Allahs Reich auf Erden": Das politische
Projekt islamischer Bewegungen in Indien, 1900 – 1947   159

BRIGITTE REINWALD

Teilprojekt (1998-2000): Kriegserfahrungen und Lebensstrategien afrikanischer Veteranen der französischen Kolonialarmee. Obervolta/Burkina Faso 1945 – 1960   171

ELLINOR SCHÖNE

Erstes Teilprojekt (1996-1997): Islamische Solidarität und Globalisierung: Weltsicht und Politik der Organisation der Islamischen Konferenz (OIC) am und nach dem Ende des Ost-West-Konflikts
Zweites Teilprojekt (1998-2000): Vor den Herausforderungen der neunziger Jahre – die Weltsicht aṣ-Ṣādiq al-Mahdī's   183

STEFFEN WIPPEL

Teilprojekt (1998-2000): Wahrnehmungen „Europas" durch arabische Muslime – Fallstudie: Reaktionen von Vertretern marokkanischer Parteien auf die Zusammenarbeit mit der EG/EU und auf die Integration Europas seit den 1970er Jahren bis Mitte der 1990er Jahre   195

Literaturverzeichnis   209

Vom Umgang mit einem Thema

Das interdisziplinäre Forschungsprogramm des Zentrums Moderner Orient (ZMO) in Berlin analysierte zwischen 1996 und 2000 Wahrnehmungen, Verarbeitungsformen und Folgen globaler Prozesse und Diskurse in Asien und Afrika vom 18.-20. Jahrhundert. Es untersuchte
– Erfahrungen, Sichtweisen und Reaktionen von Einzelpersonen und sozialen Gruppen in bzw. aus den arabischen Ländern, Südasien und dem subsaharischen Afrika;
– die genannten Regionen als Raum gemeinsamer bzw. besonders vergleichbarer Erfahrungen mit globalen Prozessen, die sich an ausgeprägten und konfliktträchtigen interkulturellen Schnittstellen äußern;
– die erwähnten Erfahrungen in historischer Perspektive, entweder anhand wichtiger historischer Umbrüche und Wendepunkte oder durch die Betrachtung langer historischer Zeiträume;
– vorrangig kulturelle Formen der Verarbeitung globaler Prozesse wie soziale Identitäten, politische Loyalitäten, moralische Vergewisserungen und kognitive Konzepte, und zwar im multidisziplinären Zugriff;
– als Ausgangshypothese, daß in den Untersuchungsregionen Versuche der Abgrenzung und der Aneignung globaler Prozesse und Diskurse, Tendenzen der Homogenisierung und der Heterogenisierung, der Globalisierung und der Lokalisierung einander nicht ausschließen, sondern in enger Verschränkung betrachtet werden müssen.

Diese gemeinsame Fragestellung wurde im genannten Zeitraum von drei Gruppenprojekten mit jeweils eigenen Themenstellungen in komplementärer Perspektive bearbeitet, und zwar
– im Gruppenprojekt 1 vor allem die *Wahrnehmungen und Bewertungen globaler Phänomene sowie entsprechende Gegenprojektionen* aus der Sicht von Muslimen, bei denen meist eine Besinnung auf das Eigene, Lokale oder auf das Nichtwestliche impliziert ist;
– im Gruppenprojekt 2 dagegen insbesondere Tendenzen der *Aneignung und Synthese von indigenen und westlich-globalen Elementen* durch Gruppen und Einzelpersonen, die durch Lebenserfahrung und Stellung als kulturelle Mittler gelten können;
– und im Gruppenprojekt 3 *Konstruktionen des Lokalen im Kontext des Nationalstaats*, etwa durch räumliche Abgrenzung oder Deutungen lokaler Geschichte, bei denen der erhebliche Einfluß grenzüberschreitender Mobilität und globaler Verflechtungen eher implizit bleibt.

Die primären Forschungsleistungen mußten in den einzelnen Fallstudien (Teilprojekten) erbracht werden; ihre Bewertung und Qualifizierung war in erster Linie Aufgabe der jeweiligen Projektgruppe. Allerdings dienten auch gemeinsam organisierte Kolloquienreihen der Diskussion von (Zwischen-) Ergebnissen auf der Ebene des gesamten Zentrums. Darüber hinaus zielten zwei Veranstaltungen ausschließlich auf die Zusammenführung von Forschungsresultaten auf dieser Ebene ab.

Dies war zum einen die Konferenz „Dissociation and Appropriation of Global Processes and Ideas: History, Religion and Local Culture in Asia and Africa", die vom 23.-25. Oktober 1997 im Zentrum Moderner Orient stattfand und in deren Rahmen die Mitarbeiter und zwei Gastwissenschaftler des Zentrums mit 15 weiteren Gästen aus dem In- und Ausland zusammenkamen. In drei Sektionen wurde jeweils ein spezifischer Aspekt der Globalisierungsdiskussion in den Mittelpunkt gerückt, der am Zentrum besondere Beachtung fand: „Historical Dimensions of Globalization", „Religious Aspects of Globalization", und „Local Cultures and Global Processes". Über drei Tage verteilt wechselten sich unter diesen Themenbereichen Originalbeiträge, vorbereitete Kommentare und Diskussionen ab. Dabei kam nicht nur eine Fülle anregender Fallbeispiele und Einsichten zutage, sondern es schälten sich – insbesondere im Verlauf der Abschlußdiskussion – eine Reihe von grundsätzlichen Positionen zur Globalisierungsdebatte heraus. Auf exemplarische Statements von Konferenzteilnehmern wird im folgenden nochmals zurückzukommen sein, obwohl die Ergebnisse der Konferenz unterdessen schriftlich dokumentiert sind (Füllberg-Stolberg, K./Heidrich, P./Schöne, E. (Hg.), Dissociation and Appropriation. Responses to Globalization in Asia and Africa. Berlin: Das Arabische Buch 1999 (Studien des Zentrums Moderner Orient; 10).

Zum anderen fanden am 18. Juli und am 25. Oktober 2000 am Zentrum Moderner Orient zwei interne Arbeitsgespräche der Mitarbeiterinnen und Mitarbeiter des Forschungsprogramms statt. Diese Arbeitsgespräche dienten dem direkten Austausch auf der Ebene der Grundgesamtheit aller Teilprojekte, unabhängig von deren Einbindung in die drei Gruppenprojekte, die jeweils eigene übergreifende Abschlußvorhaben betrieben. Wenige Monate vor Ablauf des Projekts war hier bereits Gelegenheit zu einem Resümee gegeben – nicht primär im Sinne einer Auflistung der erzielten Ergebnisse, sondern eher einer kritischen Bestandsaufnahme der Erfahrungen bei der Umsetzung des gemeinsamen thematischen Ansatzes. Grundlage der Diskussion waren vorbereitete Statements jedes/r einzelnen Teilprojektbearbeiters/in zu folgenden beiden Fragestellungen:

– Erstens (A) die eher methodenkritische Frage der erlebten Vor- und Nachteile im Umgang mit dem übergreifenden Konzept „Aneignung und Abgrenzung in der Globalisierung..." Welcher Globalisierungsbegriff lag den Forschungen zugrunde, welche der gemeinsam erarbeiteten Fragestellungen erwiesen sich als fruchtbar? Grundsätzlich einig waren sich die Teilnehmer/innen in der Einschätzung, daß sich die ursprünglich avisierte Verwendung eines einheitlichen Globalisierungsbegriffs – zumindest in der Anwendung auf die Einzelprojekte – als illusorisch erwiesen hatte. Die unterschiedlichen – auch am Zentrum vertretenen – Wissenschaftsdisziplinen haben unterdessen ihre eigenen Spezifika in der Deutung und Verwendung des Globalisierungsbegriffs gefunden, deren Nivellierung nicht im Interesse der Mitarbeiter/innen liegen konnte. Im Gegenteil, aus den unterschiedlichen Sichtweisen bezog die gemeinsame Forschung eine fruchtbare Spannung, die auch in den folgenden Abschnitten zum Ausdruck kommt.
– Zweitens (B) die Frage, wie „Globalisierung" in den von den Teilprojekten untersuchten Regionen bzw. Gruppen selbst wahrgenommen und diskutiert wird.

Beide Fragen wurden unter folgenden drei Kernaspekten diskutiert:
1. *Globalisierung und Asymmetrie der Macht*;
2. Das *Verhältnis von Homogenisierung und Fragmentierung* als Prozeß oder Wirkung der Globalisierung sowie – damit verwandt aber nicht kongruent – das *Verhältnis von Aneignung und Abgrenzung* als Praxis der Akteure im Umgang mit Globalisierung;
3. *Globalisierung und Geschichte*.

Bevor nun im Anschluß an diese Einleitung die ausgearbeiteten Beiträge der einzelnen Mitarbeiter wiedergegeben werden, sollen zunächst die Ergebnisse der gemeinsamen Diskussion zusammengefaßt werden. Um den Dialogcharakter der Arbeitsgespräche zu verdeutlichen, werden in dieser Zusammenfassung auch gegensätzliche Standpunkte und offene Fragen wiedergegeben. Zudem werden exemplarische Positionen einzelner Teilnehmer/innen angeführt, die durch die Verwendung von Namenskürzeln markiert sind (Aufschlüsselung am Ende dieses Beitrags). Dadurch sollen auch Anregungen für eine vertiefende Beschäftigung mit individuellen Erfahrungen und Standpunkten in den Einzelbeiträgen gegeben werden.

Zur Fragestellung (A) allgemein

Bereits auf der angeführten Konferenz von 1997 ist die Forderung nach einem phänomenologischen Ansatz erhoben worden. Demnach wäre zu fragen, wie das Globalisierungskonzept von wem verwendet und verstanden wird. Einige Teilnehmer/innen entnahmen daraus die Aufgabe, nach Unterschieden zwischen dem „westlich-akademischen" Ansatz (einschließlich seiner Forschungsgeschichte) und der Perspektive der Menschen im „Süden" zu suchen. Andere hielten diesen Gegensatz für problematisch, stellt er doch „Akademiker" gegen „Menschen" und den „Norden/Westen" gegen den „Süden/Osten"; angesichts globaler Migrationen und zunehmend diasporischer Existenz sehr fragwürdig. Sie formulierten die Frage, ob sich eine bestimmte Perspektive hinsichtlich der Globalisierung noch an einen geographischen (Herkunfts-) Ort knüpfen lasse oder ob es hierbei nicht vielmehr um die Widerspiegelung politischer Positionen gehe? Dabei könnte eine Unterscheidung zwischen „Globalisierung" als Prozeß und „Globalität" als Identitätsform oder Vision (TS) zur Klärung beitragen. Wie wird „Globalisierung" als Prozeß und „Globalität" als Eingebundenheit in globalisierte Zusammenhänge (Globalität als eine Spielart von Modernität, eine Form von Identität) wahrgenommen ?

Bei Konzentration auf den Aspekt „Wahrnehmung" und nicht auf die Prozesse oder Identitätsformen selbst könne z.B. im thematischen Bereich des Gruppenprojekts 2 (Akteure des Wandels) zwischen (sozialwissenschaftlich zu untersuchenden) Reaktionen auf Globalisierungsprozesse und kulturellen Wahrnehmungen, Zielvorstellungen und Darstellungsformen des „Globalen" unterschieden werden (z.B. Bauernführer – PH). Andere widersprachen: Reaktionen und Wahrnehmungen seien miteinander verknüpft, kulturelle Imagination sei eine wesentliche Form sozialer Praxis in globalen Prozessen (ALF). Die Erforschung von Globalisierungsprozessen (nicht dagegen von Globalität) erfordere notwendigerweise die Methode des „multi-sited fieldwork" (AP).

Zur Fragestellung (B) allgemein

Ausgangspunkt der Diskussion war die einhelligen Erkenntnis, daß „die" Wahrnehmung von Globalisierung und Globalität in Asien und Afrika nicht existiert. Aussagen sind nur möglich, wenn gefragt wird:
 – *Wer* Globalisierung und Globalität wahrnimmt. Die Wahrnehmungen unterscheiden sich nach Herkunft, Interessenlage, Artikulationsfähigkeit usw. Als wichtige soziale Kategorien wurden genannt: verschiedene Eliten (HF), Stadt-/Landbevölkerung (SW), Islamisten/Säkulare (DR), Individu-

en als Schnittpunkte von Erfahrungen und als aktiv Handelnde (JÖ, HL, GH, BR), Angehörige unterschiedlicher sozio-ökonomischer Gruppen/Identitäten (Schichten, Klassen – PH), „Intellektuelle per Praxis" (BR); Organisationen (z.b. Armee) als „multikulturelle Mikrokosmen" (BR);
- *Wo* Globalisierung und Globalität wahrgenommen wird (im Sinne eines regionalen Vergleichs zwischen Ländern und Regionen in Asien und Afrika);
- *Wann* Globalisierung und Globalität im zeitlichen Vergleich bzw. Wandel wahrgenommen wird. Das betrifft z.B. Unterscheidung von längerfristigem „Erfahrungswissen" und punktuellen liminalen Erfahrungen, die das erstere aktualisieren (z.b. afrikanische Soldaten in den Weltkriegen – BR);
- *Was*, d.h. welche Inhalte, jeweils als charakteristisch für Globalisierung und Globalität gesehen werden;
- *Worauf*, d.h. auf welchen Horizont, Wahrnehmungen von Globalisierung und Globalität bezogen sind (SW): Lokalität/Translokalität, Nation, Region, Beziehungen zu bestimmten Metropolen usw.;
- *Wie* Einfluß auf Globalisierungsprozesse genommen und Wahrnehmungen von Globalität gebildet wurden/werden.

Diskussionsergebnisse zu beiden Fragen (A und B) unter den drei Kernaspekten

1. Globalisierung und Asymmetrie der Macht

A. Erfahrungen und Umgang mit dem Konzept

Es herrschte Konsens, daß der Diskurs über Globalisierung in hohem Maße ideologisiert ist. Aus politisch-ideologischen „Sichtweisen", vielleicht auch aus sozio-ökonomischen Erfahrungen heraus, wird in den behandelten Regionen und Gesellschaften häufig eine „Opferrolle" in der Globalisierung proklamiert bzw. monopolisiert (derartige Positionen finden sich allerdings auch im Westen – PH), wobei „Globalisierung" de facto mit Neo-Imperialismus und -Kolonialismus gleichgesetzt wird. Dazu sind die Meinungen am ZMO geteilt. Während einige Mitarbeiter/innen Globalisierung im Sinne von Anthony Giddens als „immer dichtere und schnellere...Verflechtung zwischen räumlich weit entfernten Strukturen, Prozessen und Ereignissen" ansehen, die nicht auf einen Urheber oder ein Zentrum zurückgeht (HF) (im Unterschied etwa zu „Neokolonialismus" oder „Imperialismus" – DR), halten andere den Macht- bzw.Ausbeutungsaspekt für konstitutiv.

Gemeinsam wurde jedoch die Notwendigkeit gesehen, erstens die Spezifik von Globalisierung im Unterschied zu weiter gefaßten Phänomenen zu klären. Gegenüber „globalen Einflüssen" (DR) etwa scheint „Globalisierung" sich auf den Gesamtprozeß zu beziehen, an dem viele verschiedene Akteure beteiligt sind. Einer Rede von „globalen Faktoren" (AH) liegt dagegen eine Innen-/Außendichotomie zugrunde, bei der das „Globale" kurzerhand mit dem Externen gleichgesetzt wird.

Zweitens sei zu klären, ob die globale Moderne als ein unausweichliches oder als ein spezifisch „westliches" oder „kapitalistisches" Projekt gedacht wird, zu dem auch alternative Zugänge vorstellbar sind. Ein Beispiel seien die Rückwirkungen der spezifischen Aneignung globaler Moderne durch indische Bauernführer oder Nationalbewegungen auf die Metropolen oder die Ausbreitung des Kapitalismus (PH). Alle Konzepte einer globalen Moderne scheinen jedoch, bei unterschiedlichen Akzenten, ähnlich „totale" Ausbreitungstendenzen zu bezeichnen, die allerdings vielfältige Widersprüche und Gegenbewegungen in sich aufnehmen können.

B. Wahrnehmungen in den untersuchten Regionen bzw. Gruppen

Globalisierung wird in den untersuchten Regionen oder Gruppen häufig als Beschleunigung der Polarisierung zwischen Zentrum und Peripherie verstanden, die als zunehmende Marginalisierung (HF) bzw. Abkopplung der letzteren in kultureller, wirtschaftlicher und wissenschaftlich-technischer Hinsicht wahrgenommen wird. Das Thema Technologie ist dafür ein besonders anschauliches Beispiel: technische Neuerungen werden nicht als globalunteilbar und vielfältig einsetzbar angesehen, sondern als „westlich" und als Instrumente der Teilung und Fragmentierung, z.B. in Bezug auf die arabischislamische Zivilisation („division, not diversity" – SH). Das stärkt einerseits Vorstellungen von westlicher Omnipotenz (GK) und leistet andererseits der „Selbstentmächtigung" (SH) Vorschub.

Breiten Raum nimmt in den Regionen auch die Diskussion über Rolle und Funktion des Nationalstaates in der Globalisierung ein. Er wird einerseits als Gegenpol der Globalisierung (AH) eingeschätzt, andererseits sieht man seine Bedeutung schwinden (ALF). Diese Ambivalenz, auch in der Bewertung, wird z.B. im arabischen Diskurs reflektiert. Hier fällt die Unterscheidung zwischen den Konzepten der ʿālamiyya (Globalismus, als politischökonomisches Herrschaftsstreben, dem sich der Nationalismus entgegenstemmt) und der 'aulama auf, das Globalisierung als komplexeren politischen, ökonomischen und kulturellen Prozeß mit positiven und negativen Aspekten ansieht (HF). An dieser Stelle lohnte sich der Vergleich: Während arabische und südasiatische Intellektuelle den Nationalstaat häufig eher als Bastion des Eigenen, als Schutzfaktor gegenüber der – als westlich dominiert wahrgenommenen – Globalisierung bewerten, sehen viele Vertreter Afrikas ihn als Chance des Zugangs zu globalen Vernetzungen (Ressourcen, Rechte). Auch hierbei mag allerdings die soziale Lage und Gruppenzugehörigkeit den Ausschlag geben; es erscheint problematisch, pauschalisierende Zuordnungen bestimmter Wahrnehmungen bestimmten Regionen zuzuordnen.

2. Homogenisierung und Fragmentierung/Aneignung und Abgrenzung

A. Erfahrungen und Umgang mit dem Konzept

Der Begriff der Globalisierung gewinnt einen Teil seiner Faszination daraus, daß er die Gleichzeitigkeit und Verknüpfung von Begriffen und Prozessen betont, die sonst als binäre Gegensätze gesehen werden: Homogenität/Heterogenität, Zentralität/Dezentralität, Kapitalkonzentration und desorganisierter Kapitalismus, Herausbildung von Großräumen und politische Fragmentierung, Hybridisierung und Dehybridisierung, Gleichzeitigkeit des Ungleichzeitigen usw. (UH). Andererseits kann dieser Reiz auch zu einem Reflex werden, der eine komplexe Realität auf „klangvolle" aber simple Binaritäten reduziert (AHS). Diese Ambivalenzen lassen sich sowohl auf der Ebene der „strukturellen" Verläufe und Wirkungen von Globalisierungsprozessen („Homogenisierung/Fragmentierung") als auch auf der Ebene der Praxis der Akteure (in) der Globalisierung („Aneignung/Abgrenzung") beschreiben.

Homogenisierung oder Fragmentierung der Strukturen?

Auf dieser Ebene ging es in den Diskussionen vor allem um kulturelle Aspekte von Globalisierung: ist also „kulturelle Globalisierung" Ergebnis von „Kulturkontakt" (AH u.a.) zwischen lokalen und globalen bzw. nichtwestlichen und westlichen Einflüssen, der neue kulturelle Synthesen (Homogenisierung) erzeugt ? Oder sind kulturellen Differenzen selbst erst das Resultat von Globalisierung, d.h. Wahrnehmungskonstrukte, die sich aus unterschiedlichen Perspektiven und Situationen innerhalb eines gemeinsamen historischen Rahmens ergeben ? Wie wäre solche Diversität zu bezeichnen und zu beurteilen: als „Fragmentierung", „Heterogenisierung", „Glokalisierung",

„uniform diversity" (nach dem Muster kapitalistischer Warenform und bürgerlicher Individualisierung – SR) oder „Pluralisierung"?
Wie kann umgekehrt der Aspekt der Zusammenführung heterogener Quellen am besten bezeichnet werden: als „Indigenisierung", „Hybridisierung (mit häufig negativer Konnotation)", „Bricolage" (Selbstzusammensetzung – als Idee einer kreativen Synthese eher positiv bewertet), „Kosmopolitisierung" (Weltbürgertum – Betonung der Einheit des Marktplatzes oder Forums) oder „Plurale Kulturen" (Betonung bereichernder Vielfalt)?

Abgrenzung oder Aneignung als Praxis?

Auch auf dieser Ebene bezogen sich die Diskussionen insbesondere auf die kulturelle Dimension der Globalisierung, d.h. auf Wahrnehmungen und Entwürfe von „Globalität". Diese können durchaus im Spannungsverhältnis zu „realen" Prozessen der Globalisierung stehen, z.B. kulturelle Abgrenzung bei politisch-ökonomischer Integration. Auch *disjunctures* (Appadurai) zwischen politisch-ökonomischen und kulturellen Aspekten der Globalisierung sollten beachtet werden (UL). So divergieren Versuche regionaler Integration auf ökonomisch-politischer Ebene (von einigen als Momente von „Gegenglobalisierung" oder „Sub-Globalisierung" interpretiert) oft von Regionalisierungen nach soziokulturellen Identitäten (SW). An dieser Stelle kam der Vorschlag auf, ökonomische Globalisierungsdiskurse zukünftig auch mit kultur- und sozialwissenschaftlichen Methoden und Fragestellungen zu untersuchen.

Wenn Globalisierung in Anlehnung an o.g. Definition von Giddens als selbsttragender, poly- bzw. non-zentrischer Prozeß verstanden wird, wird damit ihr „dialektischer" Charakter betont. Sie kann also auch gegenläufige Reaktionen einschließen. Selbst rigorose Ablehnung oder Abgrenzung von Globalisierung können als konstitutives Element derselben begriffen werden. Auch Versuche, mittels Verweisen auf ein jeweils spezifisches kulturelles Erbe Identität zu konstruieren und Eigenständigkeit zu befördern oder zu festigen, können als eine Form dialektischer Gegenbewegung („Globalisierung schafft ihr Anderes") angesehen werden, die letztlich sogar einen Nachvollzug (Aneignung) globaler Grundmuster darstellt. Ein Beispiel ist die Schaffung von „traditional rulers" in Südost-Nigeria – AHS).

In der Realität stellen sich Formen von Abgrenzung und Aneignung als ambivalent und empirisch kaum trennbar dar (JGD). Das zeigt sich z.B. besonders augenfällig bei religiös motivierten Versuchen, mit Bezug auf den universalistischen Anspruch des Glaubensbekenntnisses, eine „Gegenglobalisierung" zu konstruieren. Diese Versuche vollziehen sich jedoch in stetigem Wechselverhältnis mit „fremden", de facto westlichen Kulturen und Konzepten, die sie im Verlauf der Interaktion zwar verarbeiten und bisweilen auch verändern, gleichzeitig aber dadurch zu ihrer globalen Verbreitung beitragen.

B. Wahrnehmungen in den untersuchten Regionen bzw. Gruppen

In den Diskussionen wurde eine Reihe von „Bereichen" genannt, in denen Erfahrungen von Globalisierung und Wahrnehmungen von Globalität besonders zahlreich auftreten (AHS), nämlich:
- Religion (im Untersuchungsraum vor allem der Islam);
- Konsum (Waren, auch Informationen);
- Migration/Diaspora (infolge von Studium, Wanderarbeit, Kriegsdienst etc.). Bei letzterem ermöglicht das Konzept der Globalisierung als Form von Abgrenzung *und* Aneignung auch eine – zumindest partielle – Umdeutung der historischen Phänomene von Diaspora und Exil. Neben einer früheren, vornehmlich als „Opfer" erlittenen Diaspora entstand unter Globalisierungsbedingungen eine neue, „schaffende Diaspora" (Finanzwesen, Welthandel etc.), die ihrerseits qualitativ und quantitativ zur Globalisierung beiträgt (GH). Sie verstärken Gruppenbildungen sozialer, kultureller, konfessioneller und politischer Art, die nicht mehr über territoriale Begrenzungen definiert werden können (HF);
- Moderne Elitenbildung (Kosmopolitismus – AHS, BR);
- Nationale/ethnische Identitätsbildung (moderne Wir-Gruppenbildung – AvO);
- Moderner Nationalstaat;
- Armeen als „multikulturell" strukturierte Mikrokosmen (BR) und
- Bereiche kultureller Produktion.

Unterschiedliche Positionen zur Globalisierung ergeben sich auch aus der konkreten historischen und sozialen Verortung der wahrnehmenden und handelnden Personen. Unabhängig von ihrer Religion fällt auf, daß sich Befürworter einer raschen Adaption an die Globalisierung bzw. deren aktiver Mitgestaltung einerseits vor allem in der privaten Unternehmerschaft, im Bankwesen, im Import-Export-Geschäft im Agro-Business usw. und andererseits unter Technokraten und der geistig-intellektuellen Elite finden (HF). Für sie sind Probleme der Globalisierung kaum mehr als „Partnerschaftsprobleme". Einige, insbesondere bürokratische Staatseliten, lehnen Globalisierung allerdings ab, weil sie die Untergrabung ihrer nationalstaatlichen Machtbasis befürchten (SH). Auch hier gibt es regionale Unterschiede (Marokko – SW). Dagegen treten ablehnende Haltungen insgesamt eher in den mittleren oder unteren Schichten der Sozialpyramide auf, wenngleich ihre Wortführer häufig ebenfalls aus der Oberschicht respektive der intellektuellen Elite stammen. Aber auch unter ihnen bestehen viele auf einer Unterscheidung zwischen Globalisierung und Imperialismus bzw. Kolonialismus; nicht alle negativen Implikationen der letzteren werden als Ergebnis von Globalisierungsprozessen gesehen (HF).

Bei aneignendem und abgrenzendem Handeln geht es aber nicht notwendigerweise um eine Positionierung gegenüber der global(isierend)en Moderne, sondern oft auch um die Positionsbestimmung (z.B. Statusverbesserung) im lokalen Kontext. Ein Beispiel sind Weltkriegsveteranen aus dem kolonialen Afrika, die eine *bricolage* heterogener Handlungsorientierungen in einer Person repräsentieren (BR). Globalität kann als Matrix dienen, (Gegen-)Entwürfe von neuer Gesellschaft und neuem Menschen auch innerhalb der einzelnen Gesellschaften öffentlich auszuhandeln (DR).

In den behandelten, vor allem in den islamisch geprägten Regionen wird Globalisierung häufig als höchste Form westlich geprägter Modernisierung interpretiert. Darunter wird dann eine zwangsweise Universalisierung oder Transkulturalisierung des westlichen Kapitalismus verstanden. In dieser Perspektive ergeben sich die *Optionen* vollständige Übernahme, selektive Aneignung oder Ablehnung der westlichen Moderne. In jedem Fall wird von „der einen Moderne" ausgegangen, gegenüber der es sich zu positionieren gilt.

Die erste Option tritt am ehesten unter ökonomischen Eliten auf. Für die mittlere können indische Bauernführer und Erziehungsaktivisten als Beispiel angeführt werden, die das globale Projekt der Moderne als widersprüchlich und ambivalent sahen und sich daher nicht nur gegenüber der Moderne als ganzer, sondern auch gegenüber einzelnen Aspekten positionierten, u.a. im Bündnis mit internationalen und westlichen Organisationen (PH, JÖ). In den arabischen Ländern werden jedoch kontroverse Diskussionen über die Möglichkeit geführt, „positive" Elemente der Moderne selektiv zu übernehmen. In diesem Zusammenhang wurden weitere Forschungen für vielversprechend gehalten, die nach dem Wandel der Selektionsmechanismen fragen bzw. danach, was in welcher Phase abgelehnt und was angenommen wurde.

Die Option der vollständigen Ablehnung findet sich am ehesten bei Unterschichten und Intellektuellen. Diese setzen auf „islamische Werte" wie Glauben, Geduld, Augenmaß und Ausgleich, wohingegen die (westliche) Moderne auf säkularem Materialismus basiere und Wissenschaft sowie Vernunft vor Ethik und Moral rangierten. Diese Interpretation muß jedoch naturgemäß defensiv bleiben, da sie „Eigenes" stets nur als „Widerschein" und „Projektion" des „Anderen" definiert. Andere Intellektuelle gehen jedoch davon aus, daß Moderne sich eher aus einer spezifischen Geisteshaltung, aus kritischer Selbstreflexion und Infragestellung des Bestehenden bestimmt, aus der heraus andere bzw. sogar „multiple" Modernen denkbar sind (HF). Inzwischen hat teilweise ein Überschwenken von humanistischen und sozialistischen Alternativmodellen zu Konzepten islamischer (Gegen-) Globalisierung stattgefunden. Konzepten einer „islamischen Moderne" geht es aber letztlich vor allem um den Bruch mit dem Westen und nicht um einen eigenen Impuls der Aufklärung. Daher können sie nicht als „alternative" oder „multiple", sondern als konkurrierende Moderne bezeichnet werden.

Das drückt sich auch durch ein zunehmend geostrategisches Denken aus – wobei die Definition des „islamischen Raumes" infolge von Migrationsprozessen immer komplizierter wird. Der Konkurrenzanspruch wird auch theologisch untermauert, u.a. durch Verweis auf die Aussage des Korans, daß die Welt islamisch erschaffen worden ist. Historisch waren die Nationalbewegung und die Weltkriege Katalysatoren für solche islamischen Gegenentwürfe der Globalisierung (DR).

An diese Erfahrungen bzw. Feststellungen knüpfte sich die Frage an, ob neben dem islamisch definierten auch andere Konzepte existieren, die als „subalterne Globalisierung" oder Wahrnehmungen von Globalität bezeichnet werden könnten (z.B. „Third Cinema" in Indien – AH). Fraglich blieb, inwieweit diese dann aber wieder regional unterschiedliche Bedeutungen haben und unterschiedliche Diskussionen fördern würden. Ein Beispiel wäre die Verbreitung indischer Filme in Ostafrika, die dort Debatten über Sexualität auslösen. Gerade in diesem Zusammenhang wurde festgestellt, daß populäre Wahrnehmungen oder Konstruktionen von Globalität oft Entwürfe neuer Moralität enthalten, möglicherweise infolge der darin angelegten Betonung des „Ganzen". Hier wurde das Beispiel einer Widerstandsbewegung gegen die spätkoloniale Lokalverwaltung der Chiefs in Nordwest-Zambia zitiert, die sich „Leute der Welt" nannte (AvO).

Insgesamt wurde festgestellt, daß die Prioritäten zwischen Abgrenzung und Aneignung sowohl horizontal variieren, d.h. zwischen den untersuchten Regionen, gesellschaftlichen Bereichen und Schichten, als auch vertikal, d.h. im Längsschnitt unterschiedlicher historischer Perioden. Ein Beispiel ist der Wandel von Ablehnung zu Bereitschaft, sich insbesondere ökonomischen Folgen von Globalisierung zu stellen, in Marokko (SW).

Außerdem wurde auf die Vielzahl der Beispiele verwiesen, die belegen, daß in den untersuchten Regionen Abgrenzung und Aneignung in der Praxis vielfache *Ambivalenzen und Interferenzen* zeigen, entgegen der strikten Trennung dieser Optionen auf rhetorischer Ebene. So sehen es islamische

Gruppen (DR) oder nationalbewußte Intellektuelle (z.B. Filmemacher – AH) nicht als Widerspruch, sich westlich-globale Kommunikationstechnik (Medien, Organisationsformen, Öffentlichkeit) zu eigen zu machen. Globale Institutionen und Normen, die z.B. staatliche Souveränität, Menschenrechte, Entwicklung, Gemeinschaft u.ä. betreffen, werden vielfach auf lokaler oder regionaler Ebene angeeignet und dort für Macht- und Abgrenzungszwecke instrumentalisiert (AHS). Dazu wurden aus verschiedenen Teilprojekten eine Reihe von Varianten genannt:

– Die lokale Aneignung internationaler Diskurse über Ökologie und nationalstaatlicher Imaginationen von kollektiver Souveränität. Die lokale Region wird dabei zur Projektionsfläche für den „guten", auf globalen Normen beruhenden Nationalstaat (ALF);

– Die Aneignung von Öffentlichkeits- und Entwicklungsvorstellungen über transnationale Migration und Netzwerke von Gemeinden für konfessionell-lokale Abgrenzungen in Nachkriegslibanon (AP). Möglicherweise bietet die Erfahrung von Diaspora/Globalität auch Chancen der Grenzüberwindung (BG, AP);

– Die lokale Aneignung politisch-administrativer Grenzziehungen, d.h. staatlicher Territorialität (AvO), wobei zu klären bleibt, ob diese Normen und Institutionen auch als „globale" wahrgenommen werden, oder längst nationalisiert bzw. lokalisiert sind. Hier wurde auch das „Taliban-Phänomen" diskutiert, wo Macht- und Abgrenzungsstrategien auf lokaler Ebene mit Teilhabe an ökonomischer Globalisierung und zugleich mit ideologischer (islamischer) Gegenglobalisierung vermittelt sind (BG). Regionale Identitäten, als Zwischenebene zwischen Nationalstaat und Globalisierung, bilden Projektionsflächen für Weltkultur/Weltwirtschaft (z.B. Mittelmeerraum als Alternative für Marokko zur Abschottung gegen Globalisierung. Daraus erwachsen multiple regionale Identifikationen/Einbindungen des Nationalstaates, die sich im Laufe der Zeit auch wandeln können (SW).

3. Globalisierung und Geschichte

A. Erfahrungen und Umgang mit dem Konzept

Im Verlauf der Forschungsarbeiten festigte sich am ZMO der Standpunkt, daß Prozesse regionsübergreifender wirtschaftlicher, sozialer und kommunikativer Vernetzung weit in die Geschichte hinein zu verfolgen sind und es deshalb nicht möglich ist, Globalisierung ausschließlich als Phänomen des ausgehenden 20. und beginnenden 21. Jahrhunderts zu beschreiben. Auszumachen sind immer wieder Zyklen besonderer Beschleunigung der weltweiten Vernetzung, wobei der jüngste dieser Zyklen tatsächlich in der zweiten Hälfte des 20. Jahrhunderts begann. Als Globalisierung läßt sich diese Vernetzung allerdings erst ab dem Zeitpunkt bezeichnen, als das Bewußtsein von der Welt als „einem Ort" möglich wurde, also seit dem frühen 16. Jahrhundert, und nicht etwa bei den früheren „Weltreichen", die ein konzentrisches Weltbild besaßen, d.h. von einem Mittelpunkt und nicht von den Grenzen der Welt als ganzer ausgingen (HF).

In der Diskussion blieb die Frage offen, ob es zweckmäßiger sei, für die Zeit vor dem 20. Jahrhundert von „frühen Formen" der Globalisierung oder von „Voraussetzungen für die umfassende oder ‚reife' Globalisierung" zu sprechen (HL), oder ob es immer wieder „Globalisierungsphasen" gegeben habe – wobei erst einmal geklärt werden müßte, welche Zeiten als „reif" für kulturelle Globalisierung angesehen werden könnten(GH). Entscheidende Voraussetzung, zugleich entscheidender Unterschied zu älteren, eher konzentrischen Weltvorstellungen ist der Bezugspunkt des Globus, das Bewußtsein der Endlichkeit der Welt, das seit Magellan besteht (HF). Hier offenbarten sich in der Diskussion allerdings zwei grundsätzliche analytische Schwächen des Globalisierungsbegriffs:

Zum einen ist die Assoziation von „global" mit „Welt" mißverständlich. Auch die vor dem 16. Jahrhundert bestehenden „Weltreiche" ließen das o.g. Bewußtsein zu, selbst wenn es auf die jeweils „bekannte" Welt eingeschränkt war. Um den Qualitätsunterschied kenntlich zu machen, ist die Verwendung des Globalisierungsbegriffs (oder einer Vorstellung von Globalität) für die Zeit bis 1519/22 wenig hilfreich. Insgesamt scheint der im arabisch/islamischen Diskurs bisweilen anzutreffende Begriff *kaukaba* („Planetarismus") präziser (HF).

Zum anderen erscheint die Schöpfung des Begriffs „Globalisierung" im Zusammenhang mit revolutionären Neuerungen in der Kommunikation und Wirtschaftsorganisation als eher willkürlich. Beschleunigte „planetare" Vernetzungen ließen sich auch schon mit dem Instrumentarium der Dependenz-, Weltsystem- und (Neo-)Imperialismustheorie deuten. Globalisierung bedeutet keine neue Qualität, sondern zunächst nur eine neue Quantität weltweiter Kommunikation und Interaktion. Diese jedoch betrifft in erster Linie die alten und neuen Zentren untereinander, während sie für die Peripherien im Süden ein beschleunigtes Auseinanderdriften bei intensivierter Marginalisierung bedeutet. Hier muß nochmals betont werden, daß Globalisierung vielfach nicht zu *diversity*, sondern zu *division* führt (SH).

„Globalisierung" scheint also weniger ein historisch-analytischer als ein deskriptiver Begriff zu sein (AHS). Deshalb blieben in der Diskussion verschiedene Standpunkte nebeneinander stehen. Einige Mitarbeiter/innen verwenden weiterhin den Begriff „Globalisierung" nur für Prozesse in der neuesten Geschichte und Gegenwart und bezeichnen ältere Formen als „globale Prozesse". Andere meinen, daß die damaligen Prozesse die gegenwärtigen „vorstrukturierten" (DR, HL).

B. Wahrnehmungen in den untersuchten Regionen bzw. Gruppen

Die Mehrheit muslimischer Wissenschaftler bewertet die Globalisierung als eine Erscheinung, die in unmittelbarem Zusammenhang mit dem Ende des Ost-West-Konflikts zu sehen ist. Die historische Dimension des Globalisierungsprozesses wird entweder nicht wahrgenommen oder als vernachlässigbar angesehen – so wie vielfach auch im Westen. Auf jeden Fall rückt mit dieser Sichtweise der Globalisierungsprozeß in inhaltlichen Zusammenhang mit dem Sieg des Westens im Kalten Krieg, die Wahrnehmung wird kanalisiert.

Nur vereinzelt finden sich Stimmen, die der Globalisierung eine historische Dimension zubilligen, verstanden als Produkt eines langen und intensiven Austausches der Kulturen, zu dem nicht zuletzt die islamische Kultur entscheidend beigetragen hat. Hier wird gern auf ein Goldenes Zeitalter des Islam rekurriert, in dem ein fruchtbarer christlich-muslimischer Austausch stattgefunden habe (HF).

Für künftige Projekte wäre es vielversprechend, verschiedene islamische Interpretationen globaler Geschichte zu untersuchen: Neben Bezügen auf ein „Goldenes Zeitalter", wird der Islam oft als das ursächlich Eigene, zu reinigende (HF), und die Gegenwart entsprechend als ein „interval between perfect origins and their re-establishment" (Hopwood) bewertet.

Es wurde festgestellt, daß sich der historische Wandel von Erfahrungen mit Globalisierung und Entwürfen von Globalität sich nicht nur anhand konkreter Regionen und sozialer Positionen beobachten läßt, sondern sogar anhand gleichartiger Situationen. Ein Beispiel dafür ist die Weltkriegserfahrung für Kolonialsoldaten: Der Erste Weltkrieg war für Afrikaner eher ein Disziplinierungserlebnis, der Zweite Weltkrieg dann eine Erfahrung der Emanzipation von Unterlegenheitsgefühlen. Für indische Soldaten hatte dagegen schon die Erfahrung des Ersten Weltkriegs diese Bedeutung (BR). Anderen Teilnehmer/innen waren das Beispiel des „Black Atlantic" (atlantische Sklavenhandelswelt) oder indischer Christen des 18. Jahrhunderts wichtig, da im ersten Fall Globalisierungsprozesse, nicht aber „Globalität" wahrgenommen worden und im zweiten Fall Vorstellungen von Universalität, nicht aber von Globalität vorhanden gewesen sei(en).

Diese einführende Zusammenfassung kann die im Forschungsprogramm des ZMO zwischen 1996 und 2000 gewonnenen Erkenntnisse weder erschöpfend darlegen noch etwa die offenen Fragen zu abschließenden Antworten führen. Sie soll vielmehr einen Einblick in die Forschungs"werkstatt" vermitteln, die die abschließenden Arbeitsgespräche über Methoden, Fragestellungen, Begriffe, Inhalte und Erfahrungen gebildet haben. Dieser Anspruch bestimmt auch die folgenden Einzelbeiträge. Sie waren gehalten, die hier referierten Fragestellungen und Diskussionen aufzugreifen, sie aber den Zielsetzungen und dem Zuschnitt der einzelnen Projekte anzupassen. Interessenten an den Forschungsergebnissen der Teilprojekte im Einzelnen seien ausdrücklich auf die den Einzelbeiträgen beigefügten Publikationslisten verwiesen.

Im Text verwendete arabische Begriffe, Eigen- und Ortsnamen werden entsprechend der Regeln der Deutschen Morgenländischen Gesellschaft (DMG) transkribiert. Ausnahmen sind lediglich Begriffe, die Eingang in die deutsche Sprache gefunden haben (Koran, Imam, Kairo, Amman usw.) und deshalb den Regeln der deutschen Rechtschreibung (Duden) folgen sowie im Text vorkommende Eigennamen von Autoren, die grundsätzlich analog der verwendeten Quelle geschrieben werden.

Abschließend danken Herausgeber und Autoren der Deutschen Forschungsgemeinschaft für die Förderung dieses Forschungsprogramms.

Henner Fürtig, Achim v. Oppen

Namenskürzel der Beitragenden

AH = Dr. Annemarie Hafner (Zentrum Moderner Orient, Berlin)
AHS = Dr. Axel Harneit-Sievers (Zentrum Moderner Orient, Berlin)
ALF = Dr. Antje Linkenbach-Fuchs (Zentrum Moderner Orient, Berlin)
AP = Dr. Anja Peleikis (Zentrum Moderner Orient, Berlin)
AvO = Dr. Achim v.Oppen (Zentrum Moderner Orient, Berlin)
BG = Dr. Bernt Glatzer (Zentrum Moderner Orient, Berlin)
BR = Dr. Brigitte Reinwald (Zentrum Moderner Orient, Berlin)
DR = Dr. Dietrich Reetz (Zentrum Moderner Orient, Berlin)
GH = Prof.Dr. Gerhard Höpp (Zentrum Moderner Orient, Berlin)
GK = Prof.Dr. Gudrun Krämer (Freie Universität Berlin, Teilnehmerin an der Konferenz von 1997)
HF = PD Dr. Henner Fürtig (Zentrum Moderner Orient, Berlin)
HL = Dr. Heike Liebau (Zentrum Moderner Orient, Berlin)
JGD = Dr. Jan-Georg Deutsch (Zentrum Moderner Orient, Berlin)
JH = Prof.Dr.em. Joachim Heidrich (Teilnehmer an der Konferenz von 1997)
JÖ = PD Dr. Joachim Oesterheld (Zentrum Moderner Orient, Berlin)
PH = Dr. Petra Heidrich (Zentrum Moderner Orient, Berlin)
SH = Dr. Sonja Hegasy (Zentrum Moderner Orient, Berlin)
SR = Dr. Shalini Randeria (Freie Universität Berlin, Teilnehmerin an der Konferenz von 1997)
SW = Dr. Steffen Wippel (Zentrum Moderner Orient, Berlin)
TS = Dr. Thomas Scheffler (Freie Universität Berlin, Teilnehmer an der Konferenz von 1997)
UH = Prof.Dr. Ulrich Haarmann † (Zentrum Moderner Orient, Teilnehmer an der Konferenz von 1997)
UL = Prof.Dr. Ute Luig (Freie Universität Berlin, Teilnehmerin an der Konferenz von 1997)

KATJA FÜLLBERG-STOLBERG

Teilprojekt (1996-2000): Die afro-amerikanische Aneignung von Afrika. Die Begegnung schwarzer Amerikaner und afrikanischer Bevölkerung zwischen „Civilizing Mission" und Pan-Afrikanismus

Vorstellung des Projekts: Untersuchungsgegenstand, Fragestellungen, Projektzusammenhang

Das Projekt beschäftigte sich mit den Auswirkungen der afro-amerikanischen Präsenz in Afrika. Die vielschichtigen, wechselseitigen Beziehungen zwischen schwarzen Amerikanern und Afrikanern wurden am Beispiel von afroamerikanischen Missionaren und christlichen afrikanischen Konvertiten auf dem Hintergrund der amerikanischen protestantischen Missionierungsbewegung zwischen 1830 und 1920 in Regionen Westafrikas und des südlichen Afrika untersucht. Fokussiert wurde anhand von Fallbeispielen die Wechselwirkung zwischen den Beteiligten des Kulturaustausches: einerseits die Auseinandersetzung der Afrikaner mit protestantischem Christentum und westlichen Bildungskonzepten, übermittelt durch die bereits subkulturell geprägten Afro-Amerikaner, und andererseits die Rückwirkung der Afrikaerfahrung afro-amerikanischer Missionare auf die Kultur des schwarzen Amerika. Im Mittelpunkt der Untersuchung stand die transkulturelle Interaktion zwischen beiden Akteursgruppen und insbesondere ihr Einfluß auf die politischen und kulturellen Transformationsprozesse innerhalb afrikanischer Gesellschaften im Zuge der Einbindung in globale Zusammenhänge über Kolonialherrschaft und Missionierung.

Erfahrungen bei der Umsetzung des thematischen Ansatzes

A. (methodisch)

Im Rahmen des Projekts kamen sowohl der historischen Dimension von Globalisierung wie auch dem Zusammenhang von Globalisierung und Religion besondere Bedeutung zu. Beide Begriffspaare – Globalisierung und Geschichte sowie Globalisierung und Religion – bildeten die spezifischen Verbindungspunkte zum übergeordneten Gesamtprojekt „Aneignung und Abgrenzung in der Globalisierung".

Der Begriff der Globalisierung fand hauptsächlich in vermittelter Form Eingang in die Projektarbeit. Der historischen Dimension der Prozeßhaftigkeit der Globalisierung, die die fortwährende gesellschaftliche Veränderung und Dynamik am eindrucksvollsten widerspiegeln, kommen dabei eine besondere Bedeutung zu. Der Begriff der Globalität als „Identitätsform oder Vision" erwies sich – zumindest für die Periode des 19. Jahrhundert und die bearbeiteten Fallbeispiele – als nicht überzeugend in seiner Anwendung.

Religion spielt ohne Zweifel eine signifikante Rolle innerhalb der Entwicklung des globalen Systems.[1] Allerdings gibt es unterschiedliche Meinungen darüber, inwieweit Globalisierung in erster Linie als säkular oder als religiöser Prozeß interpretiert werden sollte. Wurde die Globalisierung entscheidend von religiösen Ideen und Bewegungen bestimmt, oder ist sie vielmehr eine säkulare Erscheinung, geprägt von wirtschaftlichen, politischen und kulturellen Entwicklungen, bei denen religiöse Einflüsse – wenn überhaupt – nur eine völlig untergeordnete Rolle spielen?[2] Religion stellte einen wichtigen Bestandteil der Globalisierung dar und beeinflußte zu unterschiedlichen Zeiten und bedingt durch wechselnde politische und soziale Konstellationen globale Entwicklungen mehr oder weniger deutlich. In diesem Zusammenhang muß auch konstatiert werden, daß sowohl Globalisierung insgesamt wie auch die religiöse Dimension von Globalisierung nach wie vor überwiegend im aktuellen Kontext diskutiert werden und ein historischer Rückblick wie z.B. die Einbeziehung des 19. Jahrhunderts, das den zeitlichen Schwerpunkt des Projekts bildete, kaum vorgenommen wird.

Im vorliegenden Projekt wird Globalisierung als historischer Prozeß wahrgenommen, der sich in Form von christlicher Missionierungsbewegung und Kolonialherrschaft präsentiert. Kirchen, religiöse Gruppen und Institutionen agieren heute weltweit über ein globales Netzwerk. Dies galt aber auch – wenn auch nicht so ausgeprägt – bereits für das 19. Jahrhundert. Die protestantische Missionierungsbewegung war weltweit, d.h. in Asien, Afrika, Europa und Ozeanien, aktiv. Ihre Missionare betrachteten sich als Mitglieder einer global agierenden Institution. Sie verfügten über gemeinsame Strategien zur Durchsetzung eines universalen Zieles, der weltweiten Verbreitung von Christentum und westlicher Zivilisation. Begriffe wie „world mission" oder „the (mission) field is the world" verdeutlichen diesen Anspruch. Auf diesem Hintergrund können Mission als globale Erscheinung und Missionen als globale Strukturen betrachtet werden. Die amerikanische protestantische

Auslandsmission verstand sich als Teil dieser weltweiten Missionierungs-Kampagne.[3] Ihre Missionare, weiße wie schwarze Amerikaner, sahen sich aufgerufen, die nicht-christliche Welt zu erlösen, und propagierten offiziell ein globales Christentum.

Die Missionierungsbewegung war eng verknüpft mit der Ausbreitung der europäischen Kolonialherrschaft. Die koloniale Expansion auf dem afrikanischen Kontinent im 19. Jahrhundert bildete wiederum den Teil eines regionen-übergreifenden politischen, wirtschaftlichen und sozialen Prozesses, der eine neue Phase der Einbindung Afrikas in das kapitalistische Weltsystem bedeutete. Kolonialismus stellt also ebenso wie Missionierung einen Bestandteil des Globalisierungsprozesses dar bzw. muß als Ausdruck von Globalisierung betrachtet werden.

Aber Globalisierung bzw. globalisierende Einflüsse waren auch das Produkt eines langen Kulturaustausches zwischen Regionen Afrikas (z.B. Sierra Leone) und den Amerikas, der sich, ausgehend vom transatlantischen Sklavenhandel, durch die Etablierung von „transatlantic communities" entlang der westafrikanischen Küste entwickelte.[4] In diesem Zusammenhang soll auch auf den Begriff des „Black Atlantic"[5] verwiesen werden, bei dem ebenfalls die Verbindungen zwischen Westafrika, Nordamerika und der Karibik im Mittelpunkt stehen.

B. (inhaltlich)

Seit Beginn des transatlantischen Handelsaustauschs zwischen Afrika und Amerika, der sich zu keiner Zeit ausschließlich auf Sklaven beschränkte, sondern auch den Handel mit vielfältigen Produkten einschloß, war die Einbeziehung der westafrikanischen Küste in globale Zusammenhänge mit Implikationen für Gesellschaften im Inland zu beobachten. Durch die Verbreitung von Ideen, aber besonders auch von Importgütern entwickelte nicht nur die Bevölkerung an der Küste ein Bewußtsein für globale Einflüsse.[6] Es gab eine Vielzahl von Kontakten untereinander: z.B. zwischen Händlerfamilien aus Afrika und Amerika, die sich auf beiden Seiten des Atlantik niederließen, oder zwischen den Schiffsbesatzungen, die sich u.a. aus der Ethnie der Kru im heutigen Liberia rekrutierten. Im innerafrikanischen Kontext waren es im 19. Jahrhundert die Krio aus Sierra Leone, die für eine Verbreitung der christlichen Lehre entlang der westafrikanischen Küste sorgten.

Auch die im Projekt untersuchten Akteure knüpften eine Vielzahl von Verbindungen auf beiden Seiten des Atlantik und nahmen die vielfältigen Ausprägungen der globalen Einflüsse, die sowohl regional wie auch hinsichtlich ihrer zeitlichen Dimension differierten, auf unterschiedliche Art und

Weise wahr. Die afrikanischen Akteure stellten keine homogene Gruppe dar. Zu ihnen zählten nicht nur christliche Konvertiten, sondern auch die Personen, die in verschiedener Form den Kontakt mit der Mission suchten und im Umfeld der Missionsstationen agierten. Eine besondere Stellung nahmen diejenigen Afrikaner ein, die in den USA studierten und von denen die Mehrheit nach der Rückkehr bemüht war, die in der Metropole gesammelten Erfahrungen aktiv als „Akteure des Wandels" umzusetzen. Ihre Wahrnehmung und ihr Umgang mit Globalisierung unterschied sich von dem der „Daheimgebliebenen", die eher eine passive bzw. abwartende Haltung gegenüber globalen Einflüssen einnahmen. Die afrikanischen Akteure hatten innerhalb der Missionshierarchie, aber auch in bezug auf ihre Kontakte zur Kolonialbürokratie eine privilegierte Position inne. Die Begegnung und der Kulturkontakt zwischen schwarzen amerikanischen Missionaren und indigener afrikanischer Bevölkerung lassen sich in vielen Aspekten mit dem Verhältnis zwischen europäischen Missionsvertretern und Afrikanern vergleichen. Allerdings waren die Afro-Amerikaner, die als Missionare, Prediger und Lehrer nach Afrika kamen, großenteils selbst „Produkte" der amerikanischen Missionierungsbewegung[7]. Sie kehrten aus der Diaspora (USA) als Träger von globalem Gedankengut in die Heimat ihrer Vorfahren zurück.

Globalisierung und Macht

Beide Akteursgruppen waren als Vertreter der christlichen Mission einerseits integriert in eine globale Machtstruktur, standen aber andererseits der jeweiligen Kolonialmacht in vieler Hinsicht ablehnend gegenüber. Missionen übernahmen wichtige Funktionen innerhalb des kolonialen Herrschaftsapparates und unterstützten häufig die Durchsetzung administrativer Maßnahmen der Kolonialmacht. Gründer definiert Mission „als integralen Bestandteil der Kolonialbewegung"[8]. So fungierten Missionare als Steuereintreiber oder sorgten für die Bereitstellung von Personen für öffentliche Arbeiten wie Straßen- oder Eisenbahnbau. Im Fall der USA, die formal-juristisch über keine Kolonien in Afrika verfügten[9], übernahmen Missionen eine Ersatzfunktion als „moral equivalent for imperialism"[10]. Die Amerikaner begriffen sich als „redeemer nation", die nicht nur in Nordamerika die Christianisierung vorantrieben, sondern ihre „frontier" auch auf andere Kontinente ausweiteten und sich der weltweiten Vermittlung von westlicher Zivilisation, westlichen (amerikanischen) Wertvorstellungen und christlicher Lehre verpflichtet sahen.[11] Missionare waren dazu ausersehen „to transform the coercive processes of colonization into the cultivation of civilization."[12]

Allerdings ist es zu einseitig, Missionen auf ihre Rolle als „agents of the transformation of Africa by Western capitalism and technology"[13] zu reduzieren, wie das lange Zeit geschehen ist. Missionare, besonders afroamerikanische Missionare, gingen nicht selten auf kritische Distanz zum kolonialen Regime und entwickelten auf dem Hintergrund wachsender kolonialer Durchdringung ein Bewußtsein für ein gemeinsames amerikanisch-afrikanisches Vorgehen nicht nur auf religiöser Ebene. Maßnahmen der Kolonialmacht wie hohe Besteuerung oder Bestrafung bei Verweigerung von Zwangsarbeit, die für die afrikanische Bevölkerung bis zur Bedrohung ihrer Existenz führen konnten, waren eine Möglichkeit für die afrikanischen Missionare sich zu positionieren und Stellung zu beziehen. Afro-amerikanische Missionare, die auf Grund ihrer Herkunft Distanz zur britischen bzw. belgischen Kolonialmacht demonstrieren konnten, übernahmen in einigen Fällen Vermittlerrollen zwischen lokaler Bevölkerung und Kolonialadministration und konnten dadurch einer Polarisierung entgegenwirken. Aber nur in wenigen Fällen praktizierten Missionare eine entschiedene Abgrenzung zur Kolonialmacht.[14] In den meisten Fällen beschränkten sie sich auf verbale Appelle bzw. versuchten zu vermitteln, ohne deutlich für eine Seite Position zu beziehen. Umgekehrt gab es auch Beispiele von Kollaboration von seiten afrikanischer Missionsangehöriger mit der Kolonialverwaltung.[15]

Aneignung und Abgrenzung

Die Auseinandersetzung der untersuchten Akteure mit dem protestantischen Christentum, den westlichen Bildungskonzepten oder dem kolonialen Herrschaftsapparat nahm verschiedenartige Formen an. Diese lassen sich nur bedingt mit dem Begriffspaar „Aneignung und Abgrenzung" beschreiben. Die Gegenüberstellung der Begriffe erwies sich als wenig sinnvoll, da Aneignung und Abgrenzung kaum voneinander zu trennen sind. Es handelte sich vielmehr um einen Prozeß, in dem es fließende Übergänge gab und in dem sich Annäherung und Distanz in bezug auf globale Einflüsse immer wieder neu entwickelten. Bei den afrikanischen Akteuren ging es nicht in erster Linie um eine Abgrenzung gegenüber globalen Prozessen, sondern vielmehr um eine Abgrenzung bzw. eine (Neu)-Positionierung innerhalb der Globalisierung. Globale Einflüsse wurden nicht per se abgelehnt.

Die Missionsstation als Globalisierungs-Enklave repräsentiert anschaulich die Ambivalenz und das Wechselspiel von Aneignung und Abgrenzung. Amerikanische Missionsgesellschaften errichteten ihre Stationen fast ausschließlich in eher abgelegenen ländlichen Regionen.[16] Durch die Form der Bebauung und das Anlegen von Straßen und Plätzen wurde eine räumliche

Abgrenzung zur übrigen Bevölkerung geschaffen. Der Mikrokosmos der Missionsstation[17] funktionierte nach eigenen Regeln, in deutlicher Abgrenzung zu der als unzivilisiert und heidnisch apostrophierten afrikanischen Gesellschaft. Das Tragen westlicher Kleidung und die Annahme eines englischen bzw. biblischen Namens demonstrierte die Zugehörigkeit zur Mission.

Die biographischen Beispiele afrikanischer Konvertiten sind ebenfalls Beleg für Ambivalenzen und Interferenzen. Unterschiedliche Handlungsorientierungen bestimmten ihre Lebensgeschichten. Die Mehrheit von ihnen fühlte sich als Teil einer überregionalen christlichen Gemeinschaft in Abgrenzung zur lokalen nicht-christlichen Bevölkerung. Sie sahen sich als afrikanische Christen, verbunden durch die gemeinsame Globalisierungserfahrung. Aber ihre Hinwendung zum Christentum hing auch mit ihrer Positionierung im lokalen Kontext zusammen. Die Verbesserung des gesellschaftlichen Status, der Zugang zu Ressourcen waren wichtige Gründe, sich taufen zu lassen. Die Übernahme von Leitungsfunktionen im Schulwesen oder in den Außenstationen der Missionsgesellschaften waren eine Möglichkeit, sich globale Institutionen und Normen auf lokaler Ebene anzueignen.[18] Die im Rahmen des Projekts gesammelten und untersuchten Fallbeispiele zeigen, daß die Aneignung von globalen, vielleicht hier besser westlichen, Lebenskonzepten und Produktionsformen oft erst einmal partiell erfolgte. Häufig beeinflußten die lokale Position des Akteurs und lokale Machtkonstellationen die Entscheidung über die Aneignung und Abgrenzung von globalen Einflüssen.

Aus den afrikanischen Missionsangehörigen und Missionsschulabsoventen rekrutierte sich ein großer Teil der *educated elite*, die sich zu wichtigen Trägern bzw. Mitgestaltern der Globalisierung entwickelten. Allerdings machten die afrikanischen Konvertiten gegen Ende des 19. Jahrhunderts die Erfahrung, daß ihre „moderne", durch globale Konzepte geprägte Ausbildung nur bedingt den Weg in die oberen Verwaltungsebenen des in der Zwischenzeit etablierten kolonialen Staates sicherte. Auch innerhalb der Missionsgesellschaften schaffen nur wenige afrikanische Konvertiten den Aufstieg in die obere Verwaltungshierarchie. Im Kontext der amerikanischen Missionskirchen war für diese Abgrenzungspolitik die veränderte politische und soziale Lage der schwarzen Bevölkerung in den USA mitverantwortlich. Seit den 1880er Jahren wurden die Afro-Amerikaner kontinuierlich ihrer kurz nach dem Bürgerkrieg errungenen Bürgerrechte beraubt. Die Verdrängung von schwarzen Amerikanern aus politischen Ämtern und aus Institutionen machte auch vor den Kirchen nicht halt. Die Verschärfung der Rassentrennung beeinflußte nicht nur die politischen und gesellschaftlichen Verhältnisse in den USA, sondern wirkte sich auch unmittelbar auf die Beziehungen zwischen weißen und schwarzen Missionaren auf dem afrikanischen Kontinent aus. Die gesellschaftlichen Spannungen in der Metropole hatten direkte Implikationen für die Peripherie. Viele Missionsgesellschaften stellten keine Afro-Amerikaner mehr ein oder lehnten eine Verlängerung bestehender Arbeitsverträge ab. Afro-Amerikanern wurde zunehmend die intellektuelle Befähigung für den Missionsdienst abgesprochen, oder sie wurden des aktiven Widerstandes gegen die Kolonialmacht bezichtigt. Den afrikanischen Konvertiten blieben aus denselben Gründen die Aufstiegsmöglichkeiten verwehrt. Sie fanden weiterhin eine Anstellung als Lehrer und Prediger im Dienst der Missionen, hatten aber keine Aufstiegschancen.

Gleichzeitigkeit und Nebeneinander

Die Gleichzeitigkeit bzw. das Nebeneinander von unterschiedlichen gesellschaftlichen Strukturen und Entwicklungen als ein Resultat von Globalisierung läßt sich anschaulich im Zusammenhang mit dem Vordringen christlicher Missionare belegen. Der Aufbau und die Etablierung von Missionsstationen führte zur Einrichtung von Schulen und zur Verbreitung westlicher Bildungskonzepte. Während dieser massive Eingriff in lokale Gesellschaften einerseits auf Ablehnung und Widerstand stieß, bildeten sich andererseits aber auch schon bald die ersten eigenständigen Formen von afrikanischem Christentum, und die ersten unabhängigen Kirchen wurden gegründet. Die Gründung und der Ausbau von unabhängigen afrikanischen Kirchen demonstrierte erfolgreiche Abgrenzungsstrategien. Allerdings behielten die *independent churches* bis in die 1870er Jahre hinein die Organisationsstrukturen, die Form des Gottesdienstes etc. bei und sorgten nur dafür, daß alle Funktionen von afrikanischen Mitgliedern ausgeübt wurden.

Die Etablierung der britischen (Sierra Leone, Nigeria) und der belgischen (Kongo) Kolonialmacht sowie der ameriko-liberianischen Elite in Liberia führten im Verlauf des 19. Jahrhunderts zu einer Beschleunigung der Polarisierung zwischen Peripherie und Zentrum. Missionare drangen in afrikanische Lebenswelt ein, sie versuchten den Alltag mitzubestimmen. Aber am Beispiel der Mission läßt sich auch eine – wenn auch eingeschränkte – Partizipationsmöglichkeit der afrikanischen Bevölkerung an neuen Produktionsformen aufzeigen. Die Einbindung in den globalen Markt z.B. durch den Anbau von Exportprodukten und die Entwicklung neuer Vermarktungsstrategien wurden auf lokaler bzw. Dorfebene gerade auch von Missionaren forciert.[19] So partizipierten lokale Produzenten z.B. an der Exportvermarktung über das Netzwerk der Mission, lehnten aber das damit verbundene religiöse Angebot in Form von Gottesdiensten und Bibelstunden ab.[20]

Globale Strukturen traten in wirtschaftlichen, politischen oder sozialen Krisenzeiten in den Hintergrund zugunsten einer Belebung indigener Strukturen, die allerdings durch globale Einflüsse bereits Modifizierungen erfahren hatten. Dies galt z.B. für die Aktivierung der sogenannten Geheimgesellschaften „poro" und „bundu" in Sierra Leone zum Ende des 19. Jahrhunderts. Missionierungsbewegungen trugen durch ihre Einteilung der Bevölkerung in Christen-Heiden und ihre Auswahlkritierien für den Zugang zu Missionsressourcen auch zur Fragmentierung der Gesellschaften bei. Allerdings sollte nicht übersehen werden, daß afrikanische Gesellschaften keine homogenen Gebilde waren und globale Einflüsse oft nur bereits vorhandene Fragmentierungen in den Gesellschaften verstärkten.

Veröffentlichungen der Autorin zum Projekt

2001

Transatlantische Biographien. Sarah Margru Kinson und Claudius A. Clements – zwei *afro*-amerikanische Missionskarrieren zwischen Sierra Leone und den USA (1840-1900). In: P. Heidrich/H. Liebau (Hg.), Akteure des Wandels. Lebensläufe und Gruppenbilder an Schnittstellen von Kulturen. Berlin: Das Arabische Buch 2001 (Studien des Zentrums Moderner Orient; 14), S. 45-70.

1999

African Americans in Africa: Black Missionaries and the „Congo Atrocities", 1890-1910. In: M. Diedrich/H.L. Gates Jr./C. Pedersen (Hg.), Black Imagination and the Middle Passage. New York/Oxford: Oxford University Press 1999, S. 215-227.

Dissociation and Appropriation. Responses to Globalization in Africa, Asia and the Middle East. Berlin: Das Arabische Buch 1999 (Studien des Zentrums Moderner Orient; 10), (herausgegeben mit P. Heidrich und E. Schöne).

1997

Einige Überlegungen zur Nutzung missionarischer Dokumente für historische Forschungen zu Asien und Afrika. Eine vergleichende Quellenkritik (mit H. Liebau). In: D. Reetz/H. Liebau (Hg.), Globale Prozesse und „Akteure des Wandels". Quellen und Methoden ihrer Untersuchung. Berlin: Das

Arabische Buch 1997 (Arbeitshefte des Zentrums Moderner Orient; 14), S. 169-195.

„Say Africa When You Pray": Afro-amerikanische Missionarinnen in Zentralafrika. In: asien, afrika, lateinamerika, Amsterdam 25 (1997), S. 127-140.

1996

Die ‚American Presbyterian Congo Mission' und die ‚Kongo-Greuel', 1890-1910. In: U. van der Heyden/H. Liebau (Hg.), Missionsgeschichte – Kirchengeschichte – Weltgeschichte, Stuttgart: Steiner Verlag 1996, S. 425-437.

In Vorbereitung

From the Amistad Slave Rebellion to the West African Christian Mendi Mission. In: Hermine Pinson, Liberation in the Americas, Forecast 6 (2001)

Anmerkungen

1   P. Beyer, Religion and Globalization. London/Thousand Oaks/New Delhi: Sage Publications 1994, S. 3.
2   R. Robertson/W.R. Garrett (Hg.), Religion and Global Order. New York: Paragon House Publishers 1991, S. xi.ff.
3   Zwischen 1880 und 1930 erlebte „the foreign mission enterprise" ihren Höhepunkt. Siehe W.R. Hutchison, Errand to the World. American Protestant Thought and Foreign Missions. Chicago/London: The University of Chicago Press 1987, S. 1.
4   R. Law/K. Mann, West Africa in the Atlantic Community: The Case of the Slave Coast. In: The William and Mary Quarterly, Williamsburg, 56 (1999) 2, S. 307-334.
5   P. Gilroy, The Black Atlantic. Modernity and Double Consciousness. Cambridge, Mass.: Harvard University Press 1993.
6   Der Transsaharahandel trug ebenfalls zur Verbreitung globaler Ideen und Einflüsse bei.
7   Viele von ihnen stammten aus Sklavenfamilien, die nach dem Ende der Sklaverei in den USA (1865) eine Ausbildung erhielten und sich taufen ließen.
8   H. Gründer, Mission und Kolonialismus – Historische Beziehungen und Strukturelle Zusammenhänge. In: W. Wagner (Hg.), Kolonien und Missionen. Referate des 3. Internationalen Kolonialgeschichtlichen Symposiums 1993 in Bremen. Münster/Hamburg: LIT 1994, S. 33.
9   Liberia, das sich 1847 zur unabhängigen Republik erklärte, war allerdings zumindest ökonomisch stark abhängig von den USA.
10 T. Christensen/W.R. Hutchison (Hg.), Missionary Ideologies in the Imperialist Era: 1880-1920. Aarhus: Aros 1982, S. 176.
11 Die Christianisierung Nordamerikas wird als die größte Missionierungsleistung des 19. Jahrhunderts betrachtet, siehe Hutchison, Errand..., a.a.O., S. 3ff.
12 L. de Kock, Civilising Barbarians. Missionary Narrative and African Textual Response in Nineteenth-Century South Africa. Johannesburg: Witwatersrand University Press 1996, S. 22.
13 R. Gray, Black Christians and White Missionaries. New Haven/London: Yale University Press 1990, S. 59.
14 Zu den Ausnahmen zählte der afro-amerikanische Missionar William H. Sheppard von der American Presbyterian Congo Mission, der zwischen 1890 und 1910 öffentlich gegen die Greueltaten der belgischen Regierung im Kongo Stellung bezog und einen weltweiten Protest ins Leben rief. Zur Biographie von Sheppard siehe Sheppard Papers, Presbyterian Church (U.S.A.) Department of History, Montreat, NC. und K. Füllberg-Stolberg, African Americans

in Africa: Black Missionaries and the „Congo Atrocities", 1890-1910. In: M. Diedrich/H.L. Gates Jr./C. Petersen (Hg.), Black Imagination and the Middle Passage. London: Cambridge University Press 1999, S. 215-227.

15 Ein bislang weitgehend unbekanntes Beispiel für diese Form der Zusammenarbeit zwischen Afrikanern und britischer Kolonialadministration ist die Biographie von Daniel F. Wilberforce. Wilberforce, ein Sherbro im Dienst der United Brethren in Christ, unterstützte massiv die Einführung von Steuern durch die britische Kolonialverwaltung in Sierra Leone (1898) und wurde dafür mit der Ernennung zum *paramount chief* „belohnt". Annual Reports of the Board of Missions of the United Brethren in Christ. The General Commission on Archives and History. The United Methodist Church, Madison, NJ.

16 Hierbei spielte der amerikanische „frontier"-Gedanke, der von den Missionskirchen übernommen wurde, eine Rolle.

17 E. Inkenga-Metuh, The Shattered Microcosm: A Critical Survey of Explanations of Conversion in Africa. In: K. Holst-Petersen (Hg.), Religion, Development and African Identity. Uppsala: Scandinavian Institute of African Studies 1987, S. 11-57.

18 Zu den Erfahrungen afrikanischer Konvertiten siehe K. Füllberg-Stolberg, Transatlantische Biographien. Sarah Margru Kinson und Claudius A. Clements – zwei afro-amerikanische Missionskarrieren zwischen Sierra Leone und den USA (1840-1900). In: P. Heidrich/H. Liebau (Hg.), Akteure des Wandels. Lebensläufe und Gruppenbilder an Schnittstellen von Kulturen. Berlin: Das Arabische Buch 2001, S. 45-70.

19 Die „mission farm" und der „agricultural missionary" sind Beispiele für diese Strategie.

20 Siehe das Beispiel der Mendi Mission in Sherbro Island, heutiges Sierra Leone um 1860. Papers of the American Missionary Association. Amistad Research Center, Tulane University, New Orleans.

HENNER FÜRTIG

Erstes Teilprojekt (1996-1997): Islamische Weltauffassung und außenpolitische Konzeptionen der iranischen Staatsführung seit dem Tod Ayatollah Khomeinis

Zweites Teilprojekt (1998-2000): Das Ende des Ost-West-Konflikts in politischen Konzeptionen arabischer Strategiezentren

Vorstellung der Projekte: Untersuchungsgegenstand, Fragestellungen, Projektzusammenhang

Beide Projekte waren darauf angelegt, Fragestellungen des Gruppenprojekts „Islam und Globalisierung. Wahrnehmungen und Reaktionen von Muslimen im 19. und 20. Jahrhundert (1996-2000)", das in vergleichender Perspektive die geistige Verarbeitung von Globalisierungserfahrungen im islamischen Raum untersuchte, auf spezifische Weise zu beantworten.

Ihre Spezifik fanden beide Projekte einerseits in der Wahl der Zäsur des Endes des Ost-West-Konflikts als historischem Ausgangspunkt der Untersuchungen und andererseits in der Konzentration auf Wahrnehmungen und Reaktionen von Vertretern systembewahrender und -stabilisierender Konzeptionen (die mit dieser Thematik befaßte Wissenschaft beschäftigte sich dagegen bisher vor allem mit Personen, Gruppen, Institutionen und Organisationen, die in latenter oder tatsächlicher Opposition zu vorhandenen politischen Strukturen stehen).

Das Grundanliegen des ersten Projekts bestand deshalb in der Untersuchung des Wechselverhältnisses zwischen islamisch beeinflußter Wahrnehmung von Globalisierungsprozessen durch die iranische Staatsführung einerseits und ihren daraus abgeleiteten konzeptionellen und praktischen Reaktionen andererseits. Ayatollah Khomeini gehörte zu den islamischen Führern, die am konsequentesten einen islamischen Universalismus propagierten, den sie als Gegenmodell zu dem aus ihren Globalisierungswahrnehmungen abgeleiteten westlichen Universalismus konzipierten. Insbesondere seit seinem Tod entwickelte die Frage, ob und inwieweit dieses Konzept von der gegenwärtigen iranischen Staatsführung fortgesetzt wird, eine außerordentliche Relevanz für Inhalt und Form iranischer Außenpolitik.

Auch zu Vergleichszwecken stellte sich das zweite Projekt die Aufgabe, anhand von veröffentlichten und unveröffentlichten Texten ausgewählter *arabischer* Zentren für Strategische Studien die muslimische Wahrnehmung und Verarbeitung von politisch relevanten Globalisierungsprozessen durch regierungsnahe politikberatende Institutionen zu untersuchen. Der sich nach dem Ende des Ost-West-Konflikts verfestigende Anschein einer unilateralen, westlich zentrierten und dominierten „neuen Weltordnung", mit ihren politischen, wirtschaftlichen, technologischen, militärischen und kulturellen Aspekten, veranlaßte auch eine intensive Auseinandersetzung von Muslimen um eine Positionsbestimmung in dieser Ordnung, die sowohl Elemente von Aneignung als auch von Abgrenzung umfaßt.

Erfahrungen bei der Umsetzung des thematischen Ansatzes

Die Auswertung von außenpolitisch relevanten Dokumenten der iranischen Führung nach dem Tod Khomeinis ergab, daß der Begriff „Globalisierung" kaum Verwendung fand. Das bedeutet jedoch keinesfalls geringeres Interesse an Debatten, Erörterungen und Positionsbestimmungen zu Begriffen, Diskursen und Konzepten, die gewöhnlich mit ihm in Verbindung stehen wie „Neue Weltordnung", Kulturimperialismus, Neoimperialismus, Islam – Westen, Islam – Moderne – Postmoderne, „Kampf der Zivilisationen" usw. In dieser Hinsicht unterschied sich der Grad des Engagements in Iran in keiner Weise von dem in der arabischen Welt. Nur gilt „Globalisierung" und deren Debatte in der iranischen Führung als „westlich initiiert"; Anlaß genug, sich daran offiziell nicht zu beteiligen.

Die arabische politische Klasse teilt diese Vorbehalte nicht. Politiker und politisch interessierte Intellektuelle aller Berufe führen eine sehr intensive Diskussion um Wesen und Folgen von Globalisierung. Sie steht der Debatte im Westen weder an der Breite der behandelten Themen noch an deren Tiefe nach. Insofern fanden sich stets interessante Diskussionspartner zur intensiven und sachkundigen Erörterung der in Gruppen- und Teilprojekten aufgeworfenen Fragestellungen.

In relevanten Publikationen und Diskussionen ist allerdings eine große Vielfalt in der Begriffsbestimmung auszumachen. Verwendung finden sowohl die Begriffe *'ālamiyya* (Globalismus) als auch *'aulama* (Globalisierung). Vereinzelt wird auch *kaukaba* (Planetarismus) gebraucht. Nicht selten werden diese Begriffe synonym verwendet, d.h. die mit ihnen verbundenen Inhalte werden austauschbar. Sayyid Yasīn, ehemaliger Direktor des Kairoer al-Ahrām-Zentrums für Strategische Studien und einer der führenden Vertreter der gesamtarabischen Gloalisierungsdiskussion, gehört zu denjenigen, die um begriffliche Klarheit bemüht sind. Für ihn bedeutet Globalismus eine Subkategorie der Globalisierung. Globalismus beinhalte vor allem Macht- und Herrschaftsaspekte und sei Ausdruck westlicher Hegemonie nach dem Kalten Krieg. Sein Gegenpol sei der Nationalismus. Zwischen beiden bestünde ein dialektisches Verhältnis. Je stärker Globalismus als Unterdrückkung und Entmachtung verstanden würde, um so intensiver würde Zuflucht im Nationalismus gesucht.[1] Globalisierung sei demgegenüber ein wesentlich umfangreicherer Prozeß und umfasse mindestens drei wesentliche, nämlich politische (Stichworte: Weltinnenpolitik, Demokratie, Pluralismus, Menschenrechte, Recht auf Intervention etc.), wirtschaftliche (Stichworte: Marktwirtschaft, Rückgang der Regulierungsfunktion des Staates) und kulturelle (Stichworte: Weltkultur? Homogenisierung-Heterogenisierung, Dialog-Konfrontation etc.) Aspekte.

Eine ähnliche Parallele läßt sich auch zur inhaltlichen Gewichtung der Debatte ziehen, d.h. es werden Schwerpunkte der internationalen Diskussion aufgegriffen wie z.B.:

– wirtschaftliche Aspekte (Integration in neuen Weltmarkt, Platz in neuer internationaler Arbeitsteilung, Rolle und Funktion transnationaler Unternehmen etc.);

– Wirkung moderner Kommunikationsmittel (Internet und politische Implikationen, Satelliten-TV, Video, Dominanz internationaler Nachrichtenagenturen etc.);

– Rolle des Nationalstaats (Für und Wider der Erosion staatlicher Regulierungsfunktionen, Platz des eigenen Staates usw.).

Einer der Forschungsschwerpunkte des Zentrums Moderner Orient in Berlin (ZMO), nämlich die Berücksichtigung kultureller Aspekte von Globalisierung, spielt eine herausragende Rolle. Ungeachtet der Anerkennung des Primats ökonomischer Faktoren bei der Positionsbestimmung in der Globalisierung überwiegen in der islamischen Welt zahlenmäßig Wortmeldungen zu kulturellen Aspekten. Das ist möglicherweise auch ein Ausdruck der tiefen Wirkung, die die Thesen Samuel P. Huntingtons vom bevorstehenden „Clash of Civilizations"[2] hinterlassen hat. Durch seine Heraushebung des Islam als Hauptgegner des Westens in der Zeit nach dem Kalten Krieg sahen sich muslimische Intellektuelle herausgefordert. Ihre Mehrheit lehnte Huntingtons

Thesen ab, da sie von einem ahistorischen und reduktionistischen Porträt des Islam ausgingen, das ihn ausschließlich als „fremd", monolithisch, unwandelbar und zudem in ständigem Konflikt mit der Außenwelt darstellt.[3] Huntingtons Thesen wurden nicht nur als „westliche Kampfansage" interpretiert, sondern auch als prägende inhaltliche Bestandteile des Globalisierungsprozesses bewertet, da viele Muslime dessen Beginn mit dem Erscheinen der Thesen gleichsetzten.

Die Erörterung des Verhältnisses von Globalisierung und Religion fällt dagegen weniger intensiv aus. In der Islamischen Republik Iran spielt die Religion eine herausragende Rolle. Nach außen wird sie aber in Relation zum Westen und nicht zur Globalisierung gesetzt. Arabische Gesprächspartner verstehen sich meist als „Kulturmuslime", die Aspekte des persönlichen Bekenntnisses nicht diskutieren.

Auf weitgehendes Unverständnis stieß hingegen der zweite Grundansatz des ZMO, die Einbeziehung der historischen Dimension der Globalisierung. *Politisch* relevante Meinungsäußerungen künden überwiegend von der Auffassung, daß die Globalisierung eine Erscheinung ist, die in unmittelbarem Zusammenhang mit dem Ende des Ost-West-Konflikts zu sehen ist. Die historische Dimension des Globalisierungsprozesses wird entweder nicht wahrgenommen oder als zu vernachlässigen angesehen: Damit unterscheidet sie nichts von der Mehrheitsmeinung im Westen. Auf jeden Fall rückt mit dieser Sichtweise der Globalisierungsprozeß in inhaltlichen Zusammenhang mit dem Sieg des Westens im Kalten Krieg, die Wahrnehmung wird kanalisiert.

Es sei nicht verschwiegen, daß sich in der *Wissenschaft* – allerdings sehr vereinzelt – auch andere Stimmen finden. Muslimische Wissenschaftler wie Mustafa Kamal Pasha und Ali Samatar, die der Globalisierung eine historische Dimension zubilligten, verstanden Globalisierung als Produkt eines langen und intensiven Austausches der Kulturen, zu dem nicht zuletzt die islamische Kultur entscheidend beigetragen habe.[4] Sie kritisierten deshalb auch den Ansatz, die Herausbildung der Globalisierung ausschließlich an das Entstehen des kapitalistischen Weltsystems zu binden. Mit gleicher Berechtigung stelle sich für Muslime der Beginn der Globalisierung in der frühen Begegnung zwischen Christenheit und Islam dar, als zwischen achtem und zwölftem Jahrhundert deren intensiver wissenschaftlicher, wirtschaftlicher und kultureller Austausch nahezu die gesamte damals bekannte Welt umfaßte. Die europäische Kolonialexpansion habe demnach nur eine zweite Phase der Globalisierung eingeleitet.

Westliche Nichtbeachtung dieses muslimischen Ansatzes wird hauptsächlich mit dem Einschub „damals bekannte Welt" begründet, die bekanntlich nicht den gesamten Globus (= Globalisierung) umfaßte. Auch Muslime erkennen diesen Einspruch an. Sehr deutlich wird das bei Abdallah Laroui, der deshalb in einer längeren Passage zu Wort kommen soll: „Bis zum 15. Jahrhundert haben Araber und Chinesen noch die Welt erforscht... Doch diese berühmten Reisenden sind ... immer wieder an ihren Ausgangspunkt zurückgekehrt... Der Bruch mit der Vergangenheit vollzog sich in Europa mit Magellan, der zwar an seinen Ausgangspunkt zurückkehrte, jedoch nachdem er die Welt umsegelt hatte. Durch die erfolgreiche Weltumsegelung machte Europa vor den Anderen die Entdeckung, daß die Welt endlich ist. Von diesem Augenblick an ist Europa sicher, daß niemand auf dieser Erde weiter gelangen wird als es selbst. Eine solche Entdeckung ist ... zweifellos von ungeahnter psychologischer Bedeutung. Derjenige, der zuerst ankommt, stellt die Anderen vor ein Dilemma: sie müssen ihn imitieren oder sich isolieren. Wenn sich der Wettkampf jedoch in einer geschlossenen Arena abspielt, so ist die zweite Lösung ausgeschlossen: nur durch Nachahmung kann man dem historischen Tod entkommen."[5]

Globalisierung und islamische Länder: Zwischen Aneignung
und Abgrenzung

Da die Globalisierung von den im o.a. Sinne als „Politiker" zu bezeichnenden Muslimen in unmittelbarem Zusammenhang mit dem Ende des Ost-West-Konflikt gesehen wird, gibt es nur wenige, die sie wertneutral, d.h. als „objektiven Prozeß" bezeichnen. Im Gegenteil, der Direktor des al-Ahrām-Zentrums für Strategische Studien, ʿAbd al-Munʿim Saʿīd, spitzte zu: „Sage mir, wie Du zur Globalisierung stehst und ich kenne Deine politische Position."[6] Generell finden sich in muslimischen Wahrnehmungen und Reaktionen von und auf Globalisierung Merkmale von Abgrenzung und von Aneignung.

Abgrenzung definiert sich dabei primär als „Besinnung auf das Eigene". Eine Vielzahl von Muslimen stellt fest, daß Globalisierung, verstanden als höchste Form des westlichen Modernisierungsmodells, in einigen Regionen der Welt die materiellen Lebensbedingungen deutlich verbessert, während sie in anderen Regionen zu Stagnation oder Rückschritt führt. Wirtschaftsaufschwung, Wohlstand und technologischer Fortschritt finden im Westen statt, während sich die elenden Verhältnisse in den Armenvierteln von Khartum, Algier oder Kairo de facto nicht ändern. Für die Ursachen macht sie einerseits die kolonialistische Vergangenheit und neokolonialistische Gegenwart westlicher Politik in der islamischen Welt und andererseits die Übernahme westlicher Entwicklungs- und Modernisierungsmodelle durch die eigenen Regierungen verantwortlich.[7] Letztere seien „grandios" gescheitert und hätten verarmte und in ihrer kulturellen und religiösen Identität gefährdete Muslime zurückgelassen. Auf der Suche nach einem eigenen, der tatsächlichen Lage und Befindlichkeit entsprechenden Lösungskonzept entdeckten einige von ihnen ihre Religion, den Islam, neu bzw. wieder. Der Islam als das ursächlich Eigene, müßte nur von seinen „folkloristischen Zutaten" und „fremden Hinzufügungen" befreit werden, um als den Muslimen gemäßer, dynamischer und progressiver Reformfaktor zu wirken.[8] Diese üblicherweise als „Islamisten" firmierenden Kräfte sehen die Gegenwart quasi als ein „interval between perfect origins and their re-establishment"[9].

Eine Erweiterung erfahren Abgrenzungstendenzen in Formulierungen einer muslimischen „Gegenglobalisierung". Der Islam nimmt für sich – wie auch andere Weltreligionen – in Anspruch, universell gültig zu sein; die Botschaft des Koran ist an alle Menschen gerichtet. Die daraus abgeleiteten Gegenentwürfe gehen aber nicht von „multiplen Modernen", sondern von der einen westlichen Moderne aus, die durch eine islamische abgelöst werden sollte.

Im Zentrum stand die Frage, wie der islamische Anspruch auf Überlegenheit, hergeleitet aus der Gewißheit, im Besitz der finalen göttlichen Offenbarung zu sein und der Menschheit das gerechteste soziale und politische Ordnungsangebot unterbreiten zu können, unter den Globalisierungsbedingungen der Gegenwart durchgesetzt werden kann.[10] Viele muslimische Denker sahen im Zusammenbruch des sozialistischen Weltsystems eine Chance, den Islam als neue, in sich geschlossene Alternative zum westlichen Kapitalismus zu propagieren[11], d.h. dem von ihnen ausgemachten westlichen Wesen der Globalisierung ein „islamisches" entgegenzustellen. Dazu kam es ihrer Meinung nach darauf an, alle dem Westen zugeschriebenen „fragwürdigen" Eigenschaften durch ein genuin islamisches Angebot zu ersetzen, z.B. durch Gerechtigkeit, Genügsamkeit und Egalitarismus. Wenn die westliche Moderne also auf säkularem Materialismus basiere und Wissenschaft sowie Vernunft vor Ethik und Moral rangierten, dann müsse der Islam dem eine Moderne gegenüberstellen, die sich auf Glauben, Geduld, Augenmaß und Ausgleich stütze.[12] Dieses Konzept sei nicht anti-modern – wie im Westen unterstellt – sondern es stelle eine alternative Konstruktion der Moderne dar, die vor allem die nichtmaterialistische Dimension des Fortschritts hervorhebe.

Aneignung wird hingegen in erster Linie als Adaption und Mitgestaltung verstanden. Welches Verhalten gegenüber der Globalisierung angebracht ist, darauf hat es auch unter Muslimen niemals eine einheitliche Antwort gegeben, wie auch die immer wieder kolportierte Meinung, die Muslime teilten die Welt durchweg in „wir" und „sie", in das dār al-islām und das dār al-ḥarb ein, in der Realität nicht zutrifft. So kritisierte z.B. Mohammed Arkoun, daß in der sehr verbreiteten muslimischen Gegenüberstellung „des Islam" gegen „den Westen" eine sehr statische, dogmatische und essentialistische Auffassung vom Islam zum Ausdruck komme. Das verstelle aber einen nüchternen und vorurteilsfreien Blick auf die dynamischen, modernen und nützlichen Eigenschaften der westlichen Moderne und schade den Muslimen daher letztlich.[13] So existierten und existieren neben Muslimen, die der Globalisierung mit einem Rückzug auf das Eigene begegnen, immer auch andere, die sich für eine – zumindest selektive – Aneignung von Elementen moderner Weltsicht und Ordnung aussprechen, die sie als unverzichtbare Grundlage für die gleichberechtigte Teilhabe an der Moderne, für Adaption in der Globalisierung ansehen.[14]

Hierzu passen auch die Ansichten des syrischen Historikers George Tarabischi, der daran erinnerte, daß das „goldene Zeitalter" des Islam gleichzeitig auch eine Zeit kultureller Offenheit und des intensiven Kulturaustauschs zwischen den Zivilisationen gewesen sei. Den Auftakt zum Niedergang der islamischen Welt machte er in ihrer Abschottung nach dem Mongolensturm aus. Die isolationistischen Tendenzen der gegenwärtigen Re-Islamisierungskonzepte werden von Tarabischi deshalb als Rückkehr zu dem bewertet, was letztlich den Niedergang des Islam bewirkt hat. Die islamistische Abschottung gegenüber dem Westen zeige nichts anderes, als daß „die Mongolen heute nicht von außen, sondern von innen kommen"[15].

Abschließend noch eine letzte Beobachtung: unterschiedliche Positionen zur Globalisierung ergeben sich auch aus der sozialen Verortung der Akteure. Unabhängig von ihrer Religion fällt auf, daß sich Befürworter einer raschen Adaption an die Globalisierung bzw. ihrer aktiven Mitgestaltung einerseits vor allem in der privaten Unternehmerschaft, im Bankwesen, im Import-Export-Geschäft, im Agro-Business usw. und andererseits unter Technokraten und der geistig-intellektuellen Elite finden.[16] Anhänger der „Abschottung" oder der „Gegenglobalisierung" treten dagegen vorrangig in den mittleren oder unteren Schichten der Sozialpyramide auf, wenngleich ihre Wortführer häufig ebenfalls aus der Oberschicht respektive der intellektuellen Elite stammen. Letztere tragen jedoch zumeist ein „linkes" Erbe mit sich und neigen rascher als andere dazu, Globalisierung als „neuen Imperialismus" zu bezeichnen. Zu diesen zählt z.B. Samir Amin, der sich vor allem gegen eine Wesensbestimmung der Globalisierung in einer ungehinderten Ausbreitung der Marktkräfte wandte – für ihn eine „reaktionäre Utopie". Wohlfahrtsleistungen und Sozialleistungen, die den meisten Nationalstaaten nach langen Kämpfen abgerungen werden konnten, fehlen in der Globalisierung. Deshalb müsse der „reaktionären Utopie" mit einer Strategie entgegengetreten werden, die ein alternatives, ein humanistisches Konzept der Globalisierung entwickelt, „consistent with a socialist perspective and a global political system which is not in the service of the global market..."[17]

Veröffentlichungen des Autors zu den Projekten

2000

Iraq as a Golem. Identity Crisis of a Western Creation. In: K. Hafez (Hg.), The Islamic World and the West. An Introduction to Political Cultures and International Relations. Leiden u.a.: Brill 2000, S. 204-216.

The Euro-Iranian Dialogue and the West in Iranian Media: Official, Loyalist, and Alternative Views in the Nineties. In: K. Hafez (Hg.), Islam and the West in the Mass Media: Fragmented Images in a Globalizing World. Cresskill: Hampton Press 2000, S. 121-140 (mit K. Amirpur und J. Kooroshy).

Muslimische Diskurse zur Globalisierung. In: Orient-Journal, Hamburg, 1 (2000) 1, S. 12-13.

1999

Das Al-Ahram-Zentrum für Strategische und Politische Studien und die Neue Weltordnung: arabisches konzeptionelles Denken nach dem Ende des Ost-West-Konflikts. In: Orient, Hamburg, 40 (1999) 3, S. 393-426.

Universalist Counter-Projections: Iranian Postrevolutionary Foreign Policy and Globalization. In: K. Füllberg-Stolberg/P. Heidrich, P./E. Schöne (Hg.), Dissociation and Appropriation. Responses to Globalization in Asia and Africa. Berlin: Das Arabische Buch 1999 (Studien des Zentrums Moderner Orient; 10), S. 53-74.

1998

Islamische Weltauffassung und außenpolitische Konzeptionen der iranischen Staatsführung seit dem Tod Ajatollah Khomeinis. Berlin: Das Arabische Buch 1998 (Studien des Zentrums Moderner Orient; 8), 316 S.

Wessen Geschichte? Muslimische Erfahrungen historischer Zäsuren im 20. Jahrhundert. Berlin: Das Arabische Buch 1998 (Arbeitshefte des Zentrums Moderner Orient; 16), 152 S. (Hg. mit G. Höpp).

Die Islamische Republik Iran und das Ende des Ost-West-Konflikts. In: H. Fürtig/G. Höpp (Hg.), Wessen Geschichte? Muslimische Erfahrungen historischer Zäsuren im 20. Jahrhundert. Berlin: Das Arabische Buch 1998 (Arbeitshefte des Zentrums Moderner Orient; 16), S. 73-95.

1997

Ayatollah Khomeinis Bild vom Westen. In: G. Höpp/T. Scheffler (Hg.), Gegenseitige Wahrnehmungen. Orient und Okzident seit dem 18. Jahrhundert. asien, afrika, lateinamerika, Berlin, 25 (1997) 3, S. 355-375.

Iran – The Second Islamic Republic? In: Journal of South Asian and Middle Eastern Studies, Villanova, (1997) 3, S. 20-45.

In Vorbereitung

Islamische Welt und Globalisierung: Aneignung, Abgrenzung, Gegenentwürfe. Würzburg: Ergon (Hg.).

Muslime in der Globalisierung: Wahrnehmungen und Reaktionen. In: H. Fürtig (Hg.) Islamische Welt und Globalisierung: Aneignung, Abgrenzung, Gegenentwürfe. Würzburg: Ergon.

Behauptung als Maxime – Jordaniens Strategie für das Ende des Ost-West-Konflikts. In: Islamische Welt und Globalisierung: Aneignung, Abgrenzung, Gegenentwürfe. Würzburg: Ergon.

GCC-EU Political Co-operation: Myth or Reality? Für: British Journal of Middle Eastern Studies, Leeds.

Kleine im Konzert der Großen: Die strategische Orientierung der Vereinigten Arabischen Emirate nach dem Ende des Ost-West-Konflikts. Für: Orient, Hamburg.

Anmerkungen

1   S. Yassin, The Fall of Paradigms and the Challenge of the Dialogue between Cultures. In: The Arab Strategic Report 1992,.Kairo: Ahram Center for Strategic Studies 1993, S. 14.
2   Vgl. S.P. Huntington, The Clash of Civilisations? In: Foreign Affairs, Washington DC, 72 (1993) 3, S. 22-49.
3   Vgl. R. Khalidi, The „Middle East" as a Framework of Analysis: Re-mapping a Region in the Era of Globalization. In: Comparative Studies of South Asia, Africa and the Middle East,

Durham NC, 18 (1998) 1, S. 78.
4 Vgl. M. Kamal Pasha/A.I. Samatar, The Resurgence of Islam. In: J.H. Mittelman (Hg.), Globalization: critical reflections. Boulder & London: Lynne Rienner 1996, S. 188.
5 A. Laroui, Europa – Illusion und Wirklichkeit. In: E. Heller/H. Mosbahi (Hg.), Islam, Demokratie, Moderne: Aktuelle Antworten arabischer Denker. München: C.H. Beck 1998, S. 87.
6 Interview mit dem Autor am 19.10.1998.
7 Vgl. M. Massarat, Einleitung: Aufstieg des Okzidents und Fall des Orients. In: M. Massarat, (Hg.), Mittlerer und Naher Osten. Geschichte und Gegenwart: eine problemorientierte Einführung. Münster: Oldenbourg 1996, S. 11ff.
8 Siehe auch B.S. Turner, Politics and Culture in Islamic Globalism. In: R. Robertson/W.R. Garrett (Hg.), Religion and Global Order. New York: Paragon House 1991, S. 172.
9 D. Hopwood, The Culture of Modernity in Islam and the Middle East. In: J. Cooper/R. Nettler/M. Mahmoud (Hg.), Islam and Modernity: Muslim Intellectuals Respond. London: I.B. Tauris 1998, S. 3.
10 Vgl. M Hazim Shah, Islam and Contemporary Western Thought: Islam and Postmodernism. In: The American Journal of Islamic Social Sciences, Plainfield Ind., 13 (1996) 2, S. 260.
11 „Like the communist system whose inevitable demise came sooner than expected, the time is fast approaching for the demise of the Western system as we know it. We know of no other system than the Islamic system to replace it. Sooner, rather than later Islamic values and ideals penetrate into Western culture and governments in varying degree. We predict this will happen within twenty five years." M. Saleem, The Muslims and the New World Order. London: ISDS Books 1993, S. 4.
12 Vgl. A.S. Ahmad, Media Mongols at the Gates of Baghdad. In: New Perspectives Quarterly, New York, 10 (1993) 3, S. 10.
13 Vgl. M. Arkoun, Islam, Europe, the West: Meanings-at-Stake and the Will-to-Power. In: Cooper/Nettler/Mahmoud (Hg.), Islam and Modernity, a.a.O., S. 177.
14 Vgl. Krämer, G., Politischer Islam. Kurseinheit I, Fernuniversität Hagen 1994, S. 32.
15 Zit. in: Heller/Mosbahi (Hg.), Islam..., a.a.O., S. 19.
16 Vgl. J. Petras, Globalization: A Critical Analysis. In: Journal of Contemporary Asia, Manila, 29 (1999) 1, S. 8f.
17 S. Amin, Capitalism in the Age of Globalization: The Management of Contemporary Society. London: Zed Books 1997, S. 5.

BERNT GLATZER

Erstes Teilprojekt (1996-1997): Zur Dynamik limitischer Strukturen: Soziale und lokale Abgrenzungen im staatlichen und internationalen Spannungsfeld bei Nomaden und Bauern in Afghanistan und Pakistan

Zweites Teilprojekt (1998-2000): Lokalität, Ethnizität und Islam im gegenwärtigen Konflikt um den Staat Afghanistan

Vorstellung der Projekte: Untersuchungsgegenstand, Fragestellungen, Projektzusammenhang

Das Rahmenthema „Lokalität und limitische Strukturen..." regte mich dazu an, im überregionalen Kontext soziale und lokale Grenzen neu zu bewerten und den Afghanistankonflikt mit ethnologischen Methoden akteursbezogen zu untersuchen. Die Chance, die das Zentrum zu interdisziplinärer Arbeit bietet, wurde genutzt, um den Konflikt als aktive Reaktion auf globale Politik und internationale politisch-religiöse Strömungen zu analysieren.

Auf der Grundlage sozialwissenschaftlicher Diskussionen über Globalisierung, Lokalisierung und Ethnizität und eigener ethnographischer Forschungen in der Region wurde untersucht, wie in Afghanistan auf verschiedenen sozialen Ebenen und in unterschiedlichem Kontext lokaler und zugleich sozialer Raum erfaßt, strukturiert, organisiert und institutionalisiert wird.

Die verschiedenen Ebenen von Lokalität (von der nachbarschaftlichen Kleingruppe bis zum Staat) wurden nach durchgehenden Mustern in den emischen Konzeptionen untersucht.

Im Vordergrund stand Lokalisierung als Reaktion auf großräumige und überregionale geistige, politische und wirtschaftliche Bewegungen und Einflüsse. So wie etwa Ethnizität nur im interethnischen Kontext entsteht,[1] so ist auch Lokalität nur in einem weiteren räumlichen und sozialen Kontext zu verstehen.

Die beiden Projekte gingen von Lokalisierung als einer interaktiven sozialen Handlung aus, durch die eine diffuse, unübersichtliche und evtl. als bedrohlich empfundene soziale und physische Umwelt räumlich geordnet, gegliedert und in kleinere, überschaubare Einheiten geteilt wird. So werden Ordnungslinien gezogen und institutionalisiert, „limitische Strukturen" werden geschaffen, perpetuiert und verändert,[2] die ein Wir und Ihr, Unser und Euer, ein Innen und Außen, Vertrautheit und Fremdheit ermöglichen. Es entsteht „Lokalität" als sozial angeeigneter und strukturierter Raum in der aktiven Auseinandersetzung mit der Außenwelt und mit globalen Phänomenen.[3] Lokale Strukturen werden nicht einmalig geschaffen, sondern in fortgesetzten sozialen Interaktionen und kulturspezifischen Wahrnehmungen als soziale Formen regeneriert.[4] Weiterhin ging ich von der Annahme aus, daß lokale Grenzen, auch wenn sie sozial konstituiert sind, nur selten jene sozialen Gruppen und Kategorien definieren, die der Bevölkerung besonders wichtig sind und die als politisch und wirtschaftlich aktive Gruppen in Erscheinung treten, nämlich Ethnien, Clans, lineages, politische Klientele, Kasten, ṭarīqa etc., daß sich diese nicht-lokalen Kategorien aber dennoch räumlich zuordnen lassen. Das aus früheren Forschungen des Bearbeiters und auch aus der Literatur erkennbare Gefälle zwischen Ost- und Westafghanistan hinsichtlich der Lokalisierung von strukturell nicht-lokalen sozialen Einheiten sollte empirisch untersucht werden. Die Frage war hier, ob staatliche Instanzen, beeinflußt von der benachbarten Kolonialverwaltung wie in Afrika und Indien, Territorien nach vermeintlichen „traditionellen" Clan- und Lineageordnungen festgeschrieben haben, ohne den instabilen Charakter solcher sozialer Gruppen zu berücksichtigen.

Ein weiteres Thema der Teilprojekte war die Analyse der Konstruktion von Staatsterritorium. Der Staat war in der vormodernen Zeit durch sein Zentrum definiert, und seine Macht und Herrschaftsintensität nahm vom Zentrum zu den Peripherien hin ab. Dieses Territorialkonzept hatte ich auch auf dörflicher Ebene und im Weiderecht der Nomaden wiedererkannt.[5] Ich ging von der Annahme aus, daß das emische Grundkonzept einer durch ihr Zentrum und nicht durch ihre Grenzen oder ihre Fläche bestimmten Lokalität sich auf mehreren Ebenen wiederfindet. Demnach sind räumliche Grenzen prinzipiell nicht festgeschrieben, sondern müssen permanent aktiv behauptet werden, durch bewußte Nutzung, durch Verhandlungen mit den Nachbarn, durch Androhung von Gewalt, physische Auseinandersetzungen, Bestechung von Beamten und auch durch rituelle Anstrengungen. Grenzen sind danach in dem Maße variabel, wie es die Möglichkeiten der Menschen sind, die Grenzen zu behaupten.

Für die beiden Projekte wurden eigene Felddaten aus den Jahren 1970-1999 und publizierte sowie graue Literatur und Archivmaterial aus Europa und Südasien herangezogen. In den Jahren 1996 bis 1999 habe ich zudem in Afghanistan und in der North West Frontier Province von Pakistan Befragungen durchgeführt. Über das Verhältnis von Lokalität und Staat in asiatischen und afrikanischen Ländern wurde am ZMO in der gleichnamigen Arbeitsgruppe intensiv diskutiert, und Erkenntnisse wurden ausgetauscht.

Erfahrungen bei der Umsetzung des thematischen Ansatzes

Der zwanzigjährige Afghanistankrieg erweiterte das Gesichtsfeld sehr vieler Afghanen erheblich, die meisten waren gezwungen, die heimatlichen lokalen und sozialen Einheiten aus der Distanz in neuer Perspektive zu sehen. Die unmittelbare Erfahrung der Globalisierung, wobei im eigenen Land fremde Mächte ihre Interessen ausfechten, führt nicht etwa zur Auflösung lokaler Einheiten und Grenzen, sondern zu schärferen Grenzziehungen und sogar zu stärkeren lokalen und nationalen Identitäten.

Der Bürgerkrieg in Afghanistan wird hier als ein vielschichtiger Konflikt zwischen ideologischer Globalisierung (Islamismus), internationaler und globaler Politik, lokalen Machtstrategien und lokalen wie sozialen Abgrenzungen gesehen.

Bei meinen Untersuchungen konnte ich auch ein neues nationalstaatliches Bewußtsein der Afghanen feststellen, das sich durch das Fehlen eines funktionierenden Staates geschärft hat.

Die Kriegswirren seit 1978 haben großräumige Bevölkerungsverschiebungen bewirkt, die derzeit noch nicht abgeschlossen sind. Die Afghanen wurden zu erheblicher Mobilität gezwungen: Krieg und Vertreibung ließen ca. fünf Millionen Afghanen neue Räume und Orte, weit entfernt von den vertrauten Lokalitäten, buchstäblich „erfahren"; fast jeder hat gelernt, zumindest gelegentlich seine Heimat aus der Ferne zu betrachten. In der Fremde mußten neue lokale Bezüge hergestellt und alte reflektiert und womöglich revidiert werden.

Die Bereitschaft und Mühelosigkeit, mit der die Interviewpartner auf Fragen nach Lokalisierung und Lokalität antworten konnten, zeigt, daß räumliche Zuordnungen und Grenzen bewußter wahrgenommen und aktiver verarbeitet werden, als der Bearbeiter das früher registrieren konnte. Geographische Begriffe und sogar territoriale Verwaltungstermini sind jetzt im täglichen Sprachgebrauch vorhanden.

Es zeigte sich, daß Informanten aus der östlichen Hälfte Afghanistans dem Fremden gegenüber ihre soziale Identität viel eher örtlich definieren, während

Gewährsleute aus Süd- und Westafghanistan ihre tribale und ethnische Identität in den Vordergrund stellen. Dies bedeutet jedoch nicht, daß tribale Strukturen (patrilineare Clanordnung auf der Grundlage übergreifender Genealogien) im Osten schwächer ausgeprägt sind, vielmehr scheint das Gegenteil der Fall zu sein. Zumindest bei den Paschtunen in Kunar und Paktia (Ostafghanistan) konnte ich eine Renaissance des klassischen Stammessystems mit seinen segmentären politischen Instanzen feststellen. Auch in anderen Gebieten des Landes zeigte sich nach dem Zusammenbruch der staatlichen Institutionen und der mit ihnen verbundenen Klientelbeziehungen eine zunehmende Bedeutung der identitätsbestimmenden patrilinearen Deszendenzgruppen. Die recht präzisen Darstellungen britischer Beobachter des 19. Jahrhundert über das paschtunische Stammessystem[6] entsprechen in vielen Provinzen des Landes heute durchaus wieder der Realität.

Das stark gegliederte orographische Profil Ostafghanistans mag im Gegensatz zu den offenen Weiten des Westens den engen lokalen Zusammenhalt der Stämme oder Clans im Osten begünstigen, liefert aber noch keine ausreichende Erklärung dafür. Historische Ursprünge sind heute kaum noch zu ermitteln, deshalb ging ich der Frage nach, wie in der „ethnographischen Gegenwart" diese große Übereinstimmung von Lokalität und tribaler Struktur trotz demographisch ungleicher Entwicklungen und ökologischer Veränderungen aufrecht erhalten und reproduziert wird. Die Hypothese, wonach ein solches System nur durch intertribale Mobilität und Flexibilität aufrechtzuerhalten sei, bestätigte sich, und es konnten aufschlußreiche Fallbeispiele von genealogischen Manipulationen und Adoptionen in andere Clans und Stämme in Ostafghanistan gesammelt werden.

In Westafghanistan, das mir aus früheren Feldaufenthalten gut bekannt ist, besteht die auf den ersten Blick paradoxe Situation, daß die Siedlungen, städtische wie ländliche, ethnisch und tribal stark durchgemischt sind und daß seit Menschengedenken Stämme und Clans nicht mehr als korporative Gruppen oder gar als politisch gemeinsam agierende Einheiten in Erscheinung getreten sind und daß andererseits gerade hier die Menschen ihre ethnischen und tribalen Identitäten besonders hervorheben. Damit steht sicher in Zusammenhang, daß die Bevölkerung einen relativ großen Anteil an Nomaden enthält und daß auch die Bauern und Städter räumlich sehr mobil sind. Die Kriegswirren des 19. Jahrhunderts haben die Bevölkerung mehrfach vollkommen umgeschichtet, ein Prozeß, der noch heute anhält. Es haben sich so kaum lokale Identitäten festigen können, konstant blieben dagegen verwandtschaftliche, besonders patrilineare Bindungen, und auch affinale Beziehungen werden bewußt über Generationen durch wiederholte Heiraten gepflegt und binden Familienverbände über weite Entfernungen hin zusammen. Der gegenwärtige Krieg verstärkt diese Tendenz, obwohl auch hier die machthabenden Taliban eine anti-tribale Politik deklamieren.

Der in anderen Regionen Afghanistans festgestellte Antagonismus zwischen den Gebieten der Seßhaften (šahr) und der Nomaden in den Steppen (aṭrāf)[7] findet sich in Westafghanistan nicht. Bauern und Nomaden verbinden enge affinale Beziehungen; eine erhebliche personelle Fluktuation und sowohl Sedentarisation als auch Nomadisation sind die typischen Merkmale dieses Verhältnisses.[8]

Im Zuge der Globalisierung gelangen bisher unbekannte religiöse und politische Ideen und Staatskonzepte unterschiedlicher internationaler Provenienz sehr rasch in alle Winkel des Landes, es treten Rückkopplungseffekte auf, aber es werden auch neue Ideen entwickelt.

In den Interviews zeigte sich, wie überraschend stark sich die Informanten mit Afghanistan als einer territorialen, sozialen, historischen und politischen Einheit identifizieren. Fast alle Informanten betonten geradezu leidenschaftlich die Integrität des Staatsterritoriums und die Notwendigkeit eines starken Zentralstaates, der die Rechte aller Bevölkerungsgruppen durchsetzen müsse. Ein föderatives Modell wie in Pakistan wird von den meisten abgelehnt, auch von Angehörigen der Minderheiten.

Das Konzept von Afghanistan als Ort (Kabul und Afghanistan wurden früher gleichgesetzt) weicht seit Ausbruch des Krieges aber deutlich der Vorstellung von Afghanistan als Raum. Dieses nun eher flächenhaft gedachte Afghanistan bleibt wesentlich bestimmt durch sein Zentrum Kabul. Auf der anderen Seite tritt das Beharren auf bestehenden lokalen Einheiten sehr deutlich in Erscheinung. Isoliert betrachtet haben Krieg und Vertreibung die soziale Konstitution ländlicher Gebiete und ethnischer Gruppen nur wenig verändert, und vorstaatliche Muster treten wieder erkennbar hervor, doch das Verhältnis dieser Gebiete und Gruppen untereinander und zum Staatsterritorium und seinem Zentrum werden seit dem Krieg neu bestimmt.

Globale und lokale Aspekte des Afghanistankonflikts

Auch der fortdauernde Konflikt in Afghanistan ist nicht lokal und systemimmanent zu deuten, indem man nur Afghanistan als Referenzrahmen nimmt. Die beiden Hauptkonfliktparteien, die Taliban und die Nordallianz um Aḥmad Šāh Masʿūd, werden militärisch, finanziell und politisch von den Nachbarländern Afghanistans nach Kräften unterstützt, und die politischreligiösen Ideologien der Taliban und ihrer Hauptgegner sind nicht ohne die weltweiten Bewegungen des politischen Islam und seine besondere indischpakistanische Ausprägung zu verstehen.

Als Anfang 1994 die Bürgerkriegssituation in Afghanistan hoffnungslos festgefahren schien, organisierten sich in Afghanistan und in Pakistan afghanische Schüler (ṭālibān), Angehörige religiöser Schulen (dīnī madāris) der pakistanischen Partei Ǧāmʿiyyat-e ʿUlamāʾ-ye Eslāmī (JUI). Ziel dieser Taliban war es, in den afghanischen Konflikt einzugreifen, ihn zu beenden und die „reine und wahrhaft islamische Gesellschaft" zu schaffen.

Zu Beginn beruhte der Erfolg der Taliban in erster Linie auf dem Rückhalt in der Bevölkerung Südafghanistans, die sich von den frommen „Schülern" die Rettung vor den hab- und machtgierigen Warlords erhoffte. Auch der größte Teil der Kämpfer jener Warlords wechselte die Seiten. Von einer Welle populärer Begeisterung getragen, stürmten sie bis vor Kabul und brachten in wenigen Monaten alle südafghanischen Provinzen unter ihre Gewalt. Dank ihrer Popularität konnten sich die Taliban zumindest teilweise der Kontrolle ihrer pakistanischen Mentoren entziehen, ohne auf deren materielle, politische und ideologische Unterstützung verzichten zu müssen.

In den Organisationsformen der Taliban kann man Grundmuster der ländlichen politischen Organisation südpaschtunischer Stämme erkennen, aber ihr Puritanismus und ihre aggressive Intoleranz gegenüber anderen islamischen Richtungen stoßen in Afghanistan zunehmend auf Ablehnung. Auch im populären Islam der Nachbarländer sind ihre ideologischen Wurzeln kaum zu finden, sondern eher im Bereich nichtstaatlicher überregionaler politischreligiöser Netzwerke, als deren Knotenpunkte die Madrasa des Sāmī al-Ḥaqq (dār al-ʿulūm haqqāniyya) in Akora Khattak (NWFP, Pakistan) und das dār al-iftāʾ-ye wa-l-iršād des Mufti Rašīd Aḥmad (geb. 1922) in Nazimabad, Karachi, anzusehen sind.

Nachdem die Taliban im September 1996 nach langer Belagerung und Bombardierung Kabul erobert hatten, glaubten sie, sich mit hartem Durchgreifen gegen die nach ihren Vorstellungen sittlich verkommene Stadtbevölkerung durchsetzen zu müssen. Die antiurbane Haltung der Taliban scheint ein Schlüssel zu ihrem Verständnis zu sein; seit Jahrhunderten hat sich in Kabul eine eigenständige, verhältnismäßig kosmopolitische Kultur entwickelt, z.T. auf Kosten des Hinterlandes, aber kaum in Verbindung mit ihm. Schon vor dem Krieg hatte ich festgestellt, daß die Dorfbewohner den Städtern mißtrauten, was in der unterschiedlichen wirtschaftlichen Entwicklung und in einer langen Geschichte zentralstaatlicher Willkür begründet ist. Die meisten Afghanen hatten nur wenig Kontakt mit staatlichen Stellen, wenn sie aber mit dem Staat zu tun bekamen, erschien er den Menschen auf dem Lande unverständlich und unberechenbar. So stießen auch die pro-kommunistischen Regimes in Kabul nach 1978 mit ihren gut gemeinten, aber planlosen Reformversuchen auf Unverständnis und Widerstand in der Bevölkerung.[9]

Die antiurbanen Ressentiments wurden schon vor dem Auftreten der Taliban von politischen Anführern verstärkt und instrumentalisiert. Dörfer und Steppen werden als Orte relativer Reinheit aufgefaßt. Die Großstadt dagegen mit ihrer unübersichtlich differenzierten Sozialstruktur und vielen fremden Einflüssen erscheint als Ort der moralischen Unreinheit, der fehlenden moralischen Kontrolle, als Ort der Gefahr und der Verunsicherung für den guten Muslim.

Die dörflichen Ehr- und Moralvorstellungen konzentrieren sich besonders auf das Verhalten der Frauen und die Kontrolle der Männer über Schwestern, Töchter und Ehefrauen. Das selbständigere Leben und die Berufstätigkeit vieler Frauen in Kabul vor dem Einmarsch der Taliban sind mit solchen Vorstellungen nur schwer in Einklang zu bringen. Mit ihrer vereinfachenden Rhetorik versuchten die Taliban ihre dörflichen Anhänger davon zu überzeugen, daß mit ihren demonstrativen Strafaktionen Moral und Ehre *aller* (männlicher) Afghanen wiederhergestellt würden.

Ein Großteil der führenden Taliban ist jedoch nicht in afghanischen Dörfern, sondern in Flüchtlingslagern, Guerilacamps und pakistanischen Koranschulen aufgewachsen. Bei näherem Hinsehen werden Widersprüche zum Dorfislam deutlich. Der Rigorismus und Puritanismus der Taliban hat wenig mit dem mystischen Volksislam und der verbreiteten Verehrung für tote und lebende Heilige zu tun, wie sie auf den Dörfern üblich sind. Predigten gegen Kunst, Musik, Sport, lockere Kleidung und gegen alles, was Lebensfreude ausdrückt, wirken übertrieben und bigott. Die dörfliche Bevölkerung, die das Alter achtet, wehrt sich gegen religiöse und moralische Bevormundung durch junge Taliban. Empörung und Unverständnis haben die Taliban auf den Dörfern ausgelöst, als sie die hohen Brautpreise und das zwangsweise Levirat abzuschaffen versuchten.

Meine Interviews vom Herbst 1999 belegen auch bei der Landbevölkerung wachsende Skepsis gegenüber den Taliban. Angesichts der offensichtlichen administrativen und wirtschaftlichen Inkompetenz der Taliban wird nun auch ihre religiöse Kompetenz in Frage gestellt, und viele Afghanen erkennen inzwischen, daß die Taliban teils aus Ignoranz, teils aus Absicht gegen ländliche Traditionen verstoßen und auf den Dörfern wie fremde Besatzer auftreten. Deshalb brachen 1998, 1999 und 2000 an verschiedenen Stellen in Khost, in Kunar und in der Umgebung von Kandahar, also im Kerngebiet der Taliban, lokale Revolten gegen die Taliban aus.

Vor 1978 war die Sicherheit im Lande weniger ein Verdienst des Staates, sondern beruhte auf den funktionierenden lokalen Institutionen. Der Staat hatte die autonome Organisation der Stämme und anderer traditioneller Gruppen weder ersetzen noch zersetzen können. Die Macht und der Einfluß dieser Gruppen dem Staat gegenüber wurden seit 1880, seit der Regierung Emīr ʿAbd ar-Raḥmāns (1880-1901), zwar deutlich geschwächt, doch aus der jüngsten afghanischen Katastrophe gingen sie gestärkt hervor.[10]

Die größten und mächtigsten Stammesverbände in Afghanistan gehören zur ethnischen Gruppe der Paschtunen, die aber nur etwa die Hälfte der Bevölkerung Afghanistans stellen. Die Taliban gehören vorwiegend dieser ethnischen Gruppe an. In Pakistan leben ebenso viele Paschtunen wie in Afghanistan (insgesamt ca. 20 Millionen). Die Stammesorganisation beruht auf der Vorstellung, daß alle Paschtunen die patrilinearen Nachfahren *eines* Stammvaters aus der Zeit des Propheten Mohammed seien. Heute gliedern sich die Nachfahren in Tausende von Ästen und Zweigen eines nationalen Stammbaums.

Fast alle afghanischen Herrscher – einschließlich der kommunistischen – waren Paschtunen und haben die Stammesorganisation mit ihren überlegenen Loyalitäten genutzt, um an die Macht zu kommen. Aber einmal an der Spitze des Staatsapparats, gerieten sie zwangsläufig in Widerspruch zum egalitären Prinzip und zu ihren Anhängern, sobald sie nicht ausschließlich die Interessen des eigenen Stammes verfolgten. Kaum einer widerstand der Versuchung, mit den Machtmitteln des Staates die Gefolgschaft zu erzwingen, die im Stammessystem prinzipiell nur freiwillig geleistet wird. Die gefährlichsten Widersacher der afghanischen Herrscher kamen meistens aus dem eigenen Klan oder aus eng verwandten Stämmen. Afghanistan kam in der Geschichte immer nur dann zur Ruhe, wenn zwischen Staat und Stamm eine Balance der Interessen und der Macht bestand.[11]

Die Taliban wollen entsprechend ihrer offiziellen Doktrin, die auf die *umma* orientiert, Grenzen überwinden und alle Bewohner Afghanistan in einer Gemeinde gleichberechtigter Muslime vereinigen. Dennoch können viele Funktionäre und Lokalpolitiker der Taliban der Versuchung nicht widerstehen, alte ethnische Vorurteile auszuleben und bei der Stellenvergabe und der Verteilung knapper Ressourcen ihre Familien-, Stammes- und Dorfangehörigen zu bevorzugen, was den Vorwurf einer Paschtunisierungspolitik berechtigt erscheinen läßt.

Wie erwähnt, wurden die religiösen Führer der Taliban in theologischen Seminaren ausgebildet, die der pakistanischen Deobandi-Partei JUI nahe stehen. Die Deobandi vertreten eine orthodoxe hanafitische Rechts- und Staatsdoktrin und planten im 19. Jahrhundert, in Indien einen Staat auf der Grundlage der *šarīʿa* zu errichten. Die Deobandi fordern in ihrer Mehrheit eine buchstabengetreue Befolgung der kanonischen Schriften des sunnitischen Islam und lehnen jede moderne und individuelle Auslegung ab.

Als die afghanischen Taliban 1994 mit dem Anspruch auszogen, in Afghanistan dem Bürgerkrieg ein Ende zu bereiten, entwickelten sie rasch eine sehr pragmatische Mischung aus Orthodoxie und Populismus. Die Akzeptanz der Bevölkerung war ihnen wichtig, aber die Details der *šarīʿa* blieben bis heute den meisten Taliban verborgen, was auch Muftī Farīd Wāṣil, Rektor der al-Azhar-Univerität in Kairo, anläßlich eines Besuchs in Kandahar im März 2001 zu seinem Bedauern feststellte.[12] Der vereinfachte Islam der Taliban stellt Aspekte des Glaubens und der *sunna* in den Vordergrund, die öffentlich sichtbar und kontrollierbar sind, wie Bartlänge, Kleiderordnung, öffentliches Beten, Verbannung der Frauen in ihre Häuser und drastische Strafen. Durch spektakuläre Aktionen wie öffentliche Hinrichtungen und Sprengung antiker Monumentalstatuen soll der protestierenden Welt und den Afghanen die Staatsgewalt und religiöse Unabhängigkeit und Stärke demonstriert werden.

Während des langen afghanisch-sowjetischen Krieges, des anschließenden Bürgerkrieges und des jahrelangen Exils in Pakistan und Iran, das schätzungsweise die Hälfte der ländlichen Bevölkerung zu erleiden hatte, kam besonders der jüngere und mobile Teil dieser Bevölkerung mit neuen, international kursierenden politisch-islamischen Ideen in Berührung. Die wenigsten der Rezipienten hatten jedoch eine nennenswerte Schulbildung genossen, so daß etwa die komplexen Lehren der Deobandis und vergleichbare Strömungen in sehr schlichte Schemata übertragen wurden. Auch diese Übertragung leisteten nicht die Taliban, sondern ihre Mentoren wie z.. B. Muftī Rašīd Aḥmad in Karachi. Die geradezu unerbittlich schlichte Lehre, nicht die bäuerliche Herkunft der Schüler, ist für den anfänglichen Erfolg der Taliban verantwortlich zu machen.

Eine der geistigen Quellen der Taliban liegt im theologischen Seminar Dār al-Iftāʾ wa-l-Iršād des Muftī Rašīd Aḥmad Ludhiyyanvī in Nazimabad, Karachi. Der Mufti, geboren 1922 im Punjab und in Deoband ausgebildet, schrieb eine mehrbändige Autobiographie mit Instruktionen für seine Anhänger, *Anwār ar-Rašīd*, „Das Licht des rechtes Weges".[13] Man findet hier quasi die Essenz der Taliban-Doktrin, eine Kampfansage an die Schiiten, eine äußerst restriktive Auslegung der islamischen Vorschriften gegenüber Frauen, Anleitungen für den *ǧihād* und für das drastische Strafrecht, für das die Taliban bekannt sind, und nicht zuletzt stehen hier Ausführungen zur großen Bedeutung der richtigen Bartlänge. Das Dār al-Iftāʾ wa-l-Iršād betreibt eine Nachrichtenagentur mit Korrespondenten in Afghanistan und gibt ein Wochenblatt mit dem Titel *Ḍaʾrb-i Muʿminīn* (sic!) auf Englisch und Urdu, aber nicht in einer afghanischen Sprache heraus, außerdem eine englischsprachige Internetseite in professionellem Design (http://www.ummah.net/taliban/). Muftī Rašīd Aḥmad reist regelmäßig nach Kandahar und gilt als einer der Lehrer von *ṭālib* Mullah ʿUmar, dem Oberhaupt der Taliban-Bewegung.

Neues international kursierendes radikales Gedankengut ist bei den Taliban auf fruchtbaren Boden gefallen und wurde auf der Grundlage einer engbegrenzten Weltsicht zu einer schlagkräftigen ideologischen Waffe entwickelt. Seit der Eroberung aller großen Städte richtet sich diese Ideologie zunehmend gegen die eigene Gesellschaft.

Es wird inzwischen immer deutlicher, daß es sich bei den Taliban um ein politisches Unternehmen handelt, das religiöse Ideen und Symbole in seinen Dienst stellt und sie sowohl als Kampfmittel nach außen als auch zur Disziplinierung nach innen taktisch einsetzt. Trotz demonstrativer Rigorosität ist die Führung der Taliban bereit, religiöse Kompromisse zu machen, wenn es der eigenen Machtpolitik und dem wirtschaftlichen Fortkommen nützt. Ein Beispiel dafür ist die Tatsache, daß Afghanistan unter den Taliban zum weltweit wichtigsten Produzenten von Opium und Heroin geworden ist. Das Gros der Anhänger und Mitglieder der Bewegung glaubt an die Doktrin der Taliban und läßt sich von ihr disziplinieren.

Die populären Konzepte von Lokalität und Staat in Afghanistan und die religiös-politischen Ideologien der Konfliktparteien sind seit Ausbruch des Sowjetisch-Afghanischen Krieges 1979 nicht mehr allein aus der Kultur und der Gesellschaft des Landes heraus zu verstehen, sondern sie sind ein Ergebnis der in den Nachbarländern gemachten Erfahrungen vieler Afghanen und der aktiven Auseinandersetzung mit religiös begründeten politischen Strömungen in weiten Teilen der islamischen Welt, was als ein Aspekt der Globalisierung zu begreifen ist.

Veröffentlichungen des Autors zu den Projekten

1996

Dynamics of camp formation among Pashtun nomads in west Afghanistan. In: Nomadic Peoples (IUAES: Commission on Nomadic Peoples), Oxford, 39 (1996) , S. 29-51.

1995
Marriage Prestations in Nomad-Farmer Relations in West-Afghanistan. In: A. Hafner, (Hg.), Essays on South Asian Society, Culture and Politics. Berlin: Das Arabische Buch 1995 (Arbeitshefte des Forschungsschwerpunkts Moderner Orient; 8).

1992
Pastoral Territoriality in West Afghanistan: An Organization of Flexibility. In: M.J. Casimir/A. Rao (Hg.), Mobility and Territoriality: Social and Spacial Boundaries among Fishers, Pastoralists and Peripatetics. New York/Oxford: Berg 1992, S. 293-306.

In Vorbereitung
The Tribal System of the Pashtuns. In: G. Pfeffer/D.K. Behera, (Hg.), Tribal Studies Beyond India. Delhi: Manohar.

Anmerkungen

1 Vgl. F. Barth, Models of Social Organization. London: Royal Anthropological Institute of Great Britain and Ireland 1966 (Occasional Paper 23); siehe auch: W.E. Mühlmann, Rassen, Ethnien, Kulturen. Neuwied & Berlin: Luchterhand 1964.
2 Ebenda; vgl auch ders., Ethnogonie und Ethnogenese: Theoretisch-ethnologische und ideologiekritische Studie. In: Studien zur Ethnogenese. (Abhandlungen der Rheinisch- Westfälischen Akademie der Wissenschaften; 72), Opladen: Westdeutscher Verlag 1985, S. 9-27.
3 Vgl. P. Bourdieu, Physischer, sozialer und angeeigneter physischer Raum. In: M. Wentz (Hg.), Stadt-Räume. Frankfurt/Main: Campus 1991, S. 25-34.
4 Vgl. Barth, Models..., a.a.O.; ders., Selected Essays of Fredrik Barth. Bd. I: Process and Form in Social Life. London: Routledge 1981; siehe auch P. Bourdieu, Outline of a Theory of Practice. Cambridge: Cambridge University Press 1977, und U. Hannerz, Cultural Complexity: Studies in the Social Organization of Meaning. New York: Columbia University Press 1992.
5 Vgl. B. Glatzer, Pastoral Territoriality in West Afghanistan: An Organization of Flexibility. In: M.J. Casimir/A. Rao (Hg.), Mobility and Territoriality: Social and Spacial Boundaries among Fishers, Pastoralists and Peripatetics. New York, Oxford: Berg 1992, S. 293-306.
6 Vgl. M. Elphinstone, An Account of the Kingdom of Caubul. 2 Bde., London: R. Bentley 1815.
7 Vgl. J.W. Anderson, Doing Pakhtu: Social Organization of the Ghilzay Pakhtun. PhD diss. 1979.
8 Ausführlicher in: B. Glatzer, Marriage Prestations in Nomad-Farmer Relations in West-Afghanistan. In: A. Hafner (Hg.), Essays on South Asian Society, Culture and Politics. Berlin: Das Arabische Buch 1995; B. Glatzer, Dynamics of camp formation among Pashtun nomads in west Afghanistan. In: Nomadic Peoples (IUAES: Commission on Nomadic Peoples), Oxford, 39 (1996), S. 29-51.
9 Vgl. P.S. Sinha, Afghanistan im Aufruhr. Freiburg, Zürich: Hecht 1980.
10 Vgl. B. Glatzer, The Tribal System of the Pashtuns. In: G. Pfeffer/D.K. Behera (Hg.), Tribal Studies Beyond India. Delhi: Manohar (im Druck).
11 Vgl. ebenda.
12 Vgl. Interview mit Wāṣil Farīd. In: Aš-Šarq al-Ausaṭ, London, 20.3.2001.
13 Vgl. R.A. Ludhiyanvi, Anwār ar-Rašīd. Karachi: Dār al-Iftā' wa-l-Iršād 1997 (2 Bd., weitere sollen folgen).

ANNEMARIE HAFNER

Teilprojekt (1998-2000): Filmemacher und populäres Kino im kolonialen Indien: nationale Identität, sozialer Wandel, politische Emanzipation

Vorstellung des Projekts: Untersuchungsgegenstand, Fragestellungen, Projektzusammenhang

Der populäre Film hat in Indien während der ersten Hälfte des 20. Jahrhunderts dazu beigetragen, Erfahrungen zu vermitteln, Konflikte bewußt zu machen und Identitäten zu verhandeln. Das indische Kino entfaltete sich in einer Situation, die einerseits Kulturschaffende veranlaßte, sich westliche Denkweisen anzueignen, und sie andererseits dazu bewog, ihre eigene Kulturtradition zu überdenken und damit neu zu behaupten. Filmemacher nutzten die entwickelte Technologie der Reproduktion von Bildern und griffen damit in den Prozeß des Kulturwandels und der Kultursynthese ein. Das indische Kino wird deshalb sowohl als Agens der Moderne wie als Agens nationaler Identitätsfindung betrachtet. Die Fallstudie zeigt, wie Filmemacher – insbesondere Regisseure und Drehbuchautoren – ihre unmittelbare Gegenwart erfuhren und Vorstellungen für die Zukunft entwickelten. Sie erlebten die Endphase der Dekolonisierung nicht nur als Zeitzeugen mit, sondern beförderten sie durch ihre cineastischen Aktivitäten. Motivation für ihr künstlerisches Schaffen war das antikoloniale Projekt, das zum einen die politische Emanzipation ihres Landes, zum anderen die Reformierung der eigenen Gesellschaft anstrebte. Der Untersuchung liegt somit das Konzept zugrunde, den Film als Produkt und Agens von Geschichte zu betrachten.

Das Teilprojekt, das im Zeitraum zwischen Juli 1998 und Juni 2000 bearbeitet wurde, ging von der These aus, daß durch die britische koloniale Expansion und die Einbeziehung Indiens in den kapitalistischen Weltmarkt die indische Gesellschaft neu strukturiert wurde. Es stellte die Frage, ob und inwieweit das Zusammenspiel von globalen und inneren Faktoren in Indien eine moderne Gesellschaft „mit besonderen Zügen" hervorgebracht hat. Mit dieser Zielstellung ordnete es sich in die Problematik „Abgrenzung und Aneignung in der Globalisierung: Asien, Afrika und Europa seit dem 18. Jahrhundert" ein. Es betrachtete diesen Prozeß aus historischer Perspektive.

Erfahrungen bei der Umsetzung des thematischen Ansatzes

Im indischen Kino hat die Auseinandersetzung um Eigenes und Fremdes eine lange Geschichte. Sie begann Anfang des 20. Jahrhunderts und dauert bis zur Gegenwart an. Wenn man diesen Prozeß mit Hilfe der Kategorien „Abgrenzung" und „Aneignung" beleuchtet, dann kommt man zu dem Ergebnis, daß beide Aspekte enthalten sind und sich gegenseitig bedingen. Sie müssen, wie in einem früheren Antrag an die DFG formuliert wurde, „als ambivalente, empirisch kaum trennbare Prozesse thematisiert werden".

Impulse aus dem Dachthema für das historisch orientierte Teilprojekt waren vor allem theoretischer Natur. Zum einen kann in diesem Zusammenhang auf Anregungen verwiesen werden, die sich aus der Diskussion um Fragen des Kulturkontakts und der Kultursynthese im Rahmen der Globalisierung ergaben. So hat z.B. die Beschäftigung mit der Problematik „Homogenisierung, Hybridisation oder Synthetisierung", wie sie von Jan Nederveen Pieterse behandelt wird, den Blick für Vorgänge im indischen Kino während der ersten Hälfte des 20. Jahrhunderts geschärft. Zum anderen konnten Parallelen zur Geschichte des indischen Films in der international geführten Diskussion um Kino und nationale Identität in der Dritten Welt gefunden werden. Stimuliert durch den rasanten Prozeß der Globalisierung wird versucht, ein Konzept für ein sogenanntes Drittes Kino (*third cinema*) zu entwerfen. Das schließt die Entwicklung theoretischer Fragestellungen zur Untersuchung der Filmgeschichte und -gegenwart ein, versteht sich aber auch als praktische Hilfestellung für Filmemacher außerhalb des globalen kommerziellen Films. Der Fokus dieser Diskussion liegt auf der Besinnung oder Wiederbelebung indigener (bzw. nationaler) ästhetischer oder Erzähl-Traditionen im Gegensatz zu den homogenisierenden Tendenzen Hollywoods und seiner Dominanz über Markt und normative Standards. Die *third cinema*-Theorie thematisiert zum einen die Grenzen und Unterschiede zwischen dem Nationalen und dem Globalen oder dem Inneren und Äußeren, zum anderen problematisiert sie die Art und Weise, wie bestimmte Gruppierungen innerhalb einer Nation (d.h. Klassen, ethnische Gruppen, Minoritäten, Frauen usw.) ihrer Stimme durch ihr Filmwerk Gehör verschaffen.

Die Geschichte und Entwicklung des indischen Films ist ohne den Einfluß des Weltkinos bzw. die Distanzierung von diesem nicht denkbar. Die neue Kunstform Film kam aus Europa nach Indien. Schon 1896 wurden in Indien ausländische Kurzfilme gezeigt. Die ersten Eigenproduktionen ließen nicht lange auf sich warten. Bereits 1912 fand die Uraufführung des ersten indischen Spielfilms statt. Im indischen Filmvertrieb dominierten allerdings bis in die dreißiger Jahre ausländische Streifen britischen und vor allem auch amerikanischen Ursprungs. Indische Intellektuelle besuchten Europa und machten sich dort mit der neuesten Filmtechnik vertraut bzw. lernten unterschiedliche Strömungen der Filmkunst kennen. Indisches Kino ist jedoch keineswegs ein Abklatsch des europäischen oder des Hollywood-Films.

Seine unverwechselbare Identität konnte der indische Film als Tonfilm (seit 1931) ausgestalten. Eine Mischung aus Musik, Gesang und Tanz wurde zum Markenzeichen indischen Kinos. Diese Eigenart resultiert aus der Fortführung indischen dramatischen Tradition.[1] Die Kontinuität von klassischem bzw. Volkstheater und Kino im indischen Kontext unterstrich der bekannte Filmkritiker Chidananda Das Gupta: „Yet with the erosion of the traditional forms of folk entertainment and the trek into the cities in search of employment, this cinema (in the absence of television) quickly established itself as the only diversion of the public – fulfilling its diverse needs for drama, music, farce, dancing, escape into illusions of high living, into fantastic dreams of sin and modernity from which to return to the daily grind."[2]

Wie jede andere kulturelle Ausdrucksform stellt auch indisches Kino eine Montage unterschiedlicher Einflüsse und ein vielschichtiges Gemenge von Wertvorstellungen dar. Nicht zuletzt war die Begegnung mit westlichen Kulturtraditionen für bestimmte Variationen des indischen Kinos verantwortlich. So wagte man es, im Gegensatz zur Gepflogenheit des indischen Dramas eine Tragödie im europäischen Sinne auf die Leinwand zu bringen, d.h. einen Film mit der Niederlage des Helden enden zu lassen, bzw. gab es seit der zweiten Hälfte der dreißiger Jahre Versuche, Tonfilme ohne Musik, Gesang und Tanz zu produzieren.[3]

Der namhafte indische Filmhistoriker Ravi S. Vasudevan ist auf das Kino als Produkt und Gestalter der Moderne eingegangen. Er diskutierte die These, daß Kino seinem Wesen nach eine Institution der Moderne sei. Zum einen, weil es Maschinen benutzt, geschaffen zur mechanischen Reproduktion von Bildern. Damit übte das Kino einen fundamentalen Einfluß auf die Art und Weise aus, wie die Tradition der bildlichen Darstellung gebrochen wurde. Zum anderen aber wird Kino auch als Vehikel der Moderne in sozialinstitutionellem Sinne verstanden. Vasudevan schrieb: „The cinema's generation of the reproducible image allows for its extended circulation, and with it, the possibility of an extended circulation of subjectivity."[4] Mit anderen Worten: eine neue Sphäre von Öffentlichkeit wird eingeführt, die neue Erfahrungshorizonte schafft.

Es waren Prozesse der gesellschaftlichen Transformation und des politischen Umbruchs in Indien, die die Genrepalette des indischen Kinos bereicherten. Zwei Aspekte waren vor allem wichtig. Erstens: Prominentes Agens gesellschaftlichen Handelns war das antikoloniale Projekt. Und zweitens: Die kolonial-kapitalistische Entwicklung hatte zu gesellschaftlichen Verwerfungen geführt, mit deren Folgen sich Politiker und Intellektuelle – und zu letzteren gehörten auch die Filmemacher – auseinandersetzten.

Den dreißiger und vierziger Jahren des 20. Jahrhunderts kam in dem lang andauernden Ringen um nationale Eigenständigkeit eine besondere Bedeutung zu. Die Diskussion um den zukünftigen Entwicklungsweg des Landes, um Inhalte der sozialen und kulturellen Wiedergeburt Indiens, wurde mit zunehmender Intensität geführt. Ohne sich ausdrücklich mit parteipolitischen Zielen zu identifizieren, schalteten sich Regisseure und Drehbuchautoren mit ihren spezifischen Mitteln in die öffentliche Meinungsbildung ein. Ihr Instrument der Kommunikation war der Film. In jenen Jahren entstand ein Korpus von Streifen, den ich als eine Version „engagierten" Kinos definieren möchte. Die Schöpfer dieser Filme waren sich der Unterschiede bzw. Spannungen zwischen verschiedenartigen Kulturen und Weltsichten bewußt. Sie benutzten die Kunstform Film, um sozio-kulturelle Probleme aufzugreifen, und führten „Aktualität" ins Kino ein. In seiner indischen Variante synthetisierte das „engagierte" Kino jener Zeit Visionen von politischer Souveränität sowie von kultureller und sozialer Erneuerung.

Am deutlichsten zeigten sich die Veränderungen im Aufkommen eines neuen Genres, des „Gesellschaftsfilms" oder des *social film,* wie er auch genannt wurde. Im Unterschied zu allen anderen Genres waren seine Sujets im Alltag angesiedelt, und sein Anliegen war es, Reformvorstellungen oder Prozesse gesellschaftlichen Wandels zu unterstützen. Er basierte „not on traditional incidents or historic tales but life as it is lived in the present time", wie der *Bombay Chronicle* definierte.[5] Ravi Vasudevan beschreibt den „Gesellschaftsfilm" mit folgenden Worten: „Set in modern times, the genre generates societal images that delineate ethical precepts raising questions of dignity, equality, honesty. The social referent is generally the plebeian or the *déclassé*"[6]. Die in Bild und Erzählung umgesetzte kreative Gesellschaftsbetrachtung enthielt sowohl Elemente der westlichen Moderne, knüpfte aber auch an eigenes Kulturerbe, z.B. Inhalte der Bhakti-Bewegung[7] an. Damit bot der „Gesellschaftsfilm" Raum für eine Kulturdebatte, in dem Filmemacher die moderne indische Identität verhandeln konnten.

Aruna Vasudev beschreibt diese Situation in ihrem fesselnden Buch „Liberty and Licence in the Indian Cinema": „Gradually, in small numbers, young people from good families, finally succumbing to the potential and fascination of this still new medium had started to enter the film world. Educated, cultivated, concerned with political and social behaviour, theirs was an angry response to the complacent assumptions of an unbending morality. Century old ideas, rituals and customs – these were the questions that provided the subjects of many of their films".[8]

Wenn man Themen und Aussagen des „Gesellschaftsfilms" etwa um die Mitte der dreißiger Jahre mit denen gegen Ende der vierziger Jahre vergleicht, dann fällt auf, daß dieses Filmgenre in relativ kurzer Zeit selbst eine bestimmte Entwicklung durchlaufen hat. Während sich der *social film* in seiner Frühphase vorrangig mit traditionellen Verhaltensweisen auseinandersetzte und religiös-orthodoxem Denken gegenüber eine kritische Haltung einnahm, behandelte er später soziale Spannungen in einer radikaleren Art und Weise. Er verwies, ohne ein Blatt vor den Mund zu nehmen, auf soziale Ungerechtigkeit, auf Armut und Elend in Stadt und Land. Häufig behandelte er in seiner späteren Phase Härten des Übergangs von einer agrarischen zu einer industriellen Gesellschaft unter Bedingungen kolonialer Abhängigkeit. In einzelnen Fällen ließ er dabei auch gesellschaftliche Utopien anklingen.

Die Probleme, die die Filmemacher zunächst in ihren Werken ansprachen, wurden schon seit längerem in der indischen Öffentlichkeit diskutiert. Sie waren bereits von religiös-reformerischen Bewegungen im 19. Jahrhundert aufgegriffen worden. Solche Strömungen waren in den meisten Regionen Indiens verbreitet, und sie erfaßten alle wesentlichen Religionsgruppen. Zum einen waren sie durch Gedankengut der europäischen Aufklärung inspiriert, zum anderen fühlte sich die einheimische Bildungsschicht herausgefordert, den Lehren und Aktivitäten christlicher Missionare Eigenes entgegenzusetzen. Das Spektrum der Antworten auf diesen „Kulturstreit" reichte von Anstrengungen zu sozialer Reform bis hin zu revivalistischen Reaktionen. Universalistische und nationalistische Tendenzen waren in dem Reformdenken miteinander verquickt. Alle hinduistisch-reformerischen Bewegungen hatten sich im Rahmen der kolonialen Ordnung die Veränderung einzelner Aspekte der sogenannten traditionellen Gesellschaft, wie die Beseitigung der Diskriminierung der niederen Kasten, die Verbesserung der Lage der Frauen, insbesondere die der Witwen, sowie die Abschaffung der Kinderheirat, auf die Fahnen geschrieben. Die in der Tradition verankerten gesellschaftlichen Mißstände blieben auch im 20. Jahrhundert ein akutes Problem, und Filmemacher sahen sich veranlaßt, sie in ihren cineastischen Produktionen ins Licht der Öffentlichkeit zu rücken. Als direktes Bindeglied zwischen den religiös-reformerischen Bewegungen des 19. Jahrhunderts und dem Filmschaffen fast ein Jahrhundert später fungierte die Literatur. So diskutierte der sogenannte Reformroman traditionelle Verhaltensmuster und suchte einen Weg in die

Moderne. Diese Literatur wollte nicht nur unterhalten, sondern hatte die Absicht, zu erziehen und Veränderungen im Verhalten der Menschen zu stimulieren. Genau das kam den Intentionen bestimmter Filmemacher in den dreißiger und vierziger Jahren des 20. Jahrhunderts entgegen.

Zweifellos waren die späten dreißiger, vor allem aber die vierziger Jahre durch eine spezifische gesellschaftliche Dynamik geprägt. Die Bewegung für politische Souveränität hatte die Massen ergriffen und mit der Zielstellung *purna swaraj* (völlige Unabhängigkeit) und einer sozial-radikalen Perspektive eine neue Qualität gewonnen.

In der Debatte der Politiker und Intellektuellen um die Reformierung der indischen Gesellschaft spielten nicht mehr nur liberale und demokratische Ideen eine Rolle. Jawaharlal Nehru hatte im Jahre 1929 den Begriff „Sozialismus" in das politische Vokabular des Indischen Nationalkongresses eingeführt, und Politiker, Intellektuelle und Künstler suchten nach gesellschaftlichen Alternativen zum kolonial-kapitalistischen Gesellschaftssystem. Indien hatte ein Stadium erreicht, wo es nach eigenen Vorstellungen und in eigener Verantwortung zu einem Einvernehmen mit der modernen Welt kommen wollte. Dabei wollte es sich aber nicht abkapseln. Der Gedanke der Solidarität mit und zwischen den um ihre Unabhängigkeit ringenden Völkern fand seinen Weg aus der Politik in die Öffentlichkeit.

Dieses neue Selbstbewußtsein veränderte das gesamte kulturelle Leben. Das spiegelte sich u.a. in der Literaturszene wider. Prominente indische Schriftsteller versammelten sich in der *Progressive Writers' Association*. Unter den Begriff „progressiv" subsumierten die Literaten „all that arouses in us the critical spirit"[9]. Das Gründungsmanifest unterstrich die engen Beziehungen zwischen Kunst und Gesellschaft und rief die Künstler auf, „to bring the arts into closest touch with the people", indem sie sich der Probleme „of hunger and poverty, social backwardness and political subjugation" annahmen.[10]

Ein anderes Ereignis, das ebenfalls direkten Einfluß auf das Kino ausübte, war die Gründung der *Indian People's Theatre Association* im Jahre 1943, die volkstümliche Formen des Theaters aufgriff und ihnen aktuelle politische Inhalte unterlegte. Die Leidenschaftlichkeit, mit der die Aufführungen dieser Vereinigung das nationale Anliegen vertraten und die Schärfe, mit der sie soziale Mißstände zur Sprache brachten, zogen ein breites Publikum in ihren Bann. Der „Gesellschaftsfilm" jener Zeit griff unter diesen Bedingungen Probleme aus dem Alltagsleben auf und lud die Zuschauer ein, sich nach unterschiedlichen Kriterien, z.B. dem Geschlecht, der Klasse oder der Nationalität, mit den Filmhelden zu identifizieren.

George A. Huaco legte in seinem Buch „The Sociology of Film Art" (New York 1965) dar, daß unter bestimmten sozial-historischen Voraussetzungen eine stilistisch einheitliche Filmwelle mit einer spezifischen Ideologie entstehen kann, die so lange anhält, wie diese Voraussetzungen andauern. Die Bedingungen für das Entstehen und die Dauer einer solchen Filmwelle sind in der entsprechenden politischen Atmosphäre wie in den künstlerischen Traditionen der betreffenden Gesellschaft angesiedelt. Des weiteren erfordert eine solche Filmwelle eine kohärente Gruppe von Regisseuren und Schauspielern, Produktionsstätten, die mit der notwendigen Technik ausgestattet sind sowie eine Organisationsform der Filmindustrie, die mit der politischen Ideologie jener Zeit übereinstimmt.

Es war eine solche bestimmte historische Situation, die den indischen „Gesellschaftsfilm" der dreißiger und vierziger Jahre hervorgebracht hatte. Gleichzeitig war ein spezifisches Produktionsmilieu entstanden, das es ermöglichte, den technischen, finanziellen und personellen Anforderungen zu genügen sowie die Intentionen der Filmemacher zu verwirklichen. Der australische Historiker Brian Shoesmith untersuchte die verschiedenartigen Voraussetzungen für ein erfolgreiches Filmschaffen in jener Zeit und beschrieb die Herausbildung von Filmstudios als autarke Produktionseinheiten. Diese Studios, die er als „a creative force in Indian film history" heraushob, charakterisierte er als „product of a discursive formation which emerged from the activities of a group of Indian filmmakers... They sought to organize the film industry along particular lines, through the formation of professional, commercial and industrial organizations designed to regulate film practice in India with the studios as their centre piece"[11].

Auf zwei unterschiedliche, aber miteinander in Verbindung stehende Faktoren, die für die Herausbildung und die Dominanz der Studios im indischen Filmgeschäft der dreißiger und vierziger Jahre ausschlaggebend waren, soll hier hingewiesen werden.

Erstens: Die Gründung von Studios war mit der Einführung des Tonfilms notwendig geworden. Die bisherige Art und Weise der Filmproduktion, die den Bedürfnissen des Stummfilms angepaßt war, genügte den neuen Ansprüchen nicht mehr. Beträchtliche finanzielle Aufwendungen waren für die Ausstattung mit der neuesten Tontechnik, für schalldichte Aufnahmeräume, für künstliche Beleuchtung und vieles mehr erforderlich. In den neuen, gut ausgerüsteten Studios fand sich ein sorgfältig ausgesuchter Technikerstab zusammen, außerdem standen Schauspieler, Autoren, Regisseure und Produzenten, Autoren und Musiker in großer Zahl auf ihren Gehaltslisten.

Zweitens: Das Studio-System nach dem Vorbild des Hollywood-Modells[12] erschien den indischen Filmproduzenten damals als das am besten geeignete, um das Filmgeschäft mit finanziellem Erfolg zu betreiben. Es bot sich an, wenn man alle Aspekte des Unternehmens Film – Produktion, Vertrieb und Vorführung – von einem, nämlich dem eigenen Zentrum aus, kontrollieren wollte. John A. Lent schrieb: „Whatever the reason – crass commercialism or high-minded social consciousness – the development of production units into closely-knit studios had profound impacts upon Indian film."[13] Mit Blick auf die organisatorischen, materiellen und ökonomischen Voraussetzungen konstatierte Brian Shoesmith, „that the studio system in India arose out of a particular stage in the development of capital formation in India"[14].

In gewisser Weise war die „Studio-Ära" tatsächlich eine der spannendsten Perioden in der indischen Filmgeschichte. Sie legte die Grundlagen für eine gesamtindische potente Filmwirtschaft und bildete zudem eine ganze Generation von Regisseuren und Technikern, von Filmschauspielern und -schauspielerinnen heran, ein Phänomen, dessen Bedeutung für den kulturellen Wandel in Indien nicht unterschätzt werden sollte. Und sie generierte nicht zuletzt den Dialog indischer Filmemacher mit einem enthusiastischen Publikum.

Es ist unbedingt darauf aufmerksam zu machen, daß das industrialisierte Filmstudio keineswegs die Flügel schöpferischer Filmemacher beschnitt. Im Gegenteil belegen die Fakten, daß die besten Werke von P.C. Barua, V. Shantaram, Mehboob Khan und anderen im strukturellen Rahmen des Studiosystems entstanden. Ich möchte deshalb die von diesem spezifischen Produktionsmilieu geprägten Werke des „Gesellschaftsfilms" in die Kategorie des „Autorenfilms" einordnen.

Dieses filmtheoretische Konzept versteht den Regisseur als den eigentlichen Schöpfer eines Films, und der Film wird als Ausdruck der Persönlichkeit seines „Machers" betrachtet[15]. Die indischen Streifen dieser Kategorie hoben den Unterschied zwischen populärem Film und Kunstfilm auf. Sie hatten den Beweis erbracht, daß Qualität und kommerzieller Erfolg sich nicht gegenseitig ausschlossen. Es besteht kein Zweifel daran, daß es in Indien während der dreißiger und vierziger Jahre eher die Namen der Filmemacher als die der Stars waren, die die Massen ins Kino zogen.

Veröffentlichungen der Autorin zum Projekt

2001

Aufforderung zum Wandel. Zur Botschaft indischer Filmemacher im antikolonialen Umbruch (1935-1947). In: P. Heidrich/H. Liebau (Hg.), Akteure des Wandels. Lebensläufe und Gruppenbilder an Schnittstellen von Kulturen. Berlin: Das Arabische Buch 2001 (Studien des Zentrums Moderner Orient; 14), S. 157-178.

1999

The Local and the Global in a Workers Milieu: The Example of Colonial Bombay. In: K. Füllberg-Stolberg/P. Heidrich/E. Schöne (Hg.), Dissociation and Appropriation. Responses to Globalization in Asia and Africa. Berlin: Das Arabische Buch 1999 (Studien des Zentrums Moderner Orient; 10), S. 265-274.

1998

Vom Feld in die Fabrik: Verstetigung und Lebensweise der Arbeiterschaft im städtisch-industriellen Milieu des kolonialen Indien. In: O. Bockhorn/I. Grau/W. Schicho (Hg.), Wie aus Bauern Arbeiter wurden. Wiederkehrende Prozesse des gesellschaftlichen Wandels im Norden und im Süden *einer* Welt. Wien: Südwind/Frankfurt/M.: Brandes und Apsel 1998 (Historische Sozialkunde; 13), S. 69-85.

Anmerkungen

1 Die Anatomie des indischen Kinos ist bereits im Sanskrit-Drama erkennbar. Die dramatischen Konventionen des klassischen Theaters wurden nach dessen Niedergang in regionalen und Volkstheatern weitergeführt. Die Gestaltung überschwenglicher Gefühle, Tanz und Gesang sind die wichtigsten Elemente. Der Handlungsverlauf ist eher lose geknüpft und wird durch häufiges Abweichen in Nebenhandlungen unterbrochen.
2 C. Das Gupta, Talking about Films. New Delhi: Orient Longman 1981, S. 8.
3 Im indischen Theater erfahren alle Konflikte vorzugsweise eine harmonische Auflösung. Dies steht in direktem Gegensatz zur Kinotradition des Westens, die ihre Wurzeln in der antiken griechischen Tragödie hat. Während hier der Held dem Untergang geweiht ist, triumphiert er im Hindu-Drama über alle Widrigkeiten.
4 R.S. Vasudevan, Film Studies, New Cultural History and Experience of Modernity. In: Economic and Political Weekly, Bombay 30 (1995) 44, S. 2809.
5 Bombay Chronicle, Bombay, 27.10.1951.
6 R.S. Vasudevan, The Melodramatic Mode and the Commercial Hindi Cinema. Notes on Film History, Narrative and Performance in the 1950s. In: Screen, London 30 (1989) 3, S. 30.
7 Bhakti: „dienende Zuwendung", kennzeichnet die Beziehung zwischen Mensch und Gottheit. Wiederholt traten in der Geschichte Indiens religiöse Bewegungen auf, die sich gegen die

	dem Kastensystem zugrunde liegende Ideologie der Ungleichheit und Trennung richteten.
8	A. Vasudev, Liberty and License in the Indian Cinema. New Delhi: Vikas Publ. House 1978, S. 54.
9	Vgl. N. Bhatia, Twentieth-Century Hindi Literature. In: N. Natarajan (Hg.), Handbook of Twentieth-Century Literatures of India. Westport, London: Greenwood Press 1996, S. 141.
10	Vgl. S. Sarkar, Modern India 1885-1947. Delhi: Macmillan 1983, S. 342-343.
11	B. Shoesmith, From Monopoly to Commodity. The Bombay Studios in the 1930s. In: T. O'Regan/B. Shoesmith (Hg.), History on/and/in Film. Proceedings of the 3rd History and Film Conference, Perth 1985, S. 67.
12	Vgl. R. Burra (Hg.), Film India; Looking Back 1896-1960. New Delhi: Directorate of Film Festivals 1981, S. 54.
13	J.A. Lent, Heyday of the Indian Studio System: The 1930s. In: Asian Profile, Hong Kong, 11 (1983) 5, S. 466.
14	Shoesmith, From..., a.a.O., S. 68.
15	Vgl. J. Knight, New German Cinema. In: J. Nelmes (Hg.), An Introduction to Film Studies. London: Routledge 1996, S. 463.

AXEL HARNEIT-SIEVERS

Teilprojekt (1996-2000): Lokalität, Ethnizität und Nationalstaat in Südost-Nigeria: Igboland seit ca. 1880

Vorstellung des Projekts: Untersuchungsgegenstand, Fragestellungen, Projektzusammenhang

Das Forschungsprojekt untersuchte Formen der „Konstruktion" der lokalen Gemeinschaft und seine Veränderungen im Kontext der regionalen Sozialgeschichte in der Igbo-Gesellschaft Südost-Nigerias vom späten 19. Jahrhundert bis in die Gegenwart. Die vorkoloniale Igbo-Gesellschaft bestand aus einer Vielzahl segmentär organisierter Dörfer und „Dorfgruppen", die sich primär über gemeinsame Herkunft (oft eher Konstrukt als historische Realität) sowie über gemeinsame Institutionen (Gottheiten, Märkte) definierten. Dörfer und Dorfgruppen waren politisch weitgehend unabhängig voneinander, auch wenn translokale Netzwerke und Einflußsphären politischer, kommerzieller und religiöser Art sie in vielfältiger Weise miteinander verbanden. Im Verlauf des 20. Jahrhunderts wurde die lokale Gemeinschaft im Igboland neu definiert. Auf der einen Seite standen „extern" induzierte Neu-Bestimmungen, etwa als Resultat von Grenzziehungen und institutioneller Formen der politisch-administrativen Homogenisierung durch den kolonialen und postkolonialen Staat oder auch als Ergebnis der Durchsetzung christlicher Missionskirchen, die – teils parallel, teils auch in Kontrast zu bestehenden Formen lokaler Identität – „christliche Gemeinschaften" hervorbrachten. Auf der anderen Seite rekonstituierte sich die lokale Gemeinschaft selbst „intern", d.h. unter Verwendung lokaler Strukturen, Organisationsformen und Denkmuster, beispielsweise durch Schaffung spezifischer sozialer und politischer Institutionen (wie lokale Assoziationen, Chiefs), durch vielfältige Manifestationen von „Lokalkultur" und auch durch Formen von lokaler Geschichtsschreibung. Igbo-Gemeinschaften erhielten aufgrund einer ausgeprägten Migration – zunächst innerhalb Nigerias, seit einigen Jahrzehnten auch international – darüber hinaus auch eine translokale Dimension. Lokale Eliten versuchen dem perzipierten drohenden Verlust lokaler Identität durch eine Redefinition und „Modernisierung" von Lokalitätskonzepten zu begegnen, beispielsweise mittels eines Ausbaus neo-traditionaler politischer Institutionen, die in wachsenden

Konflikt zu älteren (aber durchaus nicht „traditionellen" und erst im Lauf der Kolonialzeit entstandenen) Formen lokaler politischer und sozialer Selbstorganisation, speziell den *Town Unions*, geraten sind und deren Handlungsfähigkeit unterminieren.

In diesem Gesamtprozess haben externe und interne Konstruktionen des Lokalen einander in vielfältiger Weise durchdrungen. Die Trennung in beide Kategoriengruppen dient primär analytischen Zwecken; konkrete historische Phänomene enthalten stets beide Seiten. Externe Vorgaben und „Angebote" – seien es die politischen Ordnungskonzepte des modernen (National)Staates oder auch die religiösen Vorstellungen der universalen und globalen Religion Christentum – wurden lokal angeeignet, interpretiert, modifiziert und zeigten (jedenfalls wenn sie in einer Vielzahl von Gemeinschaften in ähnlicher Weise aufgegriffen und praktiziert wurden) bisweilen sogar Rückwirkungen auf den Nationalstaat. Die lokale Gemeinschaft im Igboland veränderte sich durch all diese Prozesse in vielfältiger Weise, blieb aber als relevante soziale Einheit erhalten und hat im Kontext eines von ethnisch-regionalen Konflikten zerrissenen nigerianischen föderalen Staates, in dem seit dem Ende des Biafra-Krieges (1967-1970) Formen der *politics of belonging* eine wachsende Rolle spielen, sogar noch an Bedeutung gewonnen – als derjenige Ort, an dem Autochthonie ein Mehr an Rechten verleiht und Sicherheit garantiert, als dies der Nationalstaat gewährleisten kann.

Erfahrungen bei der Umsetzung des thematischen Ansatzes

„Die Globalisierung" gilt gemeinhin als ein qualitativ neues Phänomen des ausgehenden 20. Jahrhunderts. Soweit sie nicht als rein ökonomisches Phänomen verstanden wird, ist mit Globalisierung die Zunahme von Verflechtungen zwischen unterschiedlichen Weltregionen sowie die Beschleunigung der Prozesse, die solche Verflechtungen herbeiführen, gemeint. Globalisierung in diesem – weiteren – Sinne wird historisch verortet in der Periode, die mit dem Ende des Kalten Kriegs begann. Sie ist gekennzeichnet durch die Intensivierung und Beschleunigung von *global flows* aller Art – nicht nur von Produktionsfaktoren wie Gütern, Dienstleistungen und Arbeitskräften, sondern auch von politischen Ideen, kulturellen Mustern und Lebensstilen. Diese Prozesse werden durch den progressiven Abbau zwischenstaatlicher Grenzen sowie durch die neuen Kommunikationstechnologien befördert. Wenn tendenziell alle natürlichen, technologischen und politischen Grenzen fallen, läuft Globalisierung auf eine (sich bisweilen selbstbewußt als historisch final gebende) generalisierte Durchsetzung des Marktprinzips hinaus, die in alle Sphären – von der Ökonomie über die Kultur bis zur Individualpsychologie – hineinwirkt: Zum (neo)liberalen Wirtschaftsmodell, das alle nationale Protektionismen und anderen Formen des gesellschaftlichen Selbstschutzes gegen Marktkräfte aushebelt, gesellen sich internationalisierte Konsumkulturen und Lebensstile, in der Individuen als flexible biographische Einzelunternehmer agieren,[1] deren marktorientierte Verhaltensweisen selbst ihre Liebes- und sexuellen Beziehungen prägen.[2] Dieses Modell der Globalisierung geht durchaus nicht notwendigerweise mit Universalisierung und Homogenisierung von Gütern, Kulturen (ein gängiges Stichwort ist „MacDonaldisierung") und Lebensstilen einher, denn wie alle anderen evolutionären Systeme bringt der Markt – trotz aller ihm innewohnenden Monopolisierungstendenzen – durchaus Diversität hervor.

Am Ausgangspunkt der Arbeit am Thema „Aneignung und Abgrenzung in der Globalisierung" stand eine Form von Skepsis und intellektueller Verweigerung (oder vielleicht auch nur ein Stück weit Trotz) gegenüber solchen Ansprüchen auf historische Novität, Einzigartigkeit und eventuell gar Endgültigkeit des Phänomens „Globalisierung". Statt dessen wurde eine historisch stark erweiterte Fassung des Globalisierungsbegriffs gewählt. Globalisierung in diesem Sinne verweist zum einen auf die Existenz und Kontinuität globaler Prozesse in der menschlichen Geschichte, d.h. von Prozessen, denen „objektiv" eine globale Dimension zukommt. Von solchen Prozessen kann berechtigterweise etwa seit dem Ende der letzten Eiszeit gesprochen werden (etwa im Hinblick auf die Expansion der Landwirtschaft und handwerklicher Basistechnologien).[3] Dies stellt vermutlich die weitestmögliche Fassung des Globalisierungsbegriffs dar. In spezifischerem Sinne meint Globalisierung Prozesse und Tendenzen, die „subjektiv" und dem Anspruch ihrer Akteure nach eine globale Dimension besitzen. Das Spektrum reicht hier von den Weltreligionen mit Universalanspruch (Christentum, Islam) bis zur europäischen Expansion seit dem 16. Jahrhundert. Es war diese Version des Globalisierungsbegriffs, die im Rahmen der Forschungsgruppe 3 angewendet wurde.

Als wie sinnvoll hat es sich erwiesen, den Begriff „Globalisierung" auf ein historisches Forschungsthema in der Weise anzuwenden?

Einerseits hat sich gezeigt, daß dieser Bezug auf Globalisierung gewisse subversive Qualitäten besitzt, indem aktuelle Hypes (über Beschleunigung, Verdichtung, Vernetzung, Bedeutungsverlust des Nationalstaats etc.) als eben solche entlarvt werden. Der Blick in die Geschichte relativiert die angeblich neue Qualität gegenwärtiger Globalisierungsprozesse, indem er zeigt, daß

Prozesse der ökonomischen, sozialen und kommunikativen Vernetzung seit langem stattfinden, evtl. verschiedene Wellen der Beschleunigung erfahren haben, jedenfalls substantiell keine Novität des späten 20. Jahrhunderts darstellen. (Natürlich ist dies eine relativistische Perspektive, die nicht bestreiten sollte, daß die gegenwärtigen Prozesse, oder jedenfalls einige von ihnen, eine neue Qualität haben könnten – aber das wäre dann im einzelnen zu begründen, nicht einfach vorauszusetzen, wie das manche „Globalisierungs"- Apologeten, aber auch -Kritiker tun.)

Andererseits hat dieser historisch erweiterte Globalisierungsbegriff offenkundig analytische Schwächen, weil er zu allgemein gefaßt ist. Wenn Globalisierung als identisch mit der Vernetzung der Welt oder zumindest weiter Teile von ihr konzeptionalisiert wird, dann ist die Nähe zu Begriffen wie „Weltsystem" (Wallerstein) oder auch „Imperialismus" offenbar. Letzteren gegenüber ist der Begriff der Globalisierung analytisch eher schwach, weil er im wesentlichen deskriptiv operiert – orientiert vor allem an Neuerungen von Kommunikations- und ökonomischen Techniken – und weniger auf fundamentale Strukturen der ökonomischen und politischen Organisation rekurriert.

Für die konkrete Forschungsarbeit über Konstruktionen des Lokalen im Igboland Südost-Nigerias hat der Begriff „Globalisierung" unmittelbar wenig Bedeutung gehabt. Bei der Untersuchung von Veränderungen und Bedeutungswandel, die die lokale Gemeinschaft im Igboland Südost-Nigerias im Laufe des letzten Jahrhunderts mitgemacht hat, spielen Dinge, die sich als Dimensionen des Globalen verstehen lassen, in vielfältiger Weise eine Rolle: als Durchsetzung des modernen Administrations- und Territorialstaats auf lokaler Ebene; als Durchsetzung von Weltbildern, die durch christliche Missionstätigkeit geprägt wurden; als Überformung „traditioneller" Formen der Erzählung und Repräsentation von Geschichte durch „akademisch" geprägte Formen der Geschichtsdarstellung, die durch das formale Ausbildungssystem beeinflußt wurden. All diese Themen lassen sich als Dimensionen von Globalität, als Resultate der Durchsetzung und Aneignung von globalen Trends, Prozessen und Ideen, lesen – und in diesem Sinne betrachte ich meine Arbeiten auch dem Groß-Thema „Aneignung und Abgrenzung in der Globalisierung" zugehörig. Allerdings erscheint der Versuch, solche Bezüge unmittelbar oder explizit herzustellen, etwas gewaltsam – und so sollte es nicht überraschen, daß der Begriff „Globalisierung" kaum jemals in Publikationen auftaucht, die aus diesen Forschungsarbeiten hervorgegangen sind.

Globalisierung, oder vielleicht eher „Globalität", wird aus diesem Blickwinkel zum Synonym für alle Arten generalisierter Einflüsse und Groß-Trends. Abstrakt macht es trotzdem Sinn, von „Abgrenzung" gegenüber und „Aneignung" von dieser Art von „Globalität" zu sprechen. Das Gegensatzpaar ist offenkundig vereinfachend, aber es ist doch produktiv insofern, als ein Spannungsfeld entfaltet wird, innerhalb dessen sich Aktionen und Reaktionen von Individuen, sozialen Gruppen etc. analysieren lassen.

Allerdings muß man dabei der Gefahr entgegnen, durchweg binäre Oppositionen – der Art „Tradition"/„Moderne", „Lokalität"/„Globalität" etc. – zu konstruieren. Oft genug „funktionieren" solche Oppositionen, auch und gerade aus emischer Sicht. Dennoch ist das Wechselverhältnis oft komplizierter. Hier seien drei markante Beispiele aus der konkreten Forschungsarbeit aufgeführt:

1. In der lokal produzierten „modernen" *Lokalgeschichtsschreibung*, die im Igboland in den letzten Jahrzehnten eine große Bedeutung erlangt hat, gehen alte und neue Narrative, lokale und akademische Interpretationen etc. oft bemerkenswerte Kombinationen miteinander ein. Sie lassen die erwähnten binäre Gegensätze verschwinden bzw. als nebensächlich erscheinen. Das Endprodukt „Heimatgeschichte" ist zugleich hochgradig lokal und global: in dem Sinne, daß externe „globale" Diskurse aufgegriffen werden und daß der Autor das Lokale dem Rest der Welt bekannt machen will. Angesichts der (analytisch nachweisbaren) Komplexität des Endprodukts – selbst wenn es sich nur um eine 80-seitige „Short History of ..." handelt – löst sich der Gegensatz „lokal"/„global" zum Ende hin auf, auch wenn es zugleich unmöglich erscheint, ohne diese Begrifflichkeit auszukommen.[4]

2. Die Institutionalisierung sogenannter *„traditioneller Herrscher"* im Igboland seit den 1970er Jahren bietet ein gutes Beispiel für die Vermischung von Diskursen über „Tradition" und „Modernität", über „Lokalität" und „Staat". Traditionelle Herrscher präsentieren sich heute als Könige („His Royal Highness" ist die offiziell für sie vorgesehene Anrede) in einer Gesellschaft, die in vorkolonialer Zeit weitgehend ohne die Institution des Königtums auskam und die sich geradezu über das Sprichwort *Igbo enwe eze* („Die Igbo haben keine Könige") selbst definierte. Das Igbo-Königtum bzw. die Position des Chiefs/Häuptlings ist weitgehend eine koloniale Konstruktion, eingeführt für die Bedürfnisse indirekter Herrschaft, und es besteht eine allenfalls gebrochene Kontinuitätslinie zwischen den Chiefs der Kolonialzeit und den traditionellen Herrschern im post-kolonialen Nigeria. Die Institution des staatlich anerkannten traditionellen Herrschers geht auf Konzeptionen der Lokalverwaltung zurück, die der post-koloniale nigerianische Staat im Interesse einer Homogenisierung der Strukturen der Lokalverwaltung ab ca. 1976 einführte. Dennoch haben traditionelle Herrscher im Igboland seither einen

wichtigen Status in der lokalen Politik erlangt, nicht nur als Repräsentanten der lokalen Gemeinschaft gegenüber dem Staat, sondern auch als Verkörperung lokaler Tradition, als deren „unparteiische Väter" das staatliche Gesetz sie definiert. Sie repräsentieren „Tradition" in Form von Festivals oder auch als Instanzen, die zur Definition des „Gewohnheitsrechts" beitragen. Doch die traditionellen Herrscher berufen sich zu ihrer Legitimation nicht allein auf die Prinzipien „Tradition" und „Geschichte", sondern auch auf Prinzipien wie „Entwicklung" und „Souveränität" – d.h. Kernbegriffe moderner, nationaler und globaler Diskurse –, um ihre eigene Relevanz und Macht zu sichern und im Konfliktfall auch gegenüber konkurrierenden Gruppen im lokalen Umfeld durchzusetzen.[5]

3. Ein weiteres zentrales Thema meiner Forschungsarbeiten zum Igboland, mit ähnlicher analytischer Zielrichtung, war das Verhältnis von *Lokalität und Nationalstaat*. Oft wird Globalisierung als Post-Nationalstaatlichkeit verstanden; Kritiker dieser Position (zu denen auch ich mich zähle) weisen darauf hin, wie wichtig der Staat trotz aller Globalisierungstendenzen geblieben ist. Jenseits dieser Diskussionsebene hat die Projektgruppe „Lokalität und Staat" die Durchsetzung des Nationalstaatprinzips selbst als einen der wichtigsten Globalisierungsprozesse der letzten zwei Jahrhunderte betrachtet. Im Falle des Igbolands läßt sich verfolgen, wie einerseits die Logik des Nationalstaats (im konkreten Fall: des zentralistisch pervertierten, auf Ölrenten basierenden nigerianischen Föderalismus) sich bis in die Verästelungen der Dorfpolitik hinein fortsetzt und dort zur Gründung einer immer größeren Zahl der bereits erwähnten „traditionellen" Königtümer führt. Aus dieser Perspektive reicht auch der schwache afrikanische Staat in die letzten Winkel der Lokalgesellschaft hinein. Anderseits wurde deutlich, daß es im lokalen Kontext starke Kräfte gibt, die sich die vom Nationalstaat sozusagen „bereitgestellten" Institutionen für ihre eigenen Zwecke zunutze machen, also aneignen und dabei auch stark modifizieren können. Innerhalb gewisser Grenzen können die so agierenden Lokalitäten auch auf nationalstaatliche Politik zurückwirken – nicht individuell, aber doch in der Masse, wenn sie etwa den Föderalismus durch Fragmentation in immer kleinere und machtlosere Einheiten ad absurdum führen – eine Situation, die seit den 1990er Jahren zu Debatten um die Restrukturierung des nigerianischen politischen Systems geführt hat.[6]

Wahrnehmungen von Globalität und Globalisierung im Igboland heute

Das Igboland kann seit langem als ein (wenn auch „peripherer") Bestandteil des kapitalistischen Weltsystems gelten. Südost-Nigeria ist seit dem 17. Jahrhundert Bestandteil des transatlantischen Handelssystems gewesen, vor allem allerdings in der Rolle einer Region, die als Hinterland des Sklavenhandels einen erheblichen Anteil der Sklaven in der Neuen Welt „produzierte" – dies betraf schätzungsweise 750 000 „Igbo" (die ethnische Kategorie existierte zu diesem Zeitpunkt allenfalls außerhalb Igbolands) im Zeitraum zwischen 1680 und 1840. Im Verlauf des 19. Jahrhunderts vollzog die Region erfolgreich die „kommerzielle Transition" vom Sklaven- zum „legitimen" Handel: Innerhalb weniger Jahre wurde die Region zu einem der weltweit wichtigsten Exporteure von Palmöl, basierend auf weitgespannten internen Handelsnetzwerken. Dies ist um so bemerkenswerter, als in der Region keine ausgedehnten vorkolonialen Staaten bestanden, die eine solche kommerzielle Entwicklung hätten fördern (und von ihr profitieren) können, sondern es sich beim vorkolonialen Igboland um eine in weiten Teilen fast klassische dezentrale, „staatenlose" segmentäre Gesellschaft, konstituiert aus zahlreichen und politisch autonomen Dörfern und „Dorfgruppen", handelte. Die kommerzielle Expansion vollzog sich darüber hinaus auch ohne jeden Einfluß eines kolonialen Staates, der in dieser Region ohnehin erst zwischen 1895 und 1914 effektiv etabliert wurde.

In diesem (weiten) Sinne war die Igbo-sprachige Region bereits in vorkolonialer Zeit ein erfolgreicher Teilnehmer an Globalisierungsprozessen der Neuzeit. Im Verlauf des 20. Jahrhunderts kamen weitere Elemente dazu:
1. eine vielerorts rasche Durchsetzung des Christentums, die neben den „alten" Missionskirchen heute durch eine Vielzahl „neuer Kirchen", mit oft ausgeprägten internationalen Bindungen, charakterisiert ist,
2. die Entstehung einer quantitativ wie von ihren Qualifikationen her starken Schicht modern ausgebildeter Beamter, Akademiker und Geschäftsleute;
3. eine ausgeprägte Migration, zunächst vorrangig innerhalb Nigerias, seit den 1980er Jahren zunehmend auch international orientiert;
4. eine starke kulturelle Präsenz des Westens, etwa im Hinblick auf Konsummuster und Migrationswünsche, gerade in der jungen Generation.

Offenkundig hat sich die Igbo-Gesellschaft viele Elemente von Globalität im weiteren Sinne (was kommerzielle Beziehungen, Staat, Bildung, Weltreligionen etc. betrifft) angeeignet, und sie hat dies, gemessen an anderen Regionen Afrikas, vergleichsweise erfolgreich getan. Zugleich ist „Globalisierung" – jedenfalls unter Verwendung dieses Begriffs selbst – bei der Bevölkerung Südost-Nigerias praktisch kein Thema. Unter Intellektuellen wird der internationale Diskurs über Globalisierung selbstverständlich thematisiert, beschränkt sich allerdings v.a. auf die ökonomische Dimension und erscheint von daher manchen als eher neue Variante des westlichen Imperialismus. Statt dessen arbeiten emische Sichtweisen mit Gegensatzpaaren wie „traditionell"/„modern", oder „afrikanisch"/„westlich". Dies läßt sich, wie oben angedeutet, als Variante des Gegensatzpaars „lokal"/„global" lesen.

Im Südosten Nigerias existiert ohne Zweifel ein breites „Weltbewußtsein", d.h. ein Bewußtsein von globaler Einbindung einerseits und der (zumindest partiellen) Andersartigkeit der Verhältnisse andernorts. Dies ist verbunden mit Bildern der Igbo-Gesellschaft als in besonderem Maße aufstiegsorientiert, „anpassungsfähig" und „aufgeschlossen für Modernität" – dies ist nicht nur eine verbreitete Selbsteinschätzung, sondern entspricht auch der Sicht vieler Studien, die die Igbo-Gesellschaft „von außen" beschrieben und analysiert haben. Ein Bewußtsein für die Eingebundenheit in globale Zusammenhänge taucht konkret vor allem an folgenden Phänomenen auf:

1. Der Wechsel von lokal verankerten Gottheiten, wie sie das religiöse Leben der vorkolonialen Igbo-Gesellschaft dominierten, zu einer Gottheit mit Universalitätsanspruch, wie sie sich im Christentum findet, bedeutete einen wesentlichen Schritt mentaler Globalisierung im Igboland. Der – historisch gesehen – importierte Charakter des Christentums in der Region ist breiten Kreisen bewußt. Fragen der Inkulturation spielen unter katholischen Klerikern eine wichtige Rolle. Das Christentum wird oft als die wichtigste einzelne Kraft gesehen, die die traditionelle Kultur zerstörte; Bewertungen dieses Vorgangs sind natürlich sehr unterschiedlich, doch sind selbst in kirchennahen Kreisen durchaus kritische Perspektiven verbreitet. Eine weitgehende Indigenisierung der Kirchen hat bereits in der Kolonialzeit stattgefunden, so daß es im Igboland – außerhalb marginaler Zonen – keine ausländischen Missionare (jedenfalls solche aus lange etablierten Kirchen) mehr gibt. Eine große Zahl unabhängiger Kirchen ist personell und wohl auch dogmatisch und spirituell „afrikanisiert". Zugleich ist allerdings auch die missionarische Aktivität neuer Pfingstkirchen (unter starker Beteiligung US-amerikanischer und deutscher Prediger) von wachsender Bedeutung. Die These Paul Giffords,[7] daß die Attraktivität der neuen Kirchen in Afrika nicht zuletzt auch auf ihrer Globalität bzw. Internationalität beruht, erscheint auch für das Igboland gültig: Für relevante Bevölkerungsgruppen in neuerdings wieder zunehmend marginalisierten Regionen der Welt stellen sie eine Möglichkeit dar, Zugang zu globaler Modernität (einschließlich einer ganz konkreten Einbindung in international organisierte kirchliche Zusammenhänge) zu erlangen.

2. Bewußtsein für Globalität drückt sich in der Warenwelt aus – Güter aus „dem Westen" haben ein hohes Prestige, werden oft in markanter Weise präsentiert und gewürdigt. Dies ist vermutlich bereits in vorkolonialer Zeit ähnlich gewesen. Inwieweit die Präsenz und der Konsum von Importgütern damals schon mit einem Bewußtsein für die konkreten weltweiten Zusammenhänge von Produktion, Distribution und Bedeutung solcher Güter verbunden waren, ist allerdings fraglich. Heute ist dies zweifellos der Fall. Dies wird ergänzt durch einen intensiven Konsum von Nachrichten, ermöglicht durch eine vielgestaltige Presselandschaft und die elektronischen Medien (bis hin zur terrestrischen Re-Transmission von Satelliten-Fernsehprogrammen als Pay-TV in größeren Städten der Region, die auch weniger wohlhabenden Schichten den Zugang ermöglichen).

3. Migration ist in vielen lokalen Gemeinschaften im Igboland schon seit vielen Jahrzehnten die Normalität, notwendig aufgrund einer hohen Bevölkerungsdichte, wachsender Landknappheit etc. Sie ist vielerorts geradezu zu einem *way of life* geworden. Diese Migration war lange Zeit primär auf die urbanen Zentren in Nigeria selbst und in den unmittelbaren Nachbarländern ausgerichtet. Die Migranten waren (und sind) zu einem Gutteil Händler, Geschäftsleute und Staatsbedienstete, darüber hinaus auch eine große Gruppe von Land- und Farmarbeitern, die allerdings vorrangig im regionalen Kontext saisonal migriert. Migration nach Europa und in die USA hat (abgesehen von einer Elitengruppe mit moderner Hochschulbildung, vgl. Punkt 4.) erst in den letzten Jahren an Bedeutung gewonnen, im Zusammenhang mit der massiven Wirtschaftskrise seit Mitte der 1980er Jahre und gewiß auch mit den gewachsenen Möglichkeiten (Kommunikation, Transport). In diesem Sinne ist ein neues Bewußtsein für Globalität gewachsen – wenn auch auf einer subjektiv oft verzweifelten und objektiv marginalisierten Ebene, etwa bei Personen, die mittels Asylantrag oder Scheinehe oder illegal nach Europa kommen. Europa und die USA gelten als kosmopolitisch und damit als Insignien des Globalen und damit der Möglichkeiten und Gelegenheiten, die als damit verbunden angesehen werden. (Allerdings hat diese Dimension von Globalität in meinem konkreten Forschungsprojekt kaum eine Rolle gespielt, ich beziehe mich hier vor allem auf Erfahrungen, die ich eher am Rande meiner Forschungstätigkeit gemacht habe.)

4. Eine Spitzengruppe der modernen Elite hat schon lange (in einzelnen Fällen bereits ins 19. Jahrhundert zurückreichend) solche Formen der Auslandserfahrung, die für die Betroffenen immer auch Erfahrung von Globalität („Welt", das „Kosmopolitische") war. Das Weltbild dieser Eliten wurde durch solche Erfahrungen stark geprägt. Die oft beklagte Außenorientierung,

was Werte und Ideen betrifft, war die Folge, obwohl diese Außenorientierung oft durchaus partiell war. Zugleich hat es gerade in den nigerianischen Eliten immer zugleich auch Gegenbewegungen gegeben, die qua Kritik an Europa/Amerika/dem Kolonialismus etc. diese Erfahrung zu diversen Formen kultureller „Rückbesinnung" (wie konstruiert auch immer) verwendeten. Im Großen und Ganzen dominierte allerdings die positive Sicht auf Europas. Ob die gegenwärtig wachsende Migration auch weniger gut ausgebildeter Schichten (vgl. Punkt 3) ein ähnliches Ergebnis bringt, mag bezweifelt werden, da inzwischen eine ausgeprägte Diaspora-Bildung stattfindet (man „bleibt unter sich") und die Wahrnehmung Europas bzw. des Rests der Welt schon aus Gründen der Marginalität vieler Migranten innerhalb ihrer „Gastgesellschaften" recht selektiv bleibt.

Insgesamt bleibt allerdings festzuhalten, daß gegenüber all diesen Erfahrungen und Verarbeitungsformen von „Globalität" in der Regel Afrika, der nigerianische Nationalstaat oder auch die ethnische Gruppe (je nach Bezugsebene, auf der man sich gerade bewegt) um vieles bedeutsamere Bezugsgrößen bleiben, wenn es um Politik, aber auch um Wertesysteme geht. Gerade das Sprechen über den Nationalstaat „Nigeria", oft in sehr kritischer Weise, ist allgegenwärtig. Ebenso allgegenwärtig ist die Erfahrung bzw. Überzeugung, daß es vor allem nationalstaatliche Probleme und Politiken (und deren Fehlleistungen) – und nicht Globalität oder Globalisierung – sind, die über Lebensbedingungen und -chancen der Nigerianer entscheiden. Im Vergleich zu den massiven Problemen, denen sie sich innerhalb ihres Landes gegenübersehen, erscheint die Welt jenseits Nigerias eher als Chance – oder auch als Traum.

Veröffentlichungen des Autors zum Projekt

1998

Igbo 'Traditional Rulers': Chieftaincy and the State in Southeastern Nigeria. In: afrika spectrum, Hamburg, 33 (1998) 1, S. 57-79.

1997

Igbo Community Histories: Locality and History in South-Eastern Nigeria. Berlin: Das Arabische Buch 1997.

In Vorbereitung
My Place: New Local Historiographies From Africa and South Asia. Leiden: Brill.

Federalism to the Bitter End: The Politics of History in Igbo 'Autonomous Communities', Southeastern Nigeria. Für: Sociologus, Berlin, 52 (2002) 1.

Anmerkungen

1 Vgl. U. Beck, Risikogesellschaft. Auf dem Weg in eine andere Moderne. Frankfurt/M.: Suhrkamp 1986; R. Sennett, Der flexible Mensch. Die Kultur des neuen Kapitalismus. Berlin: Berlin Verlag 1998.
2 Vgl. M. Houellebecq, Elementarteilchen. Köln: Du Mont 1999.
3 Vgl. J. Diamond, Gun, Germs and Steel: The Fate of Human Societies. New York: W.W. Norton 1997.
4 Vgl. A. Harneit-Sievers, Igbo Community Histories: Locality and History in South-Eastern Nigeria. Berlin: Das Arabische Buch 1997; ders., My Place: New Local Historiographies From Africa and South Asia. Leiden: Brill 2001.
5 Vgl. ders., Igbo ‚Traditional Rulers': Chieftaincy and the State in Southeastern Nigeria. In: afrika spectrum, Hamburg, 33 (1998) 1, S. 57-79.
6 Vgl. ders., Federalism to the Bitter End: The Politics of History in Igbo ‚Autonomous Communities', Southeastern Nigeria. Für: Sociologus, Berlin, 52 (2002) 1.
7 Vgl. P. Gifford, Some Recent Developments in African Christianity. In: African Affairs, Oxford, 93 (1994), S. 513-534.

SONJA HEGASY

Teilprojekt (1998-2000): Die Reflexion der globalen wissenschaftlich-technologischen Herausforderung in den Debatten der Zeitschrift al-Mustaqbal al-ʿarabī[1], Beirut: 1978-1987

Vorstellung des Projekts: Untersuchungsgegenstand, Fragestellungen, Projektzusammenhang

Ausgehend von der zentralen Bedeutung moderner Wissenschaft und Technik für die Gestaltung von Globalisierungsprozessen ging das Projekt der Frage nach, wie muslimische Intellektuelle den vom Westen ausgehenden wissenschaftlichtechnologischen Strukturwandel reflektieren, wie sie diesen Prozeß bewerten, wie sie ihre Position in diesem Prozeß definieren und welche Stellungnahmen und Reaktionsmuster sich in ihren Debatten um Übernahme, Aneignung und Adaptation bzw. auch Abgrenzung von moderner Wissenschaft und Technologie herauskristallieren lassen. Die Untersuchung konzentrierte sich auf einen Diskussionsstrang muslimischer Intellektueller, die dem islamistischen Diskurs kritisch gegenüberstehen, und beabsichtigte damit, ein differenzierteres Bild von der Bandbreite muslimischer Meinungsäußerungen zur Wahrnehmung von Globalisierung zu gewinnen.

Wenn man sich mit den Auswirkungen von Globalisierung auf die arabische Welt auseinandersetzt, stellt man eine extrem niedrige Vernetzung und Integration der Nationalstaaten, Märkte, Technologien und Individuen sowohl in das regionale als auch in das internationale System fest. Empirisch belegbar sind kulturelle, wirtschaftliche und wissenschaftliche Abkopplungseffekte in den letzten zwanzig Jahren, während sich um die Region herum – zumindest nach Auffassung einer Vielzahl westlicher Globalisierungstheoretiker[2] – eine Weltgesellschaft verfestigt hat. Angeführt werden hierzu i.d.R. die niedrige Teilhabe der arabischen Welt an den globalen Finanz- und Handelsströmen, der marginale Anteil am globalen Aktienhandel, aber auch Dimensionen nicht-wirtschaftlicher Exklusion, wie die geringe Zahl von Internetusern, die Unterrepräsentierung in den transnationalen Medien oder die geringe Anzahl von Nobelpreisträgern aus der Region. Es erscheint mir daher angebracht, die Reaktionen auf das System der Globalisierung vor dem Hintergrund zu sehen, daß in muslimisch geprägten Gesellschaften bisher der weitaus größte Widerstand gegen dieses System zu finden ist. Der Politikwissenschaftler Martin Beck begründet diesen Widerstand als rationale Entscheidung der Staatseliten, da diese so ihre Machtstellung sichern wollen, die bei einer Teilnahme am System der Globalisierung verlorenginge.[3] Unterhalb der Schicht der Staatselite gibt es jedoch gesellschaftliche Gruppen, die von dieser Entscheidung betroffen sind und für die sie keine rationale Option darstellt: Für Natur- und Sozialwissenschaftler z.B. führt die Isolation von freiem Informationsfluß und offenem Dialog zu einer Marginalisierung, die ihre eigene Position schwächt. Ihre Forschungsfragen können nur in geringem Maße auf weltweiten Forschungsergebnissen aufbauen. Ihr eigenen Forschungsergebnisse und Theorien werden selten in internationalen Foren diskutiert und finden so wenig Möglichkeiten der Kommentierung oder Korrektur, geschweige denn der Verbreitung.

Die Verfasserin ging von der These aus, daß Kooperation im Bereich von Technologietransfer und Technologiepolitik zum größten Teil weit abgekoppelt von anderen regionalen und internationalen technologischen Entwicklungen verläuft. Diese These wurde anhand der Beiträge von arabischen Sozial- und Naturwissenschaftlern zur Debatte um Wissenschaft, die Anwendung von Wissenschaft (d.h. Technologie) und ihre sozio-kulturellen Auswirkungen überprüft, die im Umfeld des *Markaz dirāsāt al-waḥda al-ʿarabiyya* (Center for Arab Unity Studies, CAUS) entstanden sind. Hierzu wurden die sozialwissenschaftliche Zeitschrift des CAUS, *al-Mustaqbal al-ʿarabī*, von 1980 bis 1991 sowie vier Sammelbände des Zentrums[4] und darüber hinaus einige ausgewählte Texte ausgewertet.[5] In einem zweiten Projekt wurde nach der Übertragbarkeit dieser These auf kulturelle Produktionsprozesse gefragt und die Rezeption der Globalisierungsdebatte im Kultursektor untersucht.

Erfahrungen bei der Umsetzung des thematischen Ansatzes

Zum Begriffsverständnis

Der Begriff Globalisierung lehnte sich in diesem Projekt an das nicht ausschließlich ökonomische Verständnis von Anthony Giddens (1990) und Ulrich Beck (1997) an, wonach Nationalstaaten und ihre Souveränität in einem sich immer mehr beschleunigenden Prozeß „durch transnationale Akteure, ihre Machtchancen, Orientierungen, Identitäten und Netzwerke unterlaufen und querverbunden werden"[6]. Dieser Ansatz erwies sich fruchtbar für die

Beschäftigung mit so verschiedenen Teilbereichen wie Technologietransfer und Kulturproduktion. Beck unterscheidet zwischen Globalismus, Globalität und Globalisierung. Globalismus nennt er jene Auffassung, die davon ausgeht, daß der Weltmarkt das Primat des Politischen verdränge und daß die Gesamtheit der gesellschaftlichen Dimensionen von der Ökonomie dominiert werde (dies wird von einigen Autoren positiv, von anderen negativ bewertet). Mit Globalität bezeichnet der Autor die Erkenntnis, daß die Vorstellung von geschlossenen Räumen zur Fiktion geworden sei. Mit Globalisierung bezeichnet Beck einen dialektischen Prozeß, in dessen Verlauf eine vielfältige, dicht vernetzte Weltgesellschaft ohne Weltstaat und Weltregierung entsteht. Globalisierung geht demnach von einer gleichzeitigen Homo- und Heterogenisierung aus und stellt die Verdichtung von Kommunikation sowie die Verschiebung von Grenzen in den Mittelpunkt. Globalisierung ist hier durch die Demokratisierung von Information, Finanzen und Technologie (Internet, Aktien und PCs für alle) gekennzeichnet.

Zum Bereich „Wahrnehmung"

a) Technologie

Dagegen wird Globalisierung in der arabischen Welt mehrheitlich nicht als Heterogenisierung, sondern als Homogenisierung der Peripherie durch das kapitalistische Zentrum wahrgenommen. Nach Auffassung der meisten Globalisierungstheoretiker kommt es in der arabischen Welt zu einer Marginalisierung indigener Kulturproduktion, Technologien, Wirtschaftskreisläufe und Politikentwürfe. Ihr Verständnis entspricht vielmehr dem Begriff „Globalismus". Die in ihrer Analyse häufig benutzte Kategorie der Entfremdung, die ursprünglich der klassischen Industriegesellschaft zugeschrieben wird, trifft aus Sicht der Autorin allerdings weniger auf die tatsächlichen Auswirkungen von Globalisierung zu, sondern spiegelt die Rezeption klassischer neomarxistischer dependenztheoretischer Ansätze diese Theoretiker wider. Aus ihrem Blickwinkel heraus kann Globalisierung nur zu Homogenisierung und Fragmentierung führen. Technologie ist dafür ein kritisches Beispiel. Sie wird als eines von mehreren Instrumenten des „Westens" angesehen, das nur der Teilung und Fragmentierung der arabisch-islamischen Zivilisation dienen soll. „Division, not diversity" heißt das immer wiederkehrende Motto. Demnach fungieren Eliten im Nahen Osten nur als Nehmer, nicht aber als Geber oder Innovatoren von Technologie, die dem Prozeß der Globalisierung begegnen, widerstehen und ihn adaptieren können. Die deutliche Homogenisierung, d.h. Imitation westlicher Technologien ohne innovative Rückwirkung in diesem Bereich, liegt vor allem an der Isolation arabischer Naturwissenschaftler.

Die linkssäkular orientierten Akteure arbeiten mit einem pessimistischen, stagnativen Kulturbegriff. Globalisierung wird nicht als Zeitalter verstanden, welches neue Phänomene aufgrund einer wissenschaftlich-technischen Revolution birgt, sondern sie wird als neo-koloniales Bedrohungsszenarium dargestellt und diskutiert. Bei der Beschäftigung mit diesem Themenkomplex wurde eine Tendenz sichtbar: Diese Autoren erkennen im Globalisierungsprozeß nichts qualitativ Neues.

Europäische und US-amerikanische Akteure werden in den untersuchten Texten häufig als rein ökonomistisch/militaristisch denkende „Neo-Imperialisten/Kolonialisten" dargestellt. Dabei beziehen sich die arabischen Autoren in keiner Weise auf religions- oder kulturspezifische Dialoghindernisse (während diese Diskussion umgekehrt in der deutschen Wissenschaft sehr ausgeprägt geführt wird), sondern sie nehmen in erster Linie einen neo-imperialistischen Diskurs als Referenzrahmen. Die naturwissenschaftliche Debatte der Autoren von *al-Mustaqbal al-'arabī* hat sich dabei nicht dem kulturrelativistischen Standpunkt der Islamisten angepaßt. Globalisierung wird nicht als Marginalisierung des Muslims interpretiert, sondern als Marginalisierung des Schwächeren. Die These, daß Globalisierung intensivere grenzüberschreitende Kontakte und damit bessere Verständigungsmöglichkeiten schafft, ließ sich im Technikbereich nicht bestätigen. Die Aufsätze sind fast ausschließlich reaktiv.

b) Kultur

Die Relevanz dieser Tendenz wollte ich nicht nur im wissenschaftlich-technologischen, sondern auch im kulturellen Bereich überprüfen. Unsystematisch wurden einige Aufsätze ägyptischer Intellektueller zur Frage von Homogenisierung oder Heterogenisierung von Kulturprofilen herangezogen.[7] Hierbei handelt es sich nicht um Journalisten oder andere Vertreter populärer Annahmen, sondern um Meinungsführer. Die homogenisierende Wirkung von Globalisierung auf die arabische Kultur ist in ihren Beiträgen unumstritten. Die neuen Möglichkeiten der eigenen Kulturproduktion, aber auch die anderer Peripherien, werden negiert, obwohl man einige der wichtigsten Literaturbeiträge arabischer Schriftsteller zum Ende des 20. Jahrhunderts nur dank internationaler Verlagshäuser lesen kann; im eigenen Land sind diese Werke verboten oder nicht in Arabisch zugänglich. Die Werke von Ahdaf Soueif[8] (Ägypten) oder Hanan al-Shaykh[9] (Libanon) finden nur durch Globalisierung – als sogenannte Weltliteratur – zu ihren Lesern und zu einer wohlverdienten Würdigung. So entmächtigen und deprivieren sich die Gegner des Globalisierungsprozesses am Ende selbst. Die Mehrheit dieser Intellektuellen reproduzieren einen Diskurs der sechziger Jahre, ohne erkennen zu wollen, daß Globalisierung Kulturen vermischt. Für sie ist ein globaler transnationaler Imperialismus dafür verantwortlich, daß die Hoffnungen der Befreiungsbewegungen nach dem zweiten Weltkrieg enttäuscht wurden. „There were the nations of Asia, Africa, and Latin America moving more rapidly than before to independence. Today, most of these hopes have collapsed under the assault of a global transnational imperialism."[10] Dabei beruht der zu beobachtende Rückzug in eine religiöse, geschlossene Gesellschaft auf der Nichterfüllung der sozial-emanzipatorischen Versprechungen der post-kolonialen Regime und nicht auf den Angriffen einer globalisierten Welt. Die Wiederholung der Dependenz-, Weltmarkt- und Imperialismustheorie weist nicht nur auf eine sträfliche Vernachlässigung interner Faktoren hin, sondern übersieht auch die Literatur von Dependenztheoretikern, die ihr Modell seit Mitte der achtziger Jahre revidieren und mit Skepsis auf die dichotomische Weltsicht von Zentrum und Peripherie schauen.[11] Globalisierungstheorien wie diese am Ende des 20. Jahrhunderts zu reproduzieren, bietet den autoritären Ein-Mann-Staaten in der arabischen Welt eine passende Erklärung für die Stagnation und zementieren den status quo. Kritische Intellektuelle liefern so ungewollt die legitimatorische Grundlage für ihre Regime.

Schlußbemerkung

Die arabische Welt weist nach einer über 200-jährigen Phase der Integration in den Weltmarkt und die Weltgesellschaft eine deutliche Globalisierungsresistenz auf. Über die Kooperation im naturwissenschaftlichen Bereich hat sich keine transnationale Identität entwickelt, die ein Segment der arabischen Gesellschaft in den globalen Kontext transferiert. Die Entmächtigung nationalstaatlicher Politik durch den Prozeß der Globalisierung hat vielmehr starke Gegenreaktionen hervorgerufen. Der „Ausbruch des Politischen aus dem kategorialen Rahmen des Nationalstaates"[12] bringt das Verhältnis von Staat und Gesellschaft dermaßen ins Wanken, daß die Gegenreaktionen eines Teils der Staatselite immer dezidierter werden. Vergleichbare Gegenreaktionen sind auch im kulturellen Bereich festzustellen und führen dazu, daß die eigene Kulturproduktion nur im Ausland, nicht aber im Inland erhältlich ist. Als „exterritoriale" Orte zähle ich hierzu auch die Amerikanische Universität von Kairo oder ähnliche Institutionen in der Region. Schwierigkeiten entstanden für mich durch die Erkenntnis, daß die von mir untersuchten Autoren die wesentlichen und neuen Charakteristika von Globalisierung nicht verarbeiten und ich mich letztendlich in einer Diskussion um Neo-Kolonialismus und Amerikanisierung oder sogar zionistischer Verschwörung wiederfand. Eine Bereicherung der Globalisierungsdiskussion war in den untersuchten Textbeiträgen nicht zu erkennen, da beobachtbare empirische Phänomene nicht oder nur unter ideologischen Vorzeichen wahrgenommen wurden. Deutlich wurde dagegen, daß sowohl im Themenbereich „Globalisierung und Wissenschaft" als auch im Bereich „Globalisierung und Kultur" die Debatten keineswegs vorwiegend im islamischen Idiom gefaßt waren.

Veröffentlichungen der Autorin zum Projekt

1999

Islam, Science and Technology Transfer in the Muslim World. In: Civilization, Modern Technology and Sustainable Development prepared for the 8th International Conference on Management of Technology (IAMOT) Part 1, 15.-17. März. Kairo, S. 369-381.

1998

Technologietransfer und die arabische Welt. In: INAMO, Berlin, 4 (1998) 16, S. 7-9.

In Vorbereitung

Globalisierung und Technologietransfer im Nahen Osten. In: H. Fürtig (Hg.), Islamische Welt und Globalisierung: Aneignung, Abgrenzung, Gegenentwürfe. Würzburg: Ergon.

Anmerkungen

1   Die Zeitschrift al-Mustaqbal al-ʿarabī wurde 1978 gegründet. In den ersten beiden Jahren nach ihrer Gründung gab es keine Beiträge zum Thema Technologietransfer. Seit 1980 finden sich im Anschluß an die UNCTAD Konferenzen zu Technologie in Manila 1978 und Wien 1979 vermehrt Aufsätze zu diesem Thema. Nach 1991 wurde die Zeitschrift von mir nicht mehr systematisch, sondern nur sporadisch ausgewertet.
2   A. Giddens, The Consequences of Modernity. Cambridge: Polity Press 1997; U. Beck, Was ist Globalisierung? Frankfurt/Main: Fischer 1997; R. Stichweh, Inklusion/Exklusion, funktionale Differenzierung und die Theorie der Weltgesellschaft. In: Soziale Systeme, Opladen, 3 (1997) 1, S. 123-136.

3   Vgl. M. Beck, Globalisierung als Bedrohung: Die Globalisierungsresistenz des Vorderen Orients als Ausdruck rationaler Reaktionen der politischen Eliten auf die neuen Entwicklungen im internationalen System. In: Fürtig, H. (Hg.), Islamische Welt und Globalisierung: Aneignung, Abgrenzung, Gegenentwürfe. Würzburg: Ergon. (in Vorbereitung).
4   Im einzelnen: O. al-Kholy u.a., Die Förderung der wissenschaftlichen Anlagen des arabischen Menschen. Untersuchungen und Diskussionen des Seminars organisiert vom Center for Arab Unity Studies in Zusammenarbeit mit dem Institut 'Abd al-Hamid Shuman (arab.). Beirut: Center for Arab Unity Studies 1985; A.K. Malhutra u.a., Die Technologiepolitik in den arabischen Staaten. Untersuchungen und Diskussionen des wissenschaftlichen Seminars, durchgeführt von der Wirtschaftskommission für Westasien der Vereinten Nationen in Zusammenarbeit mit der UNESCO (arab.). Beirut: Center for Arab Unity Studies 1985; F. Djalal u.a., Die Aneignung importierter Technologie für die industrielle Entwicklung: Probleme der Strategie und des Managements in der arabischen Welt (arab.). Beirut: Center for Arab Unity Studies 1987; Center for Arab Unity Studies (CAUS), Strategie zur Entwicklung und Perfektionierung der Wissenschaften der arabischen Welt. Allgemeiner Bericht und Zweigstrategien (arab.). Beirut 1989.
5   Zum Beispiel A. Djeflat/G. Zawdie (Hg.), Technology and Transition. The Maghreb at the Crossroads. London: Frank Cass 1996.
6   Vgl. U. Beck, Was ist..., a.a.O. S. 29.
7   Vgl. S. Hetata, Dollarization, Fragmentation, and God. In: F. Jameson/M. Miyoshi (Hg.), The Cultures of Globalization. Durham: Duke University Press 1998, S. 273-290; G. Mattar, Globalisierung... Unausweichliches und Dummheiten (arab.). In: Wighat Nadhar 9 (1999) 7, S. 46-52.
8   A. Soueif, In the eye of the sun. London: Bloomsbury Publishing 1999.
9   H. al-Shaykh, Beyrut blues. New York: Anchor Books 1995.
10 Hetata, Dollarization..., a.a.O., S. 281.
11 Vgl. U. Menzel, Das Ende der Dritten Welt und das Scheitern der großen Theorie. Frankfurt/M.: Edition Suhrkamp 1992; G. Myrdal, Relief Instead of Development Aid. In: Intereconomics, Baden-Baden, (1989) 2, S. 86-89; N. Harris, The End of the Third World. Newly Industrializing Countries and the Decline of an Ideology. London: Tauris 1986; D. Senghaas, Von Europa lernen. Entwicklungsgeschichtliche Betrachtungen. Frankfurt/M.: Edition Suhrkamp 1982.
12 U. Beck, Was ist..., a.a.O., S. 13.

PETRA HEIDRICH

Teilprojekt (1996-2000): Tradition auf dem Prüfstand. Bauernführer im spätkolonialen Indien

Vorstellung des Projekts: Untersuchungsgegenstand, Fragestellungen, Projektzusammenhang

Das Projekt stellte zwei prominente Bauernführer des spätkolonialen Indien in den Mittelpunkt der Forschung. Es war Bestandteil eines Gruppenprojekts, das „Akteure des Wandels" ins Blickfeld rückte, die in den durch die Moderne eingeleiteten globalen gesellschaftlichen Umbrüchen in Asien und Afrika als indigene Mittler zwischen okzidentalen und orientalischen Kulturen fungierten. Die Untersuchungen gingen davon aus, daß die Repräsentanten verschiedener Kulturen unter ungleichen Voraussetzungen aufeinander trafen. Folglich war die Kulturbegegnung charakterisiert durch Zwang und Gewalt, wirtschaftlicher und politischer Dominanz auf der einen und Widerstand oder Unterordnung und Anpassung bzw. Auseinandersetzung mit den gesellschaftlichen Veränderungen auf der anderen Seite. Globalisierung wurde in diesem Zusammenhang als historische Folgeerscheinung der Moderne betrachtet. Die Kulturmittler agierten entweder als Interpreten fremder Kulturelemente, erleichterten die Anpassung an die neuen Verhältnisse oder wollten sie überwinden, modifizieren und mitgestalten. Durch ihren eigenen Beitrag gaben die Akteure dem Wandel seine spezifische, unverwechselbare Gestalt und schufen damit neue Tatsachen und Faktoren, die auf die globale Ebene zurück wirkten.

Erfahrungen bei der Umsetzung des thematischen Ansatzes

Die im Individualprojekt untersuchten Bauernführer hatten ihren Wirkungskreis zunächst in landwirtschaftlich ungleich entwickelten und sozio-kulturell verschiedenartig strukturierten Regionen Indiens – Swami Sahajanand Saraswati (1889-1950) in Bihar and Nidubrolu Gogineni Ranga (1900-1995) in Andhra. Trotz der gegensätzlichen sozialen Prägung und unterschiedlichen geistigen Ausrichtung – während der Swami ein praktizierender Bettelmönch und Sanskritgelehrter war, stammte N.G. Ranga aus einer sozial und ökonomisch aufstrebenden Bauernkaste und hatte seine Bildung in Oxford vervollständigt – trafen sie in einer breiten, das ganze Land umfassenden sozialen Bewegung, der all-indischen Bauernbewegung zusammen. Das nationale Ringen um Unabhängigkeit, das nach dem Ersten Weltkrieg zur Massenbewegung wurde und dadurch einen gewaltigen Aufschwung erfuhr, wirkte in diesem Fall als mächtiger Katalysator gesellschaftlichen Wandels. Wie viele andere Individuen oder Gruppen gerieten auch die beiden unterschiedlichen Persönlichkeiten in den Sog dieses gewaltigen Stromes und erwarben den Status einflußreicher Bauernführer, die sich zumindest zeitweilig gemeinsam für die soziale Emanzipation bäuerlicher Schichten engagierten.

Das Projekt basiert auf einem sozialwissenschaftlichen Ansatz. Es wurden sowohl die unterschiedlichen Lebenswege beider Bauernführer verglichen wie auch das Wirken jener Faktoren erhellt, die den traditionsbewußten, gelehrten Bettelmönch und den Bauernsohn mit Auslandsbildung 1936 auf einer gemeinsamen Plattform zusammenbrachten. Die kontrastierende Darstellung der individuellen Biographien dient als Fenster auf bedeutsame soziokulturelle Transformationsprozesse in Indien in der ersten Hälfte des 20. Jahrhunderts. Im Mittelpunkt stand die aktive Auseinandersetzung der beiden Bauernführer mit unterschiedlichen indigenen Traditionen sowie mit aus westlichen Industrieländern stammenden globalisierten Denkmustern und Wertvorstellungen. Gleichzeitig wurden die Bauernführer in ihrer Eigenschaft als Akteure des Wandels im ländlichen Indien betrachtet.

Einen zentralen Aspekt der Untersuchung bildete die Mittlerrolle der Bauernführer zwischen indigener Kultur und global vermittelten Ideen. Überprüft wurden ihr eigenes Traditionsverständnis und ihre sich wandelnde Haltung zu überkommenen Werten und modernen Einflüssen. Die Selbstreflexion der beiden Persönlichkeiten, die sich in ihren Schriften widerspiegelt, war wichtiger Gegenstand der Untersuchung. Analysiert wurde zudem die von ihnen vorgenommene Auswahl und Interpretation „beispielhafter" Traditionslinien, die Gründe für die Ablehnung anderer Vorstellungen sowie der Gebrauch, den sie von der Tradition machten, um neue, durch globale Einflüsse vermittelte Ideen unter den Bauern zu verbreiten. Schließlich wurde nach dem Verständnis der Bauernführer von der Moderne gefragt, nach ihren Beweggründen, neue Gedanken und Wertevorstellungen aufzugreifen, sowie nach ihren Auswahlkriterien. In diesem Zusammenhang war zu untersuchen, wie und mit welchem Erfolg beide Bauernführer neue Konzepte und Einflüsse verarbeiteten, diese „indigenisierten" oder „lokalisierten". Der biographische Vergleich erlaubte es, den Möglichkeiten und Grenzen unterschiedlicher Traditionslinien nachzugehen und den Erkenntnisprozeß beider Persönlichkeiten in Raum und Zeit zu verfolgen.

Die Art und Weise, in der die zwei Bauernführer im spätkolonialen Indien mit globalen Prozessen konfrontiert wurden, die Form, in der sie translokale und internationale Vorgänge, Zwänge und Ideen wahrnahmen und verarbeiteten, in welcher Weise sie sich abzugrenzen suchten und wo sie sich um Aneignung bemühten, war somit ein zentrales Thema des Individualprojekts. Die Spezifik der untersuchten Akteure bestand darin, daß sie als Bauernführer die Interessen einer sozialökonomisch definierten Klasse vertraten. In erster Linie reagierten Bauern wie Bauernführer auf globale Einflüsse der Moderne in ökonomischer und politischer Gestalt. Kulturelle Aspekte spielten allerdings auch eine Rolle. Sie manifestierten sich in der besonderen Art der Wahrnehmung globaler Vorgänge, den Zielvorstellungen wie auch den speziellen Methoden der Vermittlung von neuen Ideen und Botschaften an die Bauern.

Während im spätkolonialen Indien der Begriff „Globalisierung" im intellektuellen Diskurs noch keine Rolle spielte, breitete sich im realen Leben das Wissen um den Zusammenhang lokaler Ereignisse mit globalen Vorgängen immer mehr aus. Zwischen den beiden Weltkriegen erfuhr dieser Prozeß zudem eine deutliche Beschleunigung. Dazu trugen zum einen die Erfahrungen bei, die indische Soldaten in der britisch-indischen Armee im Ersten Weltkrieg gemacht hatten. Außerdem begab sich eine wachsende Zahl von Indern zum Studium ins Ausland. N.G. Ranga gehörte als Bauernsohn zu der Minderheit von Studenten im Ausland, die nicht aus der gebildeten städtischen Elite stammten. Zum anderen erforderte die Schaffung einer Massenbasis für die nationale Unabhängigkeitsbewegung einen engeren Kontakt zwischen städtischen, gebildeten Schichten und den bäuerlichen Massen. Der Anspruch auf Selbstbestimmung und einen eigenen, unabhängigen Nationalstaat mußte begründet und argumentativ untersetzt werden. Verweise auf globale Entwicklungen und die Erläuterung internationaler Zusammenhänge wurden in diesem Kontext zu einem wichtigen Bestandteil der Argumentation für die Nationalbewegung.

Über politische Aktionsformen wie Versammlungen, Kundgebungen und Märsche wurden immer größere Bevölkerungsschichten mit den Ideen, Spielregeln und Methoden der Moderne vertraut gemacht. Gefängnisaufenthalte als Strafe für Beteiligung an der antikolonialen Bewegung wurden zu Schulen für politische Aktivisten. Swami Sahajanand Saraswati z.B., der ohne jegliche politische Voraussetzungen in die Nationalbewegung geraten war, eignete sich seine politische Bildung und sein neues Weltbild vorwiegend durch Literaturstudien im Gefängnis an. In den dreißiger und vierziger Jahren wurden vor allem die billigen Publikationen des Londoner „Left Book Club", die Klassiker des Marxismus, die Schriften von G.D.H. Cole und John Strachey, Literatur über die Sowjetunion, Lenins Werke, aber auch die Bücher von Maxim Gorki, Edgar Snow und Pearl S. Buck zirkuliert und diskutiert. Berichte über die Entwicklungen in China stießen auf besonderes Interesse.[1] Ergänzt wurde die politische Bildung durch Sommerschulen von Parteien und Organisationen. N. G. Ranga, der sich während seines Studiums in England Anfang der zwanziger Jahre sein politisches Wissen angeeignet hatte, gründete selbst ein Bauerninstitut zur Fortbildung und Schulung von Bauernaktivisten. Obwohl diese politische Bildungswelle nur einen geringen Prozentsatz der Bevölkerung erreichte und unter den gegebenen Umständen oberflächlich und lückenhaft bleiben mußte, trug sie zweifellos dazu bei, traditionelle Denkmuster in Frage zu stellen und die Idee der partizipatorischen Demokratie zu verbreiten.

Die Auseinandersetzung mit globalen Prozessen war in Indien in der ersten Hälfte des 20. Jahrhunderts in erster Linie eine Auseinandersetzung mit der durch die britische Kolonialherrschaft vermittelten Moderne. Wie die gesamte indische Bevölkerung wurden Bauern und Bauernführer mit der kapitalistischen Moderne als dem dominierenden, globalen Trend konfrontiert. Dieser Trend manifestierte sich zu jener Zeit in einer Verschärfung der kolonialen Unterdrückung. Daran änderten auch politische Reformen nichts, die auf eine Stabilisierung des Kolonialsystems zielten, jedoch zugleich Elemente der liberalen Demokratie etablierten. Zudem machte sich die wachsende Einbindung der indischen Landwirtschaft in den kapitalistischen Weltmarkt negativ bemerkbar. Die Weltwirtschaftskrise mit ihren verheerenden Folgen fügte dem durch die Nationalbewegung geschärften Bewußtsein der indischen Bauern einen neuen Erfahrungsbereich hinzu. Der dominierende globale Trend hatte zumindest für die Bauernführer ein eindeutiges Gravitationszentrum. Es wurde nicht in erster Linie geographisch, sondern eher strukturell, dem Charakter des jeweiligen ökonomischen und politischen Machtmonopols entsprechend, bestimmt. N.G. Ranga bemerkte: „If it is the peasant or the proletarian revolution, it is the capitalists with or without the aid of the feudal lords who are ranged against it. If it is the national revolution in the East, it is the European, or American or the Japanese imperialists who try to thwart it. If it is a colonial revolution of China or South America, or even of Asia or Africa, it is the European or American capitalism that may be ranged against it."[2]

Im Rahmen der nationalen indischen Identitätssuche gab es sowohl Tendenzen der vehementen Abgrenzung von den Erscheinungsformen der Moderne – wobei man sich allerdings zunehmend ihrer Mittel bediente – als auch Tendenzen der Aneignung modernen Gedankenguts. Gerade im Rahmen der Nationalbewegung entstand eine um die Person Jawaharlal Nehrus gruppierte, einflußreiche Strömung, deren Auffassung von der Moderne über ihre bloße Gleichsetzung mit kolonialer Herrschaft und kapitalistischer Wirtschaft hinausging. Ihre Anhänger begriffen das globale Projekt der Moderne als ein widersprüchliches, komplexes Phänomen, das von „westlichen", imperialen Interessen dominiert wurde, aber auch gegenläufige Tendenzen und Gedanken einschloß. So wie die Ideen der Aufklärung der bürgerlichen, kapitalistischen Gesellschaft den Weg geebnet hatten, enthielten sie im Kern bereits die Kritik an der real einsetzenden Entwicklung. Mit der kapitalistischen Industrialisierung traten gleichzeitig ihre Kritiker auf den Plan. Aus der Sicht einflußreicher Kräfte erforderten die indischen nationalen Interessen deshalb zwar eine deutliche „Abgrenzung" von bestimmten globalen Trends und Prozessen. Andererseits versprach die Aneignung alternativen global vermittelten Gedankenguts auch eine Stärkung der eigenen, neu zu definierenden Identität.

Im Falle der Bauernführer ging es nicht nur um nationale, sondern auch um soziale Identitätsfindung. Sie sahen sich unmittelbar mit den negativen Folgen konfrontiert, die die industrielle Entwicklung für die Masse der städtischen Bevölkerung und der kapitalistische Marktmechanismus für die bäuerliche Landwirtschaft hatten. Gleichzeitig hatten sie gesellschaftliche Alternativvorstellungen kennengelernt, die in den Ursprungsländern dieser negativen Trends, den hochentwickelten Industrieländern des Westens, formuliert worden waren, und sie waren entschlossen, diese Ideen für eigene Zwecke zu nutzen. Der Prozeß der Abgrenzung und Aneignung fand im Fall der Bauernführer nicht nur zwischen „Eigenem" und „Fremdem", zwischen „Westlichem" und „Östlichem", „Lokalem" und „Globalem", „Traditionellem" und „Modernem" statt, sondern auch zwischen unterschiedlichen Erscheinungsformen des Projekts der Moderne. Für beide Bauernführer war der „Westen" ihrer Zeit nicht mehr das homogene „Fremde", sondern eine differenzierte Gesellschaft, ebenso gekennzeichnet durch dominierende und gegenläufige Entwicklungstrends wie ihre eigene.

Die Einschätzung des Charakters und der Richtung der globalen Entwicklung prägte die Haltung der Bauernführer zur Moderne. Trotz aller Enttäuschungen und Rückschläge bei der Bewältigung der Tagesaufgaben überwog in der Euphorie der anschwellenden Unabhängigkeitsbewegung zu jener Zeit der Glaube an die Möglichkeit des historischen Fortschritts auf wirtschaftlichem, politischem und sozialem Gebiet. Für die Bauernführer bedeutete das in erster Linie den Kampf um nationale und soziale Emanzipation. In diesem Rahmen suchten sie auf globaler Ebene nicht nur nach gesellschaftlichen Alternativentwürfen, sondern auch nach Bündnispartnern. Swami Sahajanand Saraswati hatte zwar keine internationalen Kontakte, berichtete aber von dem nachhaltigen Eindruck, den internationale Literatur in Gestalt der Schriften von Marx, Engels und Lenin zu theoretischen Problemen, aber auch von John Strachey zu Tagesfragen bei ihm hinterlassen hatte.[3] N.G. Ranga pflegte dagegen Auslandskontakte, die er während seines Studiums in England geknüpft hatte. So hielt er über Jahrzehnte die Verbindung zu seinen Dozenten wie auch zum Fabian Colonial Bureau in London aufrecht. Darüber hinaus bemühte er sich seit seiner Studienzeit um internationale Bündnispartner. 1925 nahm er z.B. als Delegierter an der Jahrestagung der von Keir Hardie gegründeten International Labour Party in York teil[4], und 1930 bemühte er sich mit Jomo Kenyatta um die Gründung der League of Coloured Peoples[5].

Wenn die Bauernführer auch das „Projekt der Moderne" grundsätzlich bejahten, behielten sie eine kritische Sicht bei. Zudem lag ihnen die Berücksichtigung der lokalen bzw. „nationalen" Spezifik am Herzen. Die Nationalbewegung blieb für die Bauernführer immer ein zentraler Bezugspunkt. Ihre aktive Teilnahme am Unabhängigkeitskampf bedeutete einerseits Ablehnung des Kolonialismus als einer Erscheinungsform der kapitalistischen Moderne und ging andererseits mit der Vision von einer nationalstaatlichen Zukunft einher. Die Idee des souveränen Nationalstaats hatte sich auch in ihrer Region als ein globalhistorisches Projekt der Moderne etabliert.

Darüber hinaus suchten gerade die Bauernführer nach alternativen Gesellschaftsvorstellungen zur Realität der kapitalistischen Moderne. Die Idee der sozialen Emanzipation hatte seit dem 19. Jahrhundert mit den vielfältigen Bemühungen um Sozialreform in der indischen Gesellschaft, um Reformbestrebungen innerhalb von Kasten und im Rahmen der Nicht-Brahmanenbewegung festen Fuß gefaßt. Die Oktoberrevolution in Rußland fügte dem eine neue Dimension hinzu – die Vision der sozialen Emanzipation ökonomisch definierter Gesellschaftsklassen. Spätere Ereignisse und Entwicklungen haben vergessen lassen, welche elektrisierende Wirkung sie zu ihrer Zeit und noch anderthalb Jahrzehnte danach weltweit hatte.

Die Bauernführer rangen darum, ihr von globalen Einflüssen gespeistes alternatives Gesellschaftsideal in das Projekt des künftigen Nationalstaats einzubringen. Sie bemühten sich, die gesellschaftlichen Spielregeln mitzubestimmen und die Richtung der Entwicklung zu beeinflussen. Damit waren sie nicht nur Spielball der globalen Prozesse, nicht nur Rezipienten, die sich an- oder einzupassen suchten, sondern traten als kritische und kreative Akteure auf. Mit Selbstbewußtsein beanspruchten sie eine Rolle sowohl auf nationaler wie auch auf globaler Ebene: Vor allem mit Bezug auf die Nationalbewegung betonte Ranga: „...as national revolutionary movements gather momentum in different countries and continents, they come to have a world significance and also to influence each other both in their aims, objectives, methods, techniques etc."[6]

Die Zukunftsentwürfe beider Bauernführer unterschieden sich allerdings. Der ehemalige Bettelmönch und Asket Swami Sahajanand Saraswati orientierte sich am sowjetischen Gesellschaftsmodell. Um den Bauern Mut zur Veränderung gegebener Verhältnisse zu machen, beschwor er ein fast mythisches Bild von Sowjetrußland. So argumentierte er in seinen Reden vor den Bauern: „Similar conditions existed in other countries. The kisans and labourers were in distress. The earners were in distress. But they had their organisation... They courageously stood up... The kisans of Russia are happy. There are beautiful houses for their children. There are good schools for their education. There are hospitals for them, there are books and newspapers... The reason is that the Govt. there is in the hands of the kisans and muzdoors. Those kisans have not 4 hands and 4 feet, they have 2 hands and 2 legs like you."[7] Der Verweis auf Ereignisse in anderen Teilen der Welt sollte die Bauern von der Rechtmäßigkeit und Möglichkeit struktureller Veränderungen im eigenen Lande überzeugen.

N.G. Ranga dagegen legte seinem Gesellschaftsmodell fabianische sozialistische Ideen zugrunde, für die er sich während seines Studiums in England zu Beginn der zwanziger Jahre entschieden hatte. Im Gegensatz zur Industriegesellschaft des Westens plädierte er jedoch unter indischen Bedingungen für die Errichtung einer modernen Bauerngesellschaft, in der die industrielle Entwicklung der landwirtschaftlichen untergeordnet bleiben sollte. Die globalen Erfahrungen des 20. Jahrhunderts bewertete Ranga als durchaus hilfreich. Er war der Meinung, daß sowohl der Kapitalismus als auch marxistische sozialistische Ideen eine erzieherische Wirkung auf die indische Bauernschaft ausgeübt hätten. Der Kapitalismus hätte die indischen Bauern auf den Weltmarkt gezwungen und sie in das „moderne Übel der Weltwirtschaftskrise" hineingezogen. Diese Erfahrungen hätten sie von der Notwendigkeit überzeugt, „sich zur reinen Selbstverteidigung zu organisieren wie auch in den Kategorien der modernen Wirtschaft zu denken"[8]. Marxens Ideen und das sowjetische Experiment hätten andererseits die Sache der Werktätigen gestärkt. „Erst mit der Ankunft des Marxismus wurde eine entschlossene und organisierte Anstrengung unternommen, den Werktätigen zu helfen, ihre Macht in der modernen Gesellschaft wiederzugewinnen."[9] Das sowjetische Experiment hätte „jeden Minderwertigkeitskomplex zerstört, den die Bauern über ihr Recht und ihre Fähigkeiten gehabt haben mögen, eine eigene Rolle bei der Regierung ihrer Länder zu spielen"[10]. Unter diesem Gesichtspunkt charakterisierte Ranga die sozialistische Idee noch 1936 als „außerordentlich potenten neuen Zeitgeist, aufgeladen durch die umwälzenden russischen Ereignisse"[11]. Auch er wollte diese Idee für die Beförderung der Sache der indischen Bauern nutzen.

Es ist offensichtlich, daß das Handeln der Bauernführer von den globalen gesellschaftlichen Prozessen und geistigen Tendenzen ihrer Zeit beeinflußt war. Solange die von ihnen eingeleiteten Aktionen den unmittelbaren Interessen bäuerlicher Schichten entsprachen, wurde ihre Rhetorik von den Bauern dankbar aufgenommen und für eigene Zwecke verwendet. Weit schwieriger ist die Frage zu beantworten, inwieweit die Aktivitäten der Bauernführer wiederum in globale Prozesse eingeflossen sind. Eine mittelbare Wirkung ist durchaus festzustellen. Zum einen leistete die Bauernbewegung im spätkolonialen Indien einen nicht unerheblichen Beitrag zur indischen Nationalbewegung und damit zum globalen Dekolonisationsprozeß. Ein anderes Ergebnis der Aktivitäten des All-indischen Bauernverbandes und damit auch der Bauernführer waren Maßnahmen zum strukturellen Wandel auf dem Lande, die mit der Unabhängigkeit Indiens in Angriff genommen wurden. Sie bestanden vor allem in der beträchtlichen Einschränkung des parasitären Grundbesitzes, in der Abschaffung des Samindari-Systems und in Pachtreformen zugunsten der bäuerlichen Produzenten.

Die Bauernführer hatten mit ihrer Tätigkeit dazu beigetragen, das globale Projekt der Moderne auf indischem Boden zu etablieren. Sie hatten Anteil an seiner spezifisch indischen Ausprägung.

Veröffentlichungen der Autorin zum Projekt

2001

Akteure des Wandels? Lebensläufe und Gruppenbilder an Schnittstellen von Kulturen. Berlin: Das Arabische Buch 2001 (Studien des Zentrums Moderner Orient; 14) (herausgegeben mit H. Liebau).

1999

Dissociation and Appropriation. Responses to Globalization in Asia and Africa. Berlin: Das Arabische Buch 1999 (Studien des Zentrums Moderner Orient; 10) (herausgegeben mit K. Füllberg-Stolberg und E. Schöne).

Bharatbarshe jatibhet pratha ebon samajik adhikarer janya – B.R. Ambedkarer sangram (Caste in India and B.R. Ambedkar's Crusade for Civil Rights. Übersetzt von P. Saha ins Bengali). In: Vishvaviksha, Calcutta, (1999), S. 80-95.

1998

The Indian Village as Perceived by Peasant Leaders in Late Colonial India. In: Bernt Glatzer (Hg.), Essays on South Asian Society, Culture and Politics II. Berlin: Das Arabische Buch 1998 (Arbeitshefte des Zentrums Moderner Orient; 9), S. 71-82. Auch erschienen in: Journal of Historical Studies, Patna, (1998) 3, S. 145-155.

Anmerkungen

1   Vgl. N.G. Ranga, Fight for Freedom., Delhi u.a.: S. Chand & Co. 1968, S. 238.
2   N.G. Ranga, World Role of National Revolution. Nidubrolu: Kisan Publishers 1945, S. 10.
3   Vgl. Swami Sahajanand Saraswati, Mera Jivan Sangarsh (Hindi), Shri Sitaram Ashram, Bihta (Patna), 1952, S. 560, 564.
4   Ranga, Fight..., a.a.O., S. 130.
5   Ebenda, S. 92.
6   Ranga, World..., a.a.O., S. 38.
7   English translation of the verbatim speech of Swami Sahajanand Saraswati, delivered on 25.3.35, at the Kisan Sabha, held at Punsia-Hat, p.s.Rajaun, District Bhagalpur, S. 9. In: Bihar SCRO, Patna, Govt. of Bihar and Orissa, Pol. Dept. (Special), File No. 16/1935 I, Activities of Kisan Sabhas. Swami Sahajanand
8   N.G. Ranga, Revolutionary Peasants. New Delhi: Amrit Book Co. 1949, S. 2.
9   Ebenda, S. 16.
10 Ebenda, S. 2.
11 N.G. Ranga, The Modern Indian Peasant. A Collection of Addresses, Speeches and Writings of Prof. N.G. Ranga. Madras: Kisan Publications 1936, S. 14.

GERHARD HÖPP

Teilprojekt (1996-2000): Biographien zwischen den Kulturen. Lebenswelt und Weltsicht muslimischer Migranten in Mitteleuropa in der ersten Hälfte des 20. Jahrhunderts

Vorstellung des Projekts: Untersuchungsgegenstand, Fragestellungen, Projektzusammenhang

Im Rahmen dieses Projektes wurden Wechselwirkungen zwischen Lebenswelt und Weltsicht von zumeist muslimischen Migranten untersucht, die sich in der ersten Hälfte des 20. Jahrhunderts in Mitteleuropa, vor allem in Deutschland, aufgehalten haben. Dabei handelte es sich um Politiker, Militärs bzw. Soldaten, Studenten, Wissenschaftler und Literaten, die freiwillig oder erzwungenermaßen (zeitweilig) in die Fremde gegangen waren. Auf der Grundlage von zuvor erarbeiteten biographischen Skizzen wurde der Frage nachgegangen, welchen Einfluß ihre „Diaspora-Erfahrung"[1] unter den Bedingungen der Globalisierung auf ihre Wahrnehmung und Aneignung des „Fremden" sowie ggf. ihre Wahrnehmung durch die Anderen im Aufnahmeland gehabt hatten und ob und inwieweit ihr „diasporisches Bewußtsein"[2], soweit es entwickelt wurde, sie befähigte, gewissermaßen als „Übersetzer"[3] zum interkulturellen Verstehen beizutragen.

Vorauszuschicken ist, daß die Materialsuche für die zugrundegelegten Diasporabiographien und deren Rekonstruktion unverhältnismäßig viel Zeit in Anspruch genommen haben; da nur sehr wenige von ihnen in der Sekundärliteratur vorzufinden waren, mußten z.T. umfängliche Archivrecherchen unternommen werden. Dabei und bei der Aufzeichnung der Lebensläufe zeigte sich außerdem, daß das zur Verfügung stehende biographische Material sehr unterschiedlich und nur teilweise für den engeren Zweck ergiebig war. Das bewegte schließlich unter anderem dazu, auf die Zusammenführung dieser Diasporabiographien in einer Gesamtdarstellung, etwa in Form eines Sammelbandes, zu verzichten, weil die Gewichte darin sehr ungleich verteilt gewesen wären. Statt dessen werden die Ergebnisse der Untersuchung nun in Form einer einzigen Biographie, nämlich jener Mohammed Essad Beys, präsentiert; diese wird zwar nicht unbedingt paradigmatisch, jedoch exemplarisch um so anschaulicher zeigen können, wozu „kulturelle Diasporisierung"[4] in der ersten Hälfte des 20. Jahrhunderts imstande war und wo ihre Grenzen lagen.

Erfahrungen bei der Umsetzung des thematischen Ansatzes

Hinsichtlich der ersten Ausgangsfrage (A) erwies sich in methodischer Hinsicht der Zusammenhang zwischen der Globalisierung als Prozeß und Diskurs auf der einen und der Diaspora bzw. dem Exil auf der anderen Seite als die fruchtbarste Fragestellung des Projekts. Lohnenswerte Zugänge zu ihrer Beantwortung vermittelten insbesondere Autoren wie Clifford, Cohen, Giddens, Gilroy, Hall, Krispyn, Laclau, Said und Tölölyan. Besonders anregend waren die von ihnen vertretenen Thesen, daß

a) Globalisierung als ein Phänomen der „Moderne"[5], also als eines auch mit historischer Dimension bzw. Tiefe aufgefaßt werden sollte,

b) sie zwar nicht die Ursache von Diasporas sei, diesen jedoch durch ihre Aspekte Weltökonomie, internationale Migration, „global cities", kosmopolitische und lokale Kulturen sowie die Entterritorialisierung der sozialen Identität (heute) Räume zum Überleben und Gedeihen eröffne[6], was

c) ihrerseits zu einer „Diasporisierung"[7] der Weltgesellschaft beitrüge; daß

d) Globalisierung der Diaspora und dem Exil darüber hinaus neue Bedeutungen und Potenzen zuweise[8], was u.a. zuließe, der „Zerstreuung" im Sinne von „Transnationalismus"[9] oder *dislocation* „positive Züge"[10] abzugewinnen, die sich allgemein

e) als „Ressourcen für aufstrebende ‚Postkolonialismen'"[11] erwiesen und im besonderen

f) als Prozeß des „Durcheinanderwerfens, des Wiederzusammensetzens, der Hybridisierung und des „Schneidens und Mixens"[12], eben im „Prozeß der kulturellen Diasporisierung" zeigten.

Kulturelle Diasporisierung stellt sich also im Lichte dieser Thesen neben oder zwischen die binären Gegensätze „Homogenisierung" und „Heterogenisierung", die der Globalisierungsprozeß als Alternativen der Identitätsfindung scheinbar zuläßt. Zwischen Formen der „Abgrenzung" und der „Aneignung" schieben sich somit „hybride, kreolische Formen der Identitätsbildung, deren Voraussetzung gerade die Entwurzelung, die Diaspora, die Zerstreuung und Auflösung fester Zusammenhänge" sei[13].

Migranten, wie sie im Projekt untersucht wurden, sind in diesem Sinne Menschen, die „Grenzen überschreiten, Denk- und Erfahrungsbarrieren durchbrechen", die sich im „gefährlichen Territorium des Nichtdazugehörens" aufhalten und die, weil sie sich dabei stets mindestens zweier Kulturen gewahr werden, „kontrapunktisch"[14] wahrnehmen. Ihre Biographien erscheinen deshalb besonders geeignet, danach befragt zu werden, ob die Menschen, die sie gelebt haben, tatsächlich so etwas wie „Übersetzer" waren und ob sich in ihren Taten wirklich (schon) Formen „hybridisierter" Kulturen finden lassen.

Was die zweite Ausgangsfrage (B) angeht, so ist zu berücksichtigen, daß die untersuchte Region im Grunde Deutschland bzw. Mitteleuropa, also der Ort der Diasporisierung, ist. Insofern waren Haltungen zu und Beurteilungen von hier untersuchten Personen und Personengruppen sowie ihrer Aktivitäten in der Diaspora vor allem dort zu betrachten; zeitgenössische und aktuelle Wahrnehmungen in den Heimatländern sind, soweit vorhanden, einbezogen worden.

Was nun die beiden abgeleiteten Fragen nach den „diasporischen Praktiken"[15] der „Übersetzung" und der „Hybridisierung" betrifft, so ermuntern, wie schon angedeutet, nur relativ wenige Biographien zu deutlich positiven Antworten. Es geht eine recht klar erkennbare Grenze durch die untersuchten sozialen Gruppen in der Diaspora, nämlich a) die Politiker und Militärs bzw. Soldaten einerseits und b) die Studenten, Wissenschaftler und Literaten andererseits. Obwohl die Angehörigen aller Gruppen nachweislich, wenngleich unterschiedlich stark und folgenreich von der Begegnung mit den Anderen in der Fremde beeindruckt waren, beschränkten sich die Fähigkeiten zur „Übersetzung" und zur „Hybridisierung" doch vorwiegend auf Angehörige der unter b) genannten Gruppen.

Exilpolitiker bzw. politische Emigranten wie die hier betrachteten Amīn al-Ḥusainī, Rāšid ʿAlī al-Kailānī und Šakīb Arslān sowie der Militär Fauzī al-Qāwuqǧī haben v.a. in Memoiren und Autobiographien ihr diasporisches Erlebnis z.T. kritisch reflektiert; sie haben dabei deutlich gemacht, daß sie den Anderen durchaus im Spannungsfeld von Aneignung und Abgrenzung wahrgenommen haben – die ersten drei eher mit Anpassung, al-Qāwuqǧī sowie der Politiker Manṣūr Rifʿat, was uns in seinem Auftreten und aus seinen zeitgenössischen Veröffentlichungen entgegentritt[16], eher mit Differenz.

Insofern alle genannten Personen, wenngleich zu unterschiedlichen Zeiten, mit der Absicht von Nationalisten in die Fremde gegangen waren, politische bzw. militärische Unterstützung im Kampf für die Erlangung nationaler Unabhängigkeit ihrer Völker zu erlangen, waren sie in den Aufnahmeländern notwendigerweise auch als „Übersetzer" aufgetreten – nämlich als Vermittler von Zielen, Absichten und Motiven ihrer jeweiligen nationalen Bewegungen.

Zwar sind einige von ihnen dabei über Verhandlungen mit den Anderen auch zu Übereinkünften mit diesen gelangt. Diese sind allerdings im besten Sinne als politische Kompromisse zu bewerten; von einer „Hybridisierung" der Ansichten kann dabei in keinem Falle die Rede sein. Ein sehr deutliches Beispiel dafür bieten die Bemühungen al-Ḥusainīs und al-Kailānīs um eine „Arabien-Erklärung" der Achsenmächte während ihres Exils in Deutschland und Italien zwischen 1941 und 1942: Ursprünglich als arabische Initiative in Gang gesetzt, endeten sie mit einem deutsch-italienischen Diktat[17]. Unter den gegebenen Bedingungen war dieser Ausgang zweifellos unvermeidlich. Entscheidend für ihn war (und ist) letzten Endes auch hier die „Machtgeometrie"[18] der Globalisierung gewesen: Mehr noch als anderen fehlen Politikern und Militärs in der Diaspora ihre Völker, Regierungen, Parteien und Armeen.

Scheinbar im Widerspruch zum Resultat stehen allerdings seine Wahrnehmung und Beurteilung in den Heimatländern: Sie sind im Lichte und im Ergebnis einer nach wie vor nationalistischen „Erinnerungspolitik" bis heute fast durchweg unkritisch und positiv[19].

Ganz im Unterschied dazu wird das Schicksal muslimischer Gefangener und Deserteure, also militärischer „Verlierer" aus dem Ersten und des Zweiten Weltkrieg und der Zwischenkriegszeit, in den (arabischen) Heimatländern (noch) vollständig ignoriert; selbst in den einst kriegführenden Ländern ist dieser Aspekt der Globalisierung kaum thematisiert worden. Dadurch ist eine Chance verlorengegangen, persönliche Erinnerungen bzw. Reflexionen Beteiligter an bzw. über diese Erfahrung diasporischer Existenz erlangen zu können. So blieb nur die Möglichkeit, die Erlebnisse und Erfahrungen dieser Gruppen anhand „fremder" Quellen bzw. Wahrnehmungen zu rekonstruieren. Immerhin konnte dabei sichtbar gemacht werden, daß Gefangene, seltener Deserteure, in den ihnen gesetzten engen Grenzen der Betätigung durchaus auch wie „Übersetzer" wirken konnten – sei es nun als „Objekte" ethnologischer und linguistischer Forschung oder als Mitwirkende in der Kriegspropaganda der Mittelmächte bzw. der Achse[20].

Weitaus stärker waren die diasporischen Praktiken „Übersetzung" und „Hybridisierung", wie schon bemerkt, bei Studenten, Wissenschaftlern und Literaten zu beobachten gewesen. Studenten traten in der Diaspora v.a. als Angehörige oder als Adressaten der muslimischen bzw. arabischen politischen Emigration in Erscheinung. Dabei erwiesen sie sich in zuweilen erstaunlicher Parallelität zur Gegenwart vor allem dadurch als „Übersetzer", indem sie an der Schaffung einer „eigenen" Öffentlichkeit in der Fremde mitwirkten: Sie nutzten dort vorgefundene „fremde" Medien, und sie initiierten bzw. unterstützten eine beachtliche Zahl eigener periodischer und monographischer sowie Flugschriften[21], um untereinander und mit Teilen der Bevölkerung in den Aufnahmeländern kommunizieren zu können. Über diese Medien und darüber hinaus durch politische Demonstrationen, die u.a. durch eine Verlagerung lokaler Konflikte in die Diaspora zustande kamen (z.B. Aktionen im Zusammenhang mit der Ermordung Ṭalʿats und Genossen, dem Anschlag auf Zaġlūl, der Abschaffung des Kalifats und der Konfrontation in Palästina)[22], sowie nicht zuletzt über religiöse islamische Institutionen (Moscheen) oder Zeremonien (Feste, Beerdigungen)[23] vermittelten sie den Anderen eigene politische Ansichten und Forderungen respektive kulturelle Werte und Normen. Über die Nachhaltigkeit solcherart interkultureller Kommunikation, ob und inwieweit sie also im Aufnahmeland angenommen worden ist, liegen bisher kaum Untersuchungen vor. Eine der Ausnahmen bildet das Beispiel des Orientalisten Georg Kampffmeyer und seines Verhältnisses zu den Muslimen in der deutschen Diaspora: Dieser hatte nicht nur bekannt, in den „jahrelangen nahen und ständigen Berührungen" mit jenen vor allem über die „Willensströmungen" der orientalischen Völker „unendlich viel gelernt" zu haben, sondern zugleich durch die Tat bewiesen, daß er ihnen zugleich Verständnis entgegenbrachte und trotz bürokratischer Behinderungen solidarische Beziehungen zu ihnen anknüpfte[24].

Den offensichtlichen Vorteil diasporischer Existenz, Wissen aufzunehmen, zu verarbeiten und zu vermitteln, nahmen auch der Syrer Muḥammad Kāmil ʿAyyād und der Tunesier Muḥammad ʿAlī al-Ḥāmmī wahr; beide begriffen dies im übrigen als einen Dienst an den eigenen, kolonial unterdrückten Völkern, für die sie sich in Deutschland auch politisch betätigten.

ʿAyyād hatte sich im Unterschied zur großen Mehrheit seiner arabischen Kommilitonen seinerzeit einer gesellschaftswissenschaftlichen Disziplin, der auch in Europa noch jungen Soziologie, zugewandt und in Berlin mit ihrem methodologischen Rüstzeug bei Kurt Breysig seine Dissertation über „Die Geschichts- und Gesellschaftslehre Ibn Khaldūns" geschrieben und 1929 verteidigt. Damit gelang ihm als erstem Araber eine „eigene" sozialwissenschaftliche Deutung des Werks dieses mittelalterlichen muslimischen Historikers; sie gewann nicht nur paradigmatischen Wert für folgende Untersuchungen, sondern brachte dem Autor zusammen mit seinem späteren Oeuvre den Ruf eines Nestors der modernen syrischen Historiographie ein.[25]

Muḥammad ʿAlī al-Ḥāmmī hatte sich, ebenso wie ʿAyyād nicht dem *mainstream* folgend, dem Studium der Nationalökonomie zugewandt. Obwohl er im Unterschied zu seinem syrischen Kommilitonen keinen akademischen Abschluß erreichte, war die Wirkung, die er mit dem erworbenen Wissen in der Heimat erzielte, eine vergleichbare: Als Mitbegründer und Generalsekretär des ersten national(istisch)en tunesischen Gewerkschaftsverbandes CGTT prägte er diesem 1924 eine wesentliche Besonderheit auf, die ihn von seinen Vorgängern CGT und CGTU unterschied: An die Stelle des Klassenkampfgedankens setzte er die Idee von den Produktivgenossenschaften als gewissermaßen „nationaler" Gegenwirtschaft zur kolonialen Ökonomie. Hier wie übrigens auch in der von ʿAlīs Kommilitonen Yaḥyā ad-Dardīrī in Ägypten wenig später propagierten Kooperativbewegung hatten die Vorlesungen und Übungen Breysigs, Heinrich Cunows, Heinrich Herkners, Ignaz Jastrows, Paul Lenschs, Gustav Meyers, Max Serings, Werner Sombarts und ganz besonders August Müllers an der Berliner Universität offenbar tiefe Spuren hinterlassen[26].

ʿAyyāds wie ʿAlīs diasporisches und nachdiasporisches Wirken ist gewiß als ein Beispiel für den oben erwähnten Prozeß der kulturellen Diasporisierung, namentlich für das „Durcheinanderwerfen" und das „Wiederzusammensetzen" zu werten, weniger allerdings wohl für die „Hybridisierung". Diese kann man am ehesten noch im Werk der Literaten Asis Domet[27] und Mohammed Essad Bey[28] feststellen.

Aus unterschiedlichem sozialen, kulturellen und ethnischen Milieu stammend, weisen sie eine Reihe von gemeinsamen Voraussetzungen auf, die sie für eine derartige Leistung gewissermaßen prädisponierten: Beide waren bereits in ihrer Jugend im Kontakt mit wenigstens einer anderen Kultur aufgewachsen – der Palästinenser Domet mit der deutschen und der Kaukasier Essad mit der russischen und der deutschen; beide sind bzw. ihre Vorfahren waren Konvertiten – Domets Großeltern wechselten vom griechisch-orthodoxen Ritus zum Protestantismus, Essad konvertierte vom Judentum zum Islam; beide lebten und arbeiteten über einen längeren Zeitraum in Deutschland bzw. Mitteleuropa – Domet von 1920 mit Unterbrechungen bis 1943, Essad von 1920 bis 1942, und beide schrieben, obgleich polyglott, fast ausschließlich deutsch; beide begriffen sich selbst als Übersetzer" ihrer Kulturen in Deutschland – Domet wollte ein „Scherflein zur geistigen Annäherung beider Nationen" beitragen und nannte das „orientalisch-deutsche Kulturmission", Essad sah sich als eine „Brücke zwischen Ost und West" und vertrat ein „eurasisch" genanntes Konzept der Kulturvermittlung.

Die Ergebnisse ihres derart motivierten Schaffens waren gewiß unterschiedlich, was vor allem ihren verschieden verteilten Anlagen und Talenten geschuldet war: Während der Bühnenautor Domet sich zeitlebens nicht aus Tradition und Konvention lösen konnte und historische wie aktuelle orientalische Stoffe bzw. Themen zumeist epigonal in klassische deutsche Formen kleidete, vermochte der Sachbuchautor Essad unbekümmert, aber marktbewußt vergleichbare Stoffe in der seinerzeit „trendigen" Manier der „fiktionalen Prosa" und der „politischen Romantik" zu behandeln. Insofern sie das taten, also „eigene" Geschichte und Kultur in für das Publikum im Aufnahmeland verständlichen „fremden" Formen vermittelten, verharrten beide wohl noch im Status des „Übersetzers".

Zu einer inhaltlichen „Hybridisierung" gelangten sie erst in ihrem Spätwerk, in das beide ihre Diasporaerfahrungen einbrachten: Domet vermochte das in dem Filmdrama „Wege der Vorsehung", Essad in seinen Romanen „Ali und Nino" und „Das Mädchen vom Goldenen Horn". Während ersterer in dem unter Pseudonym entstandenen Stück seine mehrmonatige Gestapohaft verarbeitete, setzte sich letzterer unter deutlich autobiographischem Bezug mit dem Verhältnis zwischen Orient und Europa in Geschichte und Gegenwart auseinander; er präsentierte dabei den Orient als eine lebendige und selbstbewußte, zur Selbstregulierung fähige zivilisatorische Größe, die Europas Intervention nicht bedürfe, vielmehr dessen Anerkennung als ebenbürtiger Partner verdiene.

Essads Botschaft (Domets Filmdrama wurde nie veröffentlicht) ist seinerzeit nur ansatzweise zur Kenntnis genommen und begriffen worden, wie überhaupt zu registrieren ist, daß beider Bemühungen um interkulturelles Verstehen zu ihren Lebzeiten kaum hinreichend akzeptiert, geschweige denn rezipiert wurden. Während Domets Werk in der Weimarer Republik zunächst noch als „deutschfreundlich" gewürdigt, dann eher nachsichtig behandelt und gelegentlich verspottet, im „Dritten Reich" schließlich vollständig ignoriert wurde, begegnete man dem Oeuvre des Juden Essad in Deutschland von Anfang an feindselig.

Dieser Umstand ist z.T. auf die von beiden Autoren gewählten Themen und ihre unterschiedliche handwerkliche Bewältigung zurückzuführen; vor allem aber war es ihre Position zwischen den Kulturen, die ihnen eine soziale Außenseiterlage zuwies sowie ihr Publikum sowohl in den Aufnahme- als auch in den Heimatländern „irritierte", es zu Mißdeutungen ihrer Absichten und zu Versuchen ihrer Instrumentalisierung bewegte[29]. Der für die interkulturelle Vermittlung scheinbar ideale Ort, das Leben im Zwischenraum, erwies sich so zu seiner Zeit durchaus (auch) als ein Ghetto, in dem die schöpferische Kraft eines „Exils als Lebensform"[30] teil- bzw. zeitweise versiegte, mindestens aber die Verbreitung ihrer Ergebnisse unmöglich wurde. Diese Situation besitzt eine persönliche Dimension, insofern sie bei den Betroffenen, hier Domet und Essad, im Sinne von Said durchaus einen Verlust an „kritischer Perspektive, intellektueller Zurückhaltung, moralischem Mut"[31] zu bewirken vermochte; insbesondere beider Erpreßbarkeit namentlich unter nationalsozialistischer und faschistischer Herrschaft weist darauf hin. Sie hat daneben eine gesellschaftliche bzw. historische Dimension, insofern der Vergleich zwischen der damaligen und der heutigen Beurteilung und Rezeption ihres Schaffens deutlich macht, daß Gesellschaften für interkulturelles Verstehen, für die Akzeptierung „hybridisierter" Kulturen und ihrer Agenten in der Diaspora (Rushdie: „Bastarde wie uns")[32] empfänglich, gewissermaßen reif sein müssen und dies wohl auch werden können. Die schier euphorische Neuentdeckung von Essads belletristischem Werk vor allem im Westen am Anfang der siebziger Jahre des 20. Jahrhunderts und erneut an der Jahrtausendwende könnte eines der Indizien sein, die das vermuten lassen.

Veröffentlichungen des Autors zum Projekt

1999

Der Gefangene im Dreieck. Zum Bild Amin al-Husseinis in Wissenschaft und Publizistik seit 1941. In: R. Zimmer-Winkel (Hg.), Eine umstrittene Figur. Hadj Amin al-Husseini – Mufti von Jerusalem. Trier: Kulturverein AphorismA 1999, S. 5-23.

„Nicht ʿAlī zuliebe, sondern aus Haß gegen Muʿāwiya". Zum Ringen um die „Arabien-Erklärung" der Achsenmächte 1940-1942. In: asien, afrika, lateinamerika, Berlin, 27 (1999) 5, S. 569-587.

1998

Araber in Berlin (bis 1945). Berlin: Die Ausländerbeauftragte des Senats 1998 (herausgegeben mit F. Gesemann und H. Sweis).

Wessen Geschichte? Muslimische Erfahrungen historischer Zäsuren im 20. Jahrhundert. Berlin: Das Arabische Buch 1998 (Arbeitshefte des Zentrums Moderner Orient; 16) (herausgegeben mit H. Fürtig).

Die Schuldigkeit der Mohren. Muslimische Deserteure im Deutschland der Zwischenkriegszeit, 1919-1926. In: Etudes Germano-Africaines, Dakar, (1998) 15/16, S. 192-202.

Feindbild „Westen". Zur Rolle historischer Zäsuren beim Wandel muslimischer Europabilder seit dem 19. Jahrhundert. In: H. Fürtig/G. Höpp (Hg.), Wessen Geschichte? Muslimische Erfahrungen historischer Zäsuren im

20. Jahrhundert. Berlin: Das Arabische Buch 1998 (Arbeitshefte des Zentrums Moderner Orient; 16), S. 11-26.

1798: Tod eines Diplomaten oder 200 Jahre Berliner „Türken-Friedhof". In: INAMO, Berlin, 4 (1998) 16, S. 43-45.

1997

Muslime in der Mark. Als Kriegsgefangene und Internierte in Wünsdorf und Zossen, 1914-1924. Berlin: Das Arabische Buch 1997 (Studien des Zentrums Moderner Orient; 6).

1942: Heimliche Briefe. Arabische Nationalisten und die faschistische Achse. In: INAMO, Berlin, 3 (1997) 9, S. 41-42.

Mohammed Essad Bey: Orient nur für Europäer? In: asien, afrika, lateinamerika, Berlin, 25 (1997) 1, S. 75-97.

1996

Kamil Ayyads Jahre in Berlin (1921-1929). In: Beiträge zur Geschichte der Arbeiterbewegung, Berlin, 38 (1996) 2, S. 89-95.

Anmerkungen

1   S. Hall, Rassismus und kulturelle Identität. Ausgewählte Schriften 2, Hamburg: Argument-Verlag 1994, S. 41. Ein Vergleich dieser Art der Wahrnehmung mit jener in den Heimatländern wäre reizvoll, war aber nicht zu realisieren. Zu letzterer allgemein vgl. G. Höpp, Surat al-ʿadū/ġarb fī buldan islāmiyya. In: an-Nahār, Beirut, 4.12.1997; ders., Feindbild „Westen". Zur Rolle historischer Zäsuren beim Wandel muslimischer Europabilder seit dem 19. Jahrhundert. In: H. Fürtig/G. Höpp (Hg.), Muslimische Erfahrungen historischer Zäsuren im 20. Jahrhundert, Berlin: Das Arabische Buch 1998, S. 11-26.
2   P. Gilroy, Diaspora and the Detours of Identity. In: K. Woodward (Hg.), Identity and Difference, London u.a.: Sage 1997, S. 318.
3   Hall, a.a.O., S. 218.
4   Ebenda, S. 23.
5   „Modernity is inherently globalising". A. Giddens, The Consequences of Modernity, Cambridge: Polity Press 1990, S. 63.
6   R. Cohen, Global Diasporas. An Introduction. London: UCL Press 1997, S. 157.
7   Ebenda, S. 175.
8   Vgl. R. Cohen, Rethinking „Babylon": Iconoclastic Conceptions of the Diasporic Experience. In: New Community, Abingdon, 21 (1995) 1, S. 7ff.; siehe auch ders., Diasporas, the Nation-State and Globalisation. In: W. Gungwu (Hg.), Global History and Migrations. Boulder: Westview Press 1997, S. 135ff.
9   Vgl. K. Tölölyan, The Nation-State and Its Others: In Lieue of a Preface. In: Disapora, Toronto, 1 (1991) 1, S. 3-7.
10 E. Vgl. Laclau, New Reflections on the Revolution of Our Time. London-New York: Verso 1990, S. 40ff.
11 J. Clifford, Diasporas. In: Cultural Anthropology, Arlington, 9 (1994) 3, S. 302.
12 Hall, a.a.O., S. 41.

13	Ebenda, S. 11.
14	E. Said, Reflections on Exile. In: Granta, London, 13 (1984), S. 162ff.
15	Clifford, a.a.O., S. 302.
16	Vgl. G. Höpp, G., Maḥaṭṭāt min ḥayāt Fauzī al-Qāwuqǧī. In: al-Quds, 11.8.1999, 12.8.1999; ders., Zwischen allen Fronten. Der ägyptische Nationalist Manṣūr Muṣṭafā Rifʿat (1883-1926) in Deutschland. In: W. ʿAbd aṣ-Ṣādiq ʿAṭīq/W. Schwanitz (Hg.), Aʿmāl nadwat Miṣr wa-Almāniyā fiʾl-qarnain at-tāsiʿ ʿašar wa-l-ʿišrīn fī ḍauʾ al-waṯāʾiq, Kairo: Dār aṯ-ṯaqāfa 1998, S. 54-64, S. 263-273.
17	Vgl. G. Höpp, Heimliche Briefe. Arabische Nationalisten und die faschistische Achse. In: INAMO, Berlin, 3 (1997) 9, S. 41-42; ders., „Nicht ʿAlī zuliebe, sondern aus Hass gegen Muʿāwiya". Zum Ringen um die „Arabien-Erklärung" der Achsenmächte 1940-1942. In: asien, afrika, lateinamerika, Berlin, 27 (1999) 5, S. 569-587.
18	Hall, a.a.O., S. 213.
19	Vgl. G. Höpp, Der Gefangene im Dreieck: Zum Bild Amin al-Husseinis in Wissenschaft und Publizistik seit 1941. In: R. Zimmer-Winkel (Hg.), Eine umstrittene Figur: Hadj Amin al-Husseini – Mufti von Jerusalem. Trier: Kulturverein AphorismA 1999, S. 5-23; ders., „Blind für die Geschichte?": Arabische Nationalisten und der Nationalsozialismus. Anmerkungen zum Umgang mit einer Geschichtsperiode (im Druck).
20	Vgl. G. Höpp, Muslime in der Mark. Als Kriegsgefangene und Internierte in Wünsdorf und Zossen, 1914-1924. Berlin: Das Arabische Buch 1997; ders., Gewaltsame Begegnungen. Muslime als Kombattanten, Gefangene und Überläufer in Deutschland – eine andere Seite des deutsch-türkischen Waffenbündnisses im Ersten Weltkrieg. In: Der Islam, Berlin, 77 (2000) 2, S. 307-318; ders., Die Privilegien der Verlierer. Über Status und Schicksal muslimischer Kriegsgefangener und Deserteure in Deutschland während des Ersten Weltkrieges und der Zwischenweltkriegszeit. In: G. Höpp (Hg.), Fremde Erfahrungen. Asiaten und Afrikaner in Deutschland, Österreich und in der Schweiz bis 1945. Berlin: Das Arabische Buch 1996, S. 185-210; ders., Die Schuldigkeit der Mohren. Muslimische Deserteure im Deutschland der Zwischenkriegszeit, 1919-1926. In: Etudes Germano-Africaines, Dakar, (1997/98) 15-16, S. 192-202; ders., Frontenwechsel: Muslimische Deserteure im Ersten und Zweiten Weltkrieg und in der Zwischenkriegszeit. In: G. Höpp/B. Reinwald (Hg.), Fremdeinsätze. Afrikaner und Asiaten in europäischen Kriegen, 1914-1945. Berlin: Das Arabische Buch 2000, S. 129-141.
21	Vgl. G. Höpp, Arabische Periodika in Deutschland – Initiatoren und Zielsetzungen, 1915-1929. In: Ibn an-Nadim und die mittelalterliche arabische Literatur. Wiesbaden: Harrassowitz 1996, S. 136-143; ders., Muslim Periodicals as Information Sources about Islamic Life in Germany, 1915-1945. Symposium Research Papers, Islamic World Information Sources. Riyadh 1999; ders., Texte aus der Fremde. Arabische politische Publizistik in Deutschland, 1896-1945. Eine Bibliographie. Berlin: Das Arabische Buch 2000.
22	Vgl. F. Gesemann/G. Höpp/H. Sweis, Araber in Berlin. Berlin: Die Ausländerbeauftragte des Senats 1998, S. 18ff.
23	Vgl. G. Höpp, Tod und Geschichte oder Wie in Berlin prominente Muslime bestattet wurden. In: G. Höpp/G. Jonker (Hg.), In fremder Erde. Zur Geschichte und Gegenwart der islamischen Bestattung in Deutschland. Berlin: Das Arabische Buch 1996, S. 18-43; ders., 1798: Tod eines Diplomaten oder 200 Jahre Berliner „Türken-Friedhof". In: INAMO, Berlin, 4 (1998) 16, S. 43-45; ders., Muslime in Brandenburg: 75 Jahre Ehrenfriedhof in Zehrensdorf. In: C.I.E. Newsletter 1 (1999) 2, S. 29-38; ders. Die Wünsdorfer Moschee. Eine Episode islamischen Lebens in Deutschland, 1915-1930. In: Die Welt des Islams, Leiden, 36 (1996) 2, S. 204-218; ders., Orient in Berlin und Brandenburg. Steinerne Erinnerungen. In: G. Höpp/N. Mattes (Hg.), Berlin für Orientalisten. Ein Stadtführer. Berlin: Das Arabische Buch 2001, S. 7-23.
24	Vgl. G. Höpp, Orientalist mit Konsequenz: Georg Kampffmeyer und die Muslime. In: R. Flasche u.a. (Hg.), Religionswissenschaft in Konsequenz. Beiträge im Anschluß an Impulse von Kurt Rudolph. Hamburg: LIT 2000, S. 37-47.
25	Vgl. G. Höpp, Kamil Ayyads Jahre in Berlin (1921-1929). In: Beiträge zur Geschichte der Arbeiterbewegung, Berlin, 38 (1996) 2, S. 89-95.
26	Vgl. G. Höpp, Vom Nutzen des Exils. Muhammad Ali al-Hammi in Berlin, 1919-1924. In: Beiträge zur Geschichte der Arbeiterbewegung, Berlin (im Druck).

27 Vgl. G. Höpp, „Ein Komma zwischen den Kulturen". Der Dichter Asis Domet. In: Das jüdische Echo, Wien, 48 (1999), S. 156-160; ders., Eine Biographie zwischen den Kulturen: der „arabisch-deutsche Dichter" Asis Domet (1890-1943). In: M. Lechner/D. Seiler (Hg.), zeitgeschichte.at. 4.österreichischer Zeitgeschichtetag '99. Innsbruck u.a. 1999 (CD-ROM).
28 Vgl. G. Höpp, Noussimbaum wird Essad Bey. Annäherung an eine Biographie zwischen den Kulturen. In: Moslemische Revue, Altenberge, 17 (1996) 1, S. 18-26; ders., Mohammed Essad Bey: Orient nur für Europäer? In: asien, afrika, lateinamerika, Berlin, 25 (1997) 1, S. 75-97.
29 Vgl. G. Höpp, Biographien zwischen den Kulturen: Asis Domet und Mohammed Essad. In: H. Fürtig (Hg.), Islamische Welt und Globalisierung: Aneignung, Abgrenzung, Gegenentwürfe. Würzburg: Ergon (im Druck).
30 Vgl. E. Krispyn, Exil als Lebensform. In: P.U. Hohendahl/E. Schwarz (Hg.), Exil und innere Emigration II. Frankfurt/M.: Athenäum 1973, S. 101ff.
31 E. Said, a.a.O., S. 169.
32 Zit. in Hall, a.a.O., S. 219.

HEIKE LIEBAU

Teilprojekt (1996-2000): Zwischen Hinduismus und Christentum. Veränderung sozialer und religiöser Bindungen im Süden des vorkolonialen Indien

Vorstellung des Projekts: Untersuchungsgegenstand, Fragestellungen, Projektzusammenhang

Im Mittelpunkt des Projekts standen südindische Christen, die im 18. und in der ersten Hälfte des 19. Jahrhunderts als Lehrer, Gehilfen, Katecheten oder Priester in der Dänisch-Halleschen Mission (DHM) arbeiteten und in diesen Funktionen als Mittler zwischen Kulturen in Erscheinung traten. Von 1706 bis etwa 1845 waren mehr als zweihundert lokale Christen als sogenannte Nationalarbeiter in der ersten protestantischen Mission in Südindien beschäftigt. Sie agierten innerhalb eines Begegnungs- und Kommunikationsrahmens, der sowohl durch europäisches Herrschaftsstreben und universellen christlichen Überlegenheitsanspruch als auch durch die gesellschaftlichen Strukturen und Normen der tamilischen Lebenswelt umrissen war. Innerhalb des missionarischen Mikrokosmos waren die europäischen Missionare ihren indischen Mitarbeitern gegenüber kontroll- und weisungsberechtigt. Der Handlungsspielraum der indischen Mitarbeiter war einerseits durch diesen missionarischen Kontext, andererseits aber auch durch den gesellschaftlichen Hintergrund und die persönlichen Voraussetzungen des einzelnen umrissen. Es bildete sich eine Art (ungleicher) Partnerschaft in der Zusammenarbeit zwischen beiden Gruppen heraus.

Lokale christliche Konvertiten wurden von Autoren einschlägiger Arbeiten lange Zeit eher als Objekte oder Opfer eines Kulturkontaktes und ihr Handeln als Folge äußerer Einwirkungen betrachtet. Die im Rahmen des Projekts untersuchten Biographien südindischer Missionsangestellter zeigen jedoch, daß die Akteure diese Kulturbegegnung in vielen Bereichen kritisch begleiteten und mitgestalteten. Indem sie permanent kulturelle Grenzen überschritten, trugen die einheimischen Missionsangestellten zur Schaffung neuer Identitäten bei, in denen Elemente des Eigenen und des Fremden, des Lokalen und des Globalen zu etwas eigenständigem Neuen verschmolzen.

Erfahrungen bei der Umsetzung des thematischen Ansatzes

Fragestellung A

Die Bearbeitung eines im 18. und frühen 19. Jahrhundert angesiedelten Forschungsthemas im Rahmen eines „Globalisierungsprojekts" führte unweigerlich zu der Frage nach der historischen Dimension von Globalisierung sowie – aus methodischer Sicht – nach einer zulässigen, sinnvollen und glaubhaften Übertragung des Konzepts „Aneignung und Abgrenzung in der Globalisierung" auf Entwicklungen in vorangegangenen Jahrhunderten. Die Anwendung moderner Begrifflichkeiten auf historische Ereignisse birgt immer die Gefahr, daß die Grenzen vertretbarer Historisierung überschritten und heutige Entwicklungen unkommentiert in die Geschichte projiziert bzw. historische Erscheinungen mit neuen Eigenschaften versehen werden. Während soziale und kulturelle Fragen gegenwärtig einen bedeutenden Platz in der ursprünglich von ökonomischen und finanziellen Problemen bestimmten Debatte zur Globalisierung einnehmen,[1] wird der Zusammenhang zwischen Globalisierung und Geschichte selten thematisiert. Die Globalisierung in ihrer gegenwärtigen Ausprägung hatte aber mit Welthandel, Kolonialismus und christlicher Weltmission wichtige Wegbereiter. Rückblicke in die Vergangenheit – aus den Erfordernissen der Globalisierung heraus und mit dem Wissen um die aktuellen Entwicklungen – können zu neuen Fragestellungen und Erkenntnissen führen und helfen, die Anfänge und die frühen Akteure der Globalisierung zu erkennen, verschiedene Etappen globaler Entwicklungen auszumachen sowie Brüche und Verschiebungen zu verdeutlichen.

Wie andere europäische Mächte besaß Dänemark im 18. Jahrhundert Kolonien in verschiedenen Erdteilen und beteiligte sich als europäische Seemacht zeitweise erfolgreich am interkontinentalen sowie am innerasiatischen Handel.[2] Die ersten Überseefahrten der Dänen reichen bis ins 15. Jahrhundert zurück. Handelte es sich zunächst um unregelmäßige, zeitlich oft weit auseinanderliegende Unternehmungen, wurde der dänische Überseehandel mit der Gründung von Handelsgesellschaften institutionalisiert und zentralisiert. Von Kopenhagen aus wurden die Unternehmungen gesteuert und Verbindungen zu den Handelsniederlassungen um den Indischen Ozean, an der afrikanischen Westküste und in Grönland unterhalten. Ergebnisse der Expansionsbestrebungen waren zunächst Verbindungen zwischen einem Zentrum und weit entfernt liegenden Lokalitäten. Das dauerhafte und ununterbrochene Aufrechterhalten dieser Verbindungen bereitete unter den Bedingungen des Verkehrs- und Kommunikationswesens des 18. Jahrhunderts allerdings Schwierigkeiten. Lange Unterbrechungen und Unregelmäßigkeiten im Warentransport und damit auch in der Informationsübertragung waren keine Seltenheit. Diese Kommunikationsschwierigkeiten beeinflußten auch die christliche Missionstätigkeit. In der Zeit der europäischen Expansionsbestrebungen korrespondierten Mission, Handel und Kolonialismus miteinander. Die globalen Pläne der Missionen konnten ihre konkrete Gestalt nur in Abhängigkeit der durch Handelstätigkeit und koloniale Eroberungen geschaffenen materiellen und kommunikativen Voraussetzungen annehmen.

Als historische Akteure waren sowohl Missions- als auch Handelsgesellschaften Beförderer und Beschleuniger globaler Verbindungen und Vernetzungen. Während allerdings die Richtung der von europäischen Handelsgesellschaften und später von den Kolonialmächten angestrebten Expansion stets durch Profit- und Machtinteressen diktiert wurde und sich an den weltweit erfolgversprechendsten Rohstoffquellen und Absatzmärkten orientierte, gab es für das Handeln europäischer christlicher Missionen diese grundsätzlichen Einschränkungen nicht. Missionarische Religionen wie das Christentum waren stets von dem Bemühen gekennzeichnet, durch ihr Handeln weltweite Glaubensgemeinschaften zu gründen. Das setzte neben der geographischen auch eine permanente kulturelle und religiöse Grenzüberschreitung voraus. Missionsgesellschaften waren gezwungen, für ihre Aktivitäten einen interkulturellen Kommunikations- und Interaktionsrahmen zu schaffen, wobei sie in unterschiedlichem Maße auf die Gunst und Unterstützung europäischer Handelsgesellschaften und kolonialer Eroberer angewiesen waren. Missionstätigkeit war im Ansatz und von ihrem Anspruch her ein globales Unternehmen, in das die gesamte Erdbevölkerung einbezogen war. Die Möglichkeiten und Formen der Verbreitung des christlichen Glaubens hingen jedoch von der historischen Realität ab.

Als erste organisierte protestantische Mission in Indien war die Dänisch-Hallesche Mission ihrem Ursprung nach zwar kein globales, zweifellos jedoch ein international vernetztes Unternehmen.[3]

Der dänische König Christian IV. (1596-1648) hatte 1616 nach dem Vorbild der niederländischen Vereinigten Ostindiengesellschaft (VOC) eine dänische Ostindische Handelsgesellschaft gegründet, die 1620 mit dem Nayak des südindischen Reiches von Thanjavur einen Vertrag über die Errichtung eines Handelsstützpunktes in Tranquebar abschloß. Im Jahre 1704 beschloß der dänische König Friedrich IV. (1671-1712), in dieser Kolonie eine lutherische Überseemission ins Leben zu rufen. Mit der Landung der ersten Missionare 1706 wurde der Ort Tranquebar zum Ausgangspunkt protestantischer Missionstätigkeit in Südindien. Für die Auswahl und die Ausbildung geeigneter Kandidaten zeichneten die pietistischen Kreise um August Hermann Francke (1663-1727) und seiner Nachfolger an den Franckeschen Stiftungen in Halle verantwortlich. Die von Francke 1698 gegründeten, von adligen und gebildeten bürgerlichen Schichten unterstützten Stiftungen stellten bereits im 18. Jahrhundert eine Institution mit globaler Anziehungs- und Ausstrahlungskraft dar. Von dort aus wurden unter anderem Kontakte nach Nord- und Südeuropa, Nordamerika, Rußland und England unterhalten. Die Stiftungen entwickelten sich auch zu einem wichtigen geistigen und organisatorischen Zentrum der evangelisch-lutherischen Missionstätigkeit in Südindien. Ab 1710 beteiligte sich die 1698 in London gegründete, von wohlhabenden gesellschaftlichen Kreisen getragene Society for Promoting Christian Knowledge (S.P.C.K.), deren Aufgabe die (weltweite) Verbreitung des christlichen Glaubens durch den Vertrieb christlicher Literatur war, finanziell und logistisch an der Betreuung der Mission. Das dänische Königshaus versuchte, seine Position als Initiator und Förderer der Mission 1714 durch die Gründung eines Missionskollegiums mit Sitz in Kopenhagen weiter zu festigen. Vor allem gegenüber der kolonialen Obrigkeit in Tranquebar, die sich aus Vertretern dänischer Handelsgesellschaften zusammensetzte, sollte diese Haltung deutlich gemacht werden. Bis zum Jahre 1777, als die Verantwortung über die Kolonie Tranquebar auf den dänischen Staat übertragen wurde, waren die Ostindienkompanien eine nicht zu vernachlässigende Bezugsgröße für die Mission.

Dieses Netz internationaler Verbindungen[4], welches sich im Verlauf der Existenz der Dänisch-Halleschen Mission durch unzählige persönliche Kontakte der Mitarbeiter noch verdichtete, bildete die Basis des Unternehmen. Nach dem Vorbild der DHM entstanden im Zuge der protestantischen Erweckungsbewegungen des 19. Jahrhundert weitere Missionsgesellschaften als globale Organisationen.

Fragestellung B

Im missionarischen Kontext wurden die christlichen Konvertiten im vorkolonialen Südindien mindestens auf zwei Ebenen mit globalen Prozessen konfrontiert. Zum einen standen sie aufgrund ihrer Nähe zu Europäern in besonderer Weise den Expansionsbestrebungen verschiedener europäischer Mächte gegenüber. Die Zugehörigkeit zu einer Missionsgemeinde oder eine Anstellung in europäischen Diensten bot den Indern materielle Absicherung, die Chance zu sozialem Aufstieg und nicht selten auch die Möglichkeit begrenzter politischer Einflußnahme. Zum anderen kamen die Konvertiten durch die christlichen Missionen als Unternehmen mit weltumspannendem Anspruch mit religiös-weltanschaulichen Konzepten der kapitalistischen Moderne in Berührung. Für indische Christen und besonders für diejenigen, die im Auftrag einer Mission tätig waren, bedeutete dies eine mehr oder weniger bewußte, intensive und zum Teil kritische Beschäftigung mit christlichen Glaubensinhalten und damit verbundenen weltanschaulichen Ideen.

Die Missionierenden, d.h. die europäischen Missionare im Einsatzgebiet sowie die Organisatoren und Unterstützer der Mission in Europa, begriffen sich als Vertreter und Beauftragte einer Religion, die den Anspruch auf globale Ausbreitung erhob. Folgerichtig waren alle ihre Aktivitäten dem großen Ziel der Umsetzung des Hegemoniestrebens des Christentums als „einzig wahrer Religion" untergeordnet. Die lokalen Missionsmitarbeiter nahmen die christlichen Glaubensgrundsätze nicht als etwas Globales wahr, eher sahen sie darin etwas Fremdes, das jedoch nicht zwangsläufig abzulehnen war: „Eine jedwede Nation hat ihre besondere Tracht, Sitten und Rechte, die der anderen Nation ungereimt vorkommen. Also ist's auch mit der Religion. Gott ist mannigfaltig in seinen Werken. Daher will er auch mannigfaltig verehrt werden."[5] Die indischen Missionsangestellten sahen in den christlichen Glaubensgrundsätzen und Normen eine Herausforderung und prüften Elemente dieser Lehre auf Anwendbarkeit im eigenen religiösen und sozialen Kontext. Es ist kaum davon auszugehen, daß den Missionierten, d.h. der lokalen Bevölkerung des Missionsgebietes im 18. Jahrhundert, globale Dimensionen bewußt waren.

Die Reaktion auf und kritische Beschäftigung der südindischen Konvertiten mit globalen Konzepten erfolgte – bewußt oder unbewußt – auf verschiedenen Ebenen. Abgesehen vom religiös-theologischen Bereich, der nicht Gegenstand dieser sozialhistorischen Untersuchung war, setzten sich die Akteure – bedingt durch ihre Funktionen und Aufgabenbereiche – überwiegend auf folgenden Gebieten aktiv mit europäischen und christlichen Vorstellungen auseinander:

Informantentätigkeit

In der Regel hatten die von den Ideen des Halleschen Pietismus geprägten Missionare der DHM vor ihrer Ausreise Theologie studiert und als Lehrer in den Schulen der Franckeschen Stiftungen gearbeitet. Laut Missionsauftrag hatten sie christliche Glaubensgrundsätze unter einer Bevölkerung zu verbreiten, die im christlichen Verständnis nicht im Besitz der „wahren Religion" war. Vor diesem Hintergrund war das Bemühen der europäischen protestantischen Missionare, Wissen über die Missionsregion und deren Bewohner zu erwerben, eine nicht unwesentliche Voraussetzung für eine erfolgreiche Agitation und glaubhafte Vermittlung der christlichen Lehre. Gleichzeitig erwarteten die missionstragenden Institutionen und Unterstützer der Mission in der Heimat von den Missionaren, daß diese ihre Erfahrungen im Missionsgebiet genauestens festhielten und beurteilten. Viele Mitarbeiter der DHM waren auf diese Weise nicht nur Missionare im wörtlichen Sinn (*missio*, lat. Absendung), sondern auch kulturelle Mittler und mitverantwortlich für die Ausprägung des Indienbildes in Europa. So formulierten die Missionare selbst: „Wir halten es auch nicht vor eine geringe Frucht unserer Mission, daß wir jährlich unser geliebtes Europa mit allerlei schriftlichen Relationen aus dieser ostindischen Welt versehen können... Hinführo soll es in diesem Stück gleichfalls an uns nicht ermangeln, also daß nach und nach durch unsern geringen Dienst das geliebte Europa mit seinen heiligen Gesetzen und Statuten der ostindischen Welt, und diese hinwiederum in ihren innerlichen und äußerlichen Beschaffenheiten der europäischen Welt besser kund und offenbar werde."[6]

An der Wahrnehmung der lokalen Besonderheiten durch Europäer hatten indische Informanten stets einen mehr oder weniger hohen Anteil. Als Reisebegleiter, Dolmetscher, Sprachlehrer oder sachkundige Interviewpartner skizzierten sie die Umrisse der Bilder, die die Missionare aufnahmen, vervollständigten und an ihre europäischen Korrespondenzpartner weitergaben. Sie filterten das lokale Wissen, indem sie entschieden, welche Informationen den Europäern zukommen sollten und welche nicht. Auf diese Weise hatten lokale Informanten einen nicht zu unterschätzenden Einfluß auf die Wissensentwicklung der Europäer in Indien. Die Gewährsmänner hatten oft langjährige Erfahrungen im Umgang mit Europäern, denn um den Fremden gegenüber die Spezifik des indischen Lebens herausstellen zu können, waren Kenntnisse über die europäische Lebensweise und Kultur von großem Vorteil. Informanten zeichneten sich darüber hinaus durch spezielle Sprachkenntnisse bzw. Kenntnisse in Religion, Literatur, Philosophie, Botanik oder Medizin aus. Auch wenn der konkrete Verlauf dieser Interaktion für die Forschung meist nur schwer greifbar ist, lassen die Resultate[7] die Schlußfolgerung zu, daß sowohl die Entwicklung des Indienbildes in Europa als auch die Vorstellungen über Europa in Indien davon mitgeprägt wurden.

Umgang mit dem Kastensystem

Für einen Hindu führte der Entschluß zur Annahme des christlichen Glaubens in jedem Fall zu einem entscheidenden Einschnitt in seine bisherigen sozialen Zusammenhänge. In den seltensten Fällen ließen sich ganze Familien gemeinsam taufen, meist wurde der Getaufte von seiner Familie verstoßen, oft sogar verfolgt. Dorfgemeinschaft und Kaste schlossen einen Christen aus ihrer Gemeinschaft aus. Die frühen Missionare der DHM waren bemüht, christliche Gemeinden zu schaffen, in denen Kastenunterschiede keine Rolle spielten, denn Kaste und Christentum schienen ihnen unvereinbar zu sein. Im Wirkungsgebiet der Dänisch-Halleschen Mission waren etwa 90 Prozent der bekehrten Inder Paraiyar, die als Unberührbare zu den Ausgestoßenen und Unterdrückten innerhalb der südindischen Gesellschaft gehörten. Viele Paraiyar verbanden mit dem Entschluß zur Konversion auch die Hoffnung auf soziale Anerkennung, d.h. auf die Erlaubnis, Kirchen zu besuchen (im hinduistischen Kontext war ihnen das Betreten eines Tempels nicht gestattet), auf den Zugang zu Bildung (in den von der Dänisch-Halleschen Mission geschaffenen Schulen wurden Kinder von christlichen und nichtchristlichen Paraiyar unterrichtet). Mit der Konversion der ersten Shudras in den 1730er Jahren mußten die Missionare der Dänisch-Halleschen Mission entgegen ursprünglicher Absicht Kompromisse hinsichtlich des Umgangs mit Kasten machen. Paraiyar-Christen wurden als Katecheten oder Gehilfen in Shudra-Gebieten nicht akzeptiert. Christliche Shudra-Kinder wurden von ihren Eltern nicht in eine vorwiegend von Paraiyar-Kindern besuchte Schule gegeben.

Die rigiden Strukturen des südindischen Kastensystems fanden auf diese Weise schon bald ihren Niederschlag in der Missionsarbeit und setzten sich in unter den Christen fort. Auch über die Karriere eines indischen Missionsmitarbeiters entschied im Zweifelsfall die Kastenzugehörigkeit vor der Qualität und Fähigkeit des Betreffenden. So wurde 1740 der langjährige Katechet Rajanaikkan nicht ordiniert, weil er Unberührbarer war.[8] Unter den innerhalb der DHM ordinierten Indern war kein Paraiyar.

Die Missionare kamen immer mehr zu der Auffassung, daß die Kaste nicht als primär religiöses Phänomen zu betrachten, sondern als eine Erscheinung des bürgerlichen Lebens vergleichbar mit der Ständeeinteilung in Europa und als solche nicht antastbar sei. Sie waren zwar an der Hebung des materiellen Lebensniveaus und des Bildungsstandards „ihrer" Konvertiten interessiert. Einer Veränderung jahrhundertelang gewachsener Hierarchien, wie sie durch das Streben der Paraiyar nach höherer sozialer Stellung erforderlich gewesen wäre, standen die Repräsentanten des europäischen Christentums in Indien jedoch ablehnend gegenüber.

Schulsystem

Das im Kontext der Dänisch-Halleschen Mission entstandene Netzwerk von Schulen und anderen Bildungseinrichtungen umfaßte allgemeinbildende, Vertretern aller Religionen offenstehende „Grund"schulen (Wohltätigkeitsschulen), christliche Spezialschulen zur Förderung besonders begabter Schüler für einen künftigen Einsatz bei der Mission und eine Art Berufsschulen, in denen Lehrer und Katecheten eine Ausbildung erhielten. Während in der Anfangsphase sogenannte heidnische Schulen von den Missionaren regelmäßig aufgesucht und inhaltlich beeinflußt wurden, waren später eigens ausgebildete christliche Lehrer für den Unterricht verantwortlich. Die Unterrichtsinhalte in den Missionsschulen umfaßten nicht nur die christliche Lehre, sondern von Anfang an standen Lesen, Schreiben und Rechnen sowie europäische Sprachen im Lehrplan, später auch Geschichte, Geographie und Naturwissenschaften. Kinder, die für die Missionstätigkeit ausgebildet werden sollten, erhielten eine spezielle theologische Ausbildung. Evangelisierung, Bildung und Aufklärung ergaben eine Einheit in den bildungspolitischen Bemühungen vieler Missionare der DHM.[9] Die speziell ausgebildeten indischen Lehrer und Gehilfen waren wichtige Multiplikatoren in dieser Bildungsarbeit. Über den Unterricht hinaus übte sie auch eine gewisse Obhutspflicht gegenüber den Kindern aus. In einigen Fällen mußte zwischen den Interessen der Eltern auf der einen und den Erwartungen und Anforderungen der Missionare auf der anderen Seite vermittelt werden. Es gab Situationen, z.B. die Landflucht im Rahmen von Protestaktionen, in denen die Lehrer gehalten waren, die Kinder wieder zum Unterricht zu bewegen.

Aus der Sicht der europäischen Missionare war die Schaffung von Bildungsmöglichkeiten ein Mittel zur Gewinnung neuer Konvertiten. Für die Konvertiten war Bildung ein Weg zu sozialer Anerkennung, gesicherter Arbeit und materieller Stabilität. Die Öffnung des Bildungsbereichs für sozial Benachteiligte und für Kasten, die im hinduistischen System aufgrund ritueller Gesetze nicht bildungswürdig waren, hob allmählich das Ansehen dieser Gruppen in ihrer gesellschaftlichen Umgebung. Langfristig trug Bildung unter den indischen Christen zur Ausprägung eines christlich-indischen Nationalbewußtseins, zur Abgrenzung von den europäischen Missionen und zur Formierung antikolonialer Ideen unter den Christen bei. In der zweiten Hälfte des 19. Jahrhunderts beeinflußte das christliche Bildungswesen indirekt auch die Entwicklung säkularer Bildungseinrichtungen in Indien.

Stellung der Frau

Obwohl die Anzahl der männlichen Mitarbeiter der DHM um ein Vielfaches höher als die der weiblichen Missionsangesellten war, verdient die Gruppe der Frauen in Missionsdiensten besondere Beachtung. Bis auf einige Ehefrauen von Missionaren, die zeitweise im Bereich der Erziehung mitarbeiteten, traten europäische Frauen im Umfeld der DHM kaum in Erscheinung. Die frauenspezifischen Arbeiten wurden von Inderinnen ausführt, die als Erzieherinnen, „Bibelfrauen" oder „Vorbeterinnen" im Missionsdienst beschäftigt waren.[10] Aus der Sicht der europäischen Mission wurden Frauen vor allem deshalb eingestellt, weil sie Zugang zu für Männer verbotenen Bereichen erhalten konnten und weil für sie der Kontakt mit Mädchen und Frauen aus der lokalen Bevölkerung keinen Verstoß gegen moralische und religiöse Grundsätze darstellte. Aufgrund dieser Umstände wurden lokale Frauen zu unverzichtbaren Missionsmitarbeiterinnen.

Im Schulsystem der DHM gab es von Anfang an auch Mädchenschulen. Der Zugang von Mädchen zur Bildung war sowohl im hinduistischen als auch im islamischen Kontext bis auf wenige Ausnahmen undenkbar. Mit der Gründung der ersten Mädchenschulen in Tranquebar nach dem Vorbild der Halleschen Waisenhausschulen schuf die Dänisch-Hallesche Mission wichtige Voraussetzungen für emanzipatorische Bestrebungen von Frauen. Mädchen lernten neben den oben genannten üblichen Unterrichtsfächern Handwerke wie Spinnen, Stricken oder Mattenflechten und blieben bis zu ihrer Heirat in der Obhut der Schule.

Für Mütter, die ihre Töchter in Missionsschulen schickten, bzw. für Frauen, die ein Amt bei der Mission bekleideten, bedeutete dies zunächst ein Aufbrechen traditioneller Bindungen und moralischer Normen. Oft kam es zum Bruch mit der Familie. Die Frau entsprach nicht mehr den Erwartungen, die der größte Teil der Gesellschaft in sie setzte. Bildung für Frauen und öffentliches Agieren von Frauen war ein Novum innerhalb der Ehe oder Familie und im weiteren gesellschaftlichen Umfeld. Andererseits bewirkte die Praxis innerhalb der Dänisch-Halleschen Mission zumindest im missionarisch-christlichen Umfeld eine begrenzte Akzeptanz von Frauen in öffentlichen Ämtern.

Resümee

Die Betrachtung der Untersuchungsgruppe vor dem Hintergrund der europäischen Expansion und der christlichen Mission, unter Anwendung des Konzepts „Aneignung und Abgrenzung in der Globalisierung" sowie des Globalisierungsbegriffs als Erkenntnismittel trug zum einen dazu bei, die historischen Prozesse bewußter als globale Entwicklungen wahrzunehmen. Als historischer Prozeß war die Tätigkeit der Dänisch-Halleschen Mission, eines Unternehmens mit globalem Charakter, der Rahmen, in dem die Akteure gezwungenermaßen agieren mußten. Der dem Globalisierungsgedanken implizite multizentrische Blickwinkel regte dazu an, der Wechselseitigkeit, Interdependenz und Ungleichheit des Kulturkontakts intensiver nachzugehen. Es wurde deutlich, daß in dem missionarischen Kommunikations- und Interaktionsprozeß eine wechselseitige Wahrnehmung und Beeinflussung von Konzepten mit globalem Anspruch in Gestalt der von den Missionen vermittelten christlichen Lehren und überwiegend lokal geprägten Ideen in Gestalt der kulturellen Praktiken und Normen der einheimischen Bevölkerung erfolgte. Durch die Notwendigkeit, sich in einem Prozeß wie der christlichen Missionspraxis zu positionieren, waren die lokalen Akteure gefordert – ohne sich dessen immer bewußt zu sein, Einfluß auf die Ausgestaltung dieses Kulturkontakts zu nehmen. Dabei war die Richtung der Einflußnahme durchaus unterschiedlich. Die überwiegende Mehrheit der einheimischen Mitarbeiter der Dänisch-Halleschen Mission war bemüht, christliche Lehren und Werte kritisch zu betrachten und geeignete Elemente auf die lokalen Verhältnisse zu übertragen. Die Zielvorstellungen dieser Akteure nahmen im Laufe der Zeit mehr und mehr eigenständigen Charakter an und waren letztendlich auf die Formierung eines Christentums mit indischer/tamilischer Prägung gerichtet, in dem sich Elemente des Globalen und Lokalen, des Fremden und Eigenen miteinander verbanden.

Veröffentlichungen der Autorin zum Projekt

2001
Akteure des Wandels. Lebensläufe und Gruppenbilder an Schnittstellen von Kulturen. Berlin: Das Arabische Buch 2001 (Studien des Zentrums Moderner Orient; 14) (herausgegeben mit P. Heidrich).

Tamilische Christen im 18. Jahrhundert als Mitgestalter sozialer Veränderungen. Motivationen, Möglichkeiten und Resultate ihres Wirkens. In: P. Heidrich/H. Liebau (Hg.) Akteure des Wandels. Lebensläufe und Gruppenbilder an Schnittstellen von Kulturen. Berlin: Das Arabische Buch 2001 (Studien Zentrum Moderner Orient; 14), S. 19-44.

1998
Missionary Encounter. Interaction between Indian Mission Servants, European Missionaries and Local Population in 18th Century South India. In: B. Glatzer (Hg.), Essays on South Asian Society, Culture and Politics II. Berlin: Das Arabische Buch 1998 (Arbeitshefte des Zentrums Moderner Orient; 9), S. 25-47.

1997

Globale Prozesse und „Akteure des Wandels". Quellen und Methoden ihrer Untersuchung. Berlin: Das Arabische Buch 1997 (Arbeitshefte des Zentrums Moderner Orient; 14) (herausgegeben mit D. Reetz).

Einige Überlegungen zur Nutzung missionarischer Dokumente für historische Forschungen zu Asien und Afrika. Eine vergleichende Quellenkritik (mit K. Füllberg-Stolberg). In: D. Reetz/H. Liebau (Hg.), Globale Prozesse und „Akteure des Wandels". Quellen und Methoden ihrer Untersuchung. Berlin: Das Arabische Buch 1997 (Arbeitshefte des Zentrums Moderner Orient; 14), S.169-195.

Indische Angestellte in der dänischen Kolonialadministration während der sozialen Unruhen in Tranquebar und Umgebung im Jahre 1787. In: asien afrika lateinamerika, Berlin, 25 (1997) 1, S. 111-126.

1996

Missionsgeschichte – Kirchengeschichte – Weltgeschichte, Stuttgart: Steiner Verlag 1996 (herausgegeben mit U. van der Heyden).

In Vorbereitung

Country Priests, Catechists and Schoolmasters as Religious and Social Middlemen in the Context of the Tranquebar Mission. In: Studies in the History of Christian Missions, London: Curzon Press (im Druck).

Anmerkungen

1   Vgl. A. Appadurai, Modernity at Large: Cultural Dimensions of Globalization. Minneapolis: University of Minnesota Press 1996; H. Bhabha, Location of Culture. London: Zed 1994; M. Featherstone (Hg.), Global Culture. Nationalism, Globalization and Modernity. London u.a.: Sage 1994.
2   Vgl. S. Diller, Die Dänen in Indien, Südostasien und China (1620-1845). Wiesbaden: Harrassowitz 1999; M. Krieger, Kaufleute, Seeräuber und Diplomaten. Der dänische Handel auf dem Indischen Ozean (1720-1868). Köln, Weimar, Wien: Böhlau Verlag 1998.
3   Vgl. F.J. Fenger, Geschichte der Tranquebarschen Mission nach den Quellen bearbeitet. Kopenhagen: Reitzel 1843; D. Jeyaraj, Inkulturation in Tranquebar: der Beitrag der frühen dänisch-halleschen Mission zum Werden einer indisch-einheimischen Kirche (1706-1730). Erlangen: Verl. D. Ev.-Luth. Mission 1996; A. Lehmann, Es begann in Tranquebar. Berlin: Evangelische Verlagsanstalt 1956.
4   D. Jeyaraj, Halle-Danish (Tranquebar) Mission and Western Protestant Missionary Tradition. In: Zeitschrift für Missionswissenschaft und Religionswissenschaft, St. Ottilien, 84 (2000) 1, S. 3-28; J.E. Gründler, Bartholomäus Ziegenbalg (1714/1717), Nachdruck 1998: Die malabarische Korrespondenz. Tamilische Briefe an deutsche Missionare. Eine Auswahl. Eingeleitet und kommentiert von K. Liebau. Sigmaringen: Jan Thorbecke Verlag.
5   Diese Aussage eines Tamilen entstammt einer umfangreichen Korrespondenz, die zwischen

einigen Missionaren der DHM und Vertretern der lokalen Bevölkerung geführt und in den Jahren 1714 und 1717 in zwei Teilen veröffentlicht wurde. Hallesche Berichte, 7. Continuation, S. 456; vgl. auch Gründler 1998.

6   Archiv der Franckeschen Stiftungen Halle (AFSt); Missionsarchiv (MA), II C 5, S. 59.
7   Ergebnisse dieser Zusammenarbeit sind unzählige Berichte, Traktate und wissenschaftliche Arbeiten, als deren alleinige Verfasser europäische Missionare gelten. Nicht immer findet man in den Quellen Hinweise auf die lokalen Kontaktpersonen, die am Zustandekommen des Werkes beteiligt waren.
8   H. Liebau, Tamilische Christen im 18. Jahrhundert als Mitgestalter sozialer Veränderungen, Motivationen, Möglichkeiten und Resultate ihres Wirkens. In: P. Heidrich/H. Liebau (Hg.), Akteure des Wandels. Lebensläufe und Gruppenbilder an Schnittstellen von Kulturen. Berlin: Das Arabische Buch 2001, S. 19-44.
9   R.E. Frykenberg, The Halle Legacy in Modern India: Information and the Spread of Education, Enlightment, and Evangelization. In: M. Bergunder (Hg.), Missionsberichte aus Indien im 18. Jahrhundert. Ihre Bedeutung für die europäische Geistesgeschichte und ihr wissenschaftlicher Quellenwert für die Indienkunde. Halle: Verlag der Franckeschen Stiftungen zu Halle 1999, S. 6-29.
10 Die Frauen werden zwar in den Quellen erwähnt, Einzelheiten über ihre Tätigkeit erfährt der Leser jedoch kaum. Im Unterschied zu ihren männlichen Kollegen kommen sie nicht mit Berichten oder Briefen zu Wort.

ANTJE LINKENBACH-FUCHS

Teilprojekt (1998-2000): The making of Uttarakhand. Zum Konstruktionsprozeß von Territorialität und regionaler Identität in Nordindien

Vorstellung des Projekts: Untersuchungsgegenstand, Fragestellungen, Projektzusammenhang

Das Forschungsprojekt befaßte sich am Beispiel der Autonomiebewegung in Garhwal und Kumaon (Nordindien) mit dem Prozeß der Neudefinition und Neupositionierung einer Lokalität (Region), der sich sowohl in Auseinandersetzung mit translokalen Akteuren und Bedingungen (Bundesstaat, Nationalstaat, globale Einflüsse) als auch in Auseinandersetzung mit der eigenen Geschichte und den damit verbundenen Formen kulturellen Selbstverständnisses vollzieht. Dabei wurde von der Hypothese ausgegangen, daß im Prozeß der Neudefinition und Neupositionierung folgende Momente eine zentrale Bedeutung besitzen: die Versuche zur Konstruktion einer kollektiven Identität, welche eine Homogenisierung nach innen und eine Abgrenzung nach außen bewirken muß, sowie die Aushandlung einer Strategie zur politischen, ökonomischen und sozialen Entwicklung des Landes vor dem Hintergrund konfligierender lokaler und translokaler Entwicklungsmodelle.

Im Mittelpunkt der Forschung standen die Perspektiven der lokalen Handlungssubjekte (politische Aktivisten und nach Status, Alter und Geschlecht differenzierte ländliche und städtische Bevölkerungsgruppen). Der methodische Schwerpunkt lag auf Feldforschung unter Anwendung qualitativer Erhebungsmethoden. Die erhobenen Daten – lokale Narrationen, Lieder, Interviews, aber auch schriftliches Quellenmaterial wie Berichte aus den Printmedien, politisch-programmatische Texte – wurden textanalytisch ausgewertet.[1]

Im Verlauf der Forschung hat sich die Relevanz der Untersuchungshypothesen bestätigt, es zeigte sich jedoch, daß es einen zusätzlichen, äußerst bedeutsamen Aspekt zu berücksichtigen galt: die Existenz eines selbstkritischreflexiven Diskurses unter sozial engagierten Intellektuellen der Region, der die existierenden Formen politischer Kultur grundsätzlich in Frage stellt.

Die Autonomiebewegung in Garhwal und Kumaon hat zum formalen Erfolg geführt: Am 9. November 2000 wurde (in Abänderung des ursprünglich gedachten Namens) „Uttaranchal Pradesh" als 27. Staat der Indischen Union gegründet.

Erfahrungen bei der Umsetzung des thematischen Ansatzes

a) Nationalstaat vs. Region – Homogenisierung vs. Heterogenität

Das Forschungsprojekt „The Making of Uttarakhand" war im Gruppenprojekt 3, „Lokalität und Staat: Zur Konstruktion von räumlicher und sozialer Ordnung in Afrika und Asien", angesiedelt. Die Gruppenthematik verweist bereits auf die auch in der vorliegenden Forschungsarbeit zentralen Pole der Auseinandersetzung: den Staat, der hier sowohl in der Form des postkolonialen National- wie auch des Föderalstaats auftritt, und die Lokalität, hier die Region, die sich allerdings weniger ethnisch denn geographisch, d.h. über das Konzept „Landschaft", definiert. Erkenntnisleitender Hintergrund der Forschung ist die in der Globalisierungsdebatte häufig diskutierte Spannung von Uniformität, eingelassen in die Idee des Nationalstaates, und der Heterogenität lokaler kultureller Formen, die faktisch innerhalb der administrativen Einheit des Staates existiert.[2] Die Versuche seitens des Staates, mit dieser Spannung oder Herausforderung umzugehen, haben historisch und geographisch unterschiedliche Formen angenommen. Zygmunt Bauman weist darauf hin, daß der Prozeß der Nationalisierung des Staates allzu häufig gekennzeichnet war von kultureller Intoleranz und dem Bemühen, autonome, lokale Traditionen zu zerstören oder zu marginalisieren – politische Loyalität und die Gewährung von Bürgerrechten wurden mit der Idee kultureller Konformität so verquickt, daß letzteres die Bedingung abgab für die Erzielung des ersteren.[3]

Der postkoloniale Staat in Indien wurde als ein demokratischer, sozialistischer und säkularer Nationalstaat konzipiert – als ein Staat, der nicht nur die ökonomische Entwicklung aller Bürger garantieren, sondern auch das Zusammenleben religiös und kulturell unterschiedlichster Gemeinschaften (*communities*) in einem Staatsgebilde ermöglichen sollte. Der Föderalismus erschien als das geeignete Modell, die nationalstaatliche Integration oder Mediatisierung religiöser und kultureller Vielfalt zumindest ansatzweise zu gewährleisten, und 1956 wurden unter Berücksichtigung partikularer Identitäten die Bundesstaaten nach linguistischen Kriterien neu geordnet. Akzeptanz und Erfolg des föderalen Modells zeigten und zeigen sich dadurch, daß sich auch nach 1956 ethnische, kulturelle und religiöse, aber auch politisch-ökonomische Diskriminierung sehr schnell in Forderungen nach Dezentralisierung übersetzen ließen. So waren beispielsweise die Autonomiebestrebungen tribaler Gruppen im Nordosten Indiens erfolgreich, und zwischen 1963 und 1986 wurden die Staaten Nagaland, Meghalaya, Manipur, Tripura, Arunachal Pradesh und Mizoram gegründet; Himachal Pradesh im nordwestlichen Indien erhielt 1971 den Status als autonomer Staat. Zusammen mit Uttaranchal Pradesh wurden im November 2000 Chattisgarh (ehemals Teil von Madhya Pradesh) und Jharkhand (ehemals Teil von Bihar) als autonome Bundesstaaten Indiens etabliert.[4]

Es ist noch anzumerken, daß die jeweils aktuellen Konflikte bei der Forderung nach Autonomie oft nur vermittelt auftreten zwischen Region und Nationalstaat, dagegen sehr viel vehementer und direkter zwischen Region und Bundesstaat. So war der primäre Gegner im Fall der Uttarakhand-Bewegung die Regierung von Uttar Pradesh, die der sozialen und ökonomischen Vernachlässigung und Marginalisierung der geographisch randständigen Regionen Garhwal und Kumaon angeklagt wurde. Durch das föderale Modell werden auch die Konflikte dezentralisiert.

b) Die Gestaltungskraft der Lokalität (Region): Agency und Imagination

Die zentralen Begriffe des Gesamtprojekttitels „Aneignung" und „Abgrenzung" verweisen auf die Grundannahme, daß Prozesse der „Globalisierung" nicht über Gesellschaften, Gruppen und soziale Subjekte „hereinbrechen" und passiv „erlitten" werden, sondern daß letztere zu solchen Prozessen Stellung beziehen, indem sie sie mitgestalten, verändern, dagegen opponieren usw. Das bedeutet auch, daß Spielräume und Definitionen von Grenzen (Abgrenzung) und Offenheiten (Aneignung) je nach historischem und regionalen Kontext aktiv ausgehandelt bzw. bestimmt werden. Zu betonen wäre also der Aspekt der agency, die Fähigkeit zu aktivem Handeln aller, die in den Kontext der Globalisierung einbezogen sind. Ein so verstandenes Konzept der agency ist für Analyse und Verständnis nicht nur der aktuellen Autonomiebewegung in Uttarakhand, sondern auch der vorangehenden sozialen Bewegungen in der Region – insbesondere derjenigen zum Schutz und Erhalt der Wälder und lokalen Waldrechte – zentral. Die Geschichte Garhwals und Kumaons zeigt, daß sich die Region schon seit Beginn des 20. Jahrhunderts in ständiger Auseinandersetzung mit den politisch Herrschenden befindet (Briten bzw. lokale Herrscher des Fürstentums Tehri Garhwal, später der indische Nationalstaat), die in Vertretung ihrer partikularen Macht- und Wirtschaftsinteressen die regionalen Ressourcen in großem Maßstab ausgebeutet und kulturelle Identitäten (Traditionen, Rechte) ignoriert haben. Die Geschichte zeigt aber auch, daß sich vor allem seit der 1970er Jahre lokale Diskurse und Praktiken formieren, die Wege zu einem eigenständigen und selbstbestimmten Umgang mit Menschen und Ressourcen aufzeigen. Sie entstanden zusammen mit der Herausbildung einer lokalen Öffentlichkeit, und sie erhalten Stärkung durch die Einbindung in nationale und internationale kritische Diskurse.

Agency unter globalen Vorzeichen ist nach Arjun Appadurai gekoppelt mit dem Aspekt der Imagination. Die moderne Welt ist zu einem „interaktiven System" von neuer Qualität geworden, das gekennzeichnet ist von globalen kulturellen (Ein)Flüssen (*flows*)[5]. Diese sind die Bausteine „imaginierter Welten", d.h. solcher multiplen Welten, die konstituiert sind durch die historisch situierte Vorstellungskraft von Personen und Gruppen in allen Teilen des Globus. Und diese imaginierten Welten stehen häufig in Spannung oder unterlaufen die herrschenden Ideen sowie die unternehmerische Mentalität.

„The image, the imagined, the imaginary – these are terms which direct us to something critical and new in global cultural processes: the imagination as a social practice. No longer mere fantasy..., no longer simple escape..., no longer elite pastime ... and no longer mere contemplation..., the imagination has become an organized field of social practices, a form of work (both in the sense of labor and and of culturally organised practice) and a form of negotiation between sites of agency ('individuals') and globally defined fields of possibility... The imagination is now central to all forms of agency, is itself a social fact."[6]

Agency und Imagination als Komponenten sozialer Praxis und Interaktion sind Schlüsselbegriffe meiner Analyse der Autonomiebewegung in Uttarakhand, welche eine Auseinandersetzung der lokalen Akteure mit trans-lokalen Bedingungen und Einflüssen, mit trans-lokalen Institutionen, Diskursen, Individuen in verdichteter Form darstellt.

Globalisierung als Erfahrung: Lokale Prozesse der Abgrenzung
und Aneignung im Kontext der Autonomiebewegung in Uttarakhand

Die indischen Himalayaregion Uttarakhand ist trotz ihrer geographisch marginalen Lage seit Ende des 19. Jahrhunderts in globale Zusammenhänge eingebunden, die sich in verschiedenen Formen manifestiert haben. Seit britischer Zeit wurden junge Männer aus Garhwal und Kumaon als Soldaten für ein Sonderregiment – die Garhwal Rifles – rekrutiert. Das Regiment kam zu weltweiten Einsätzen im Ersten Weltkrieg, und 1915 schrieb der damalige Deputy Commissioner of Garhwal:

„Twenty years ago in a Government resolution Sir Harcourt Butler referred to Garhwal as Terra incognita. Since the campaign in Flanders of 1914-15 his description has become a misnomer; for the deeds of the Garhwali regiment have made the name of their home-land familiar throughout the British Empire and beyond... [B]y the strange chance of a war on the other side of the globe Garhwal has made for itself in these latter days a new fame and a more glorious renown."[7]

Im kolonialen wie im postkolonialen Indien wurden (werden) lokale Ressourcen durch nationale und internationale agencies (Staat, Wirtschaft) ausgebeutet bzw. genutzt: Abholzung der Wälder für Eisenbahnbau, Schiffsbau, Export sowie für kommerziellen Gebrauch im eigenen Land, Nutzung der Wasser-Ressourcen zur Bewässerung und Gewinnung von Elektrizität zugunsten von Gebieten in der Gangesebene, internationale Beteiligung bei Finanzierung und Konstruktion des umstrittenen Tehri-Damms.

Der lokale Widerstand gegen die kommerzielle Abholzung der Wälder, der sich in den 1970er Jahren unter dem Namen Chipko-Bewegung etablierte und letztlich zu einem Verbot des Einschlagens von Bäumen an steilen Hängen sowie zu einer stärker umweltbewußten nationalen Forstpolitik und -gesetzgebung führte, erfuhr weltweite Resonanz. Er wurde zu einem wichtigen Baustein im Prozeß der Internationalisierung der ökologischen Debatte.

Lokale Entwicklungsmodelle, entstanden in der Nachfolge der Chipko-Bewegung, haben ebenfalls translokale Bezugnahme. Sie stehen in diskursiver Interaktion mit der internationalen Entwicklungsdebatte.[8]

Die Negativ-Erfahrungen von Ressourcenausbeutung und ökonomisch-politischer Marginalisierung im Kontext des National- bzw. Bundesstaates, aber auch Erkenntnis und Erleben, daß Solidarisierung, Protest und eigene Wege lokaler Entwicklung durchaus zu langfristigen Erfolgen führen können, sind wichtige Voraussetzungen für die Entstehung der Autonomiebewegung der Jahre 1994-1996.

Phänomenologie der Bewegung

In der zweiten Hälfte des Jahres 1994 befanden sich die Regionen Garhwal und Kumaon im Aufruhr. Der damalige Chiefminister von Uttar Pradesh, Mulayam Singh Yadav, hatte eine Reservierungsquote von 27 Prozent (für den Zugang zu Staatsdienst und Ausbildungsplätzen) zugunsten der *Other Backward Classes* (OBC) durchgesetzt.[9] Da die OBC aber weniger als 2 Prozent der Bevölkerung Uttarakhands ausmachen, sahen die lokalen Bewohner die Gefahr, daß OBC-Mitglieder aus den „plains" die Posten und Ausbildungsplätze in den Himalayadistrikten besetzten und die Chancen der lokalen Bevölkerung dadurch verringerten. Garhwalis und Kumaonis beschlossen, der Reservierungspolitik Widerstand entgegenzusetzen und initiierten Streiks, Rallies und Demonstrationen. Bei den Protesten standen Studenten, Regierungsangestellte und Frauen an der Spitze. Im Zuge der Agitation wurde die Reservierungsfrage von der Regionalpartei Uttarakhand Kranti Dal (UKD) geschickt mit der Forderung nach einem autonomen Bundesstaat verknüpft, die seit den 1950er Jahren immer wieder aufgetaucht war. Jetzt aber bekam die Forderung eine neue Qualität: sie schien alle bisherigen Probleme und Klagen zu bündeln und auf einen gemeinsamen Kampf zu fokussieren. Es gelang, die Bevölkerung Uttarakhands fast flächendeckend zu mobilisieren und alle Statusgruppen, Männer wie Frauen, städtische wie dörfliche Bevölkerung in die Aktionen einzubeziehen.

Herbst und Winter 1994/95 waren von einem generellen politischen „Erwachen" in Uttarakhand gekennzeichnet. Vor allem Dorfbewohner sahen zum ersten Mal die Chance, nicht nur ihre Stimme erheben und ihre Kritik sowie ihre Zukunftsvorstellungen artikulieren zu können, sie hatten zum ersten Mal die Hoffnung, daß der Massenprotest die politisch Mächtigen zwingen würde, ihre Meinungen und Forderungen auch anzuhören. Partizipation, Kritik, Agitation, Errichtung lokaler politischer Netzwerke sowie die unterstützende Rolle der Printmedien – dies alles scheint ein Zeichen dafür, daß sich in Uttarakhand eine politische Öffentlichkeit etabliert hat – eine „kritische Publizität", die, so die Definition von Habermas, nicht dazu da ist zu herrschen, sondern die jeweils Herrschenden zu kontrollieren, Regeln des politischen und sozialen Lebens (der Zivilgesellschaft) auszuhandeln und Wandel zu initiieren.[10] Für Uttarakhand gilt paradigmatisch: Öffentlichkeit ist „the place of voice rather than of loyalty"[11].

Eine weitere Besonderheit der Autonomiebewegung in Uttarakhand war ihr „anarchischer" Charakter. Weder Individuen noch regionale oder nationale politische Parteien versuchten eine Führerschaft zu etablieren. Soziale Aktivisten, die in vorherigen sozialen Bewegungen als Führer des Widerstands Anerkennung fanden, agierten in diesem Fall nur als Individuen, deren Engagement höchstens Vorbildcharakter besaß. Erst als die Agitationen schon ihren Höhepunkt erreicht hatten, gelang es vor allem der Bharatiya Janata Party (BJP), sozusagen auf den fahrenden Zug aufzuspringen und mit dem Versprechen, den Kampf um Autonomie parlamentarisch zu unterstützen, eine politische Rolle zu übernehmen (d.h. auch Wähler an sich zu binden). Mit der Anerkennung dieser politischen Rolle durch die Bevölkerung kam die aktive Phase der Protestbewegung 1996/97 zum Ende. Die Forderungen waren nun in die entsprechenden politischen Gremien auf Bundes. und Nationalstaatsebene eingebracht, und man wartete auf die Entscheidungen.

Autonomie und soziale Utopie: Aushandlung von „preferred futures"
Der Charakter der Autonomiebewegung offenbart Engagement und Handlungskraft (*agency*) der lokalen Akteure (Individuen, Gruppen) und die Fähigkeit zu sozialer und politischer Imagination. Meine Forschungsarbeit hat denn auch im einzelnen gezeigt, daß die lokale Bevölkerung konkrete Vorstellungen zur Gestaltung einer regionalen selbstbestimmten Zukunft (*preferred futures*)[12], im Kontext des indischen Nationalstaats entwickelt hat. Vor allem auf zwei Aspekte dieser Vision soll näher eingegangen werden: die Frage kultureller Identität und das Verhältnis zwischen Nation und Regionalstaat (a) und die sozialen, politischen und ökonomischen Inhalte des imaginierten Bundesstaats (b).

(a) Das Bemühen um Anerkennung Uttarakhands als Teil der Nation ist kein neues Phänomen. Bereits in der Unabhängigkeitsbewegung der 1920er bis 1940er Jahre waren vor allem Intellektuelle aus Kumaon um die nationale Eingliederung, ja um das Aufgehen ihrer Region in der Nation bemüht. Wie Pande[13] im Vorwort seiner Geschichte Kumaons dargelegt hat, ging es den politischen Akteuren damals vor allem darum, ihre Region aus der Marginalität, und das hieß für sie auch aus dem Stadium der „Unwissenheit" (*ignorance*) und des „Aberglaubens" (*superstition*), herauszuführen. Um dieses aufklärerische Ideal zu erreichen, war man bereit, auf lokale kulturelle Eigenheiten und Traditionen zu verzichten.[14] Zugehörigkeit bzw. Gemeinsamkeit konnte nur gedacht werden unter Verlust des Partikularen.

In der Autonomiebewegung wird heute eine Spannung zwischen Zugehörigkeit und Differenz spürbar (daher funktioniert auch das Ethnizitätsargument im Falle Uttarakhands nicht). Auf der einen Seite fühlt sich die Bergbevölkerung der panindischen Tradition und Gesellschaft zugehörig, die zentralen Argumente dafür sind ihre ethnische Identität (der Großteil der Bergbewohner sind Rajputen und beanspruchen Abstammung von den Rajputenclans in Rajasthan) sowie die religiöse Signifikanz der Region (Quellgebiet der heiligen Flüsse Ganga und Yamuna, die wichtigen Pilgerzentren Gangotri, Yamnotri, Kedarnath und Badrinath sind hier lokalisiert, die Himalayalandschaft war schon immer ein Rückzugsgebiet für Asketen und Heilige). Auf der anderen Seite betont man die Differenz, die sich in erster Linie ebenfalls über die Sakralität der Landschaft konstituiert: Die Berge als geographische Besonderheit und moralisch reiner Raum verleihen den Paharis ihre spezifische territoriale Identität, die gestärkt wird durch lokale religiöse und sozio-kulturelle Traditionen (Feste, Heiratspraktiken, Kleidungsstil) sowie durch die lokale Sprache.

Die Autonomiebewegung heute fordert die Anerkennung Uttarakhands als gleichwertigen Teil der Nation unter Bewahrung der kulturellen Eigenheiten. Gerade in ihrer Partikularität soll die Region beitragen zur Pluralität des indischen Nationalstaates. Und das bedeutet auch, daß ihre Bewohner als gleichberechtigte Bürger angesehen werden und die gleichen Lebenschancen wie andere Staatsbürger erhalten müssen (Erziehung und Bildung, medizinische Versorgung, Berufschancen).

(b) Die kollektive Imagination des autonomen Bundesstaates Uttarakhand beruht auf zwei Kernideen. Das idealisierte Bild einer kleinräumigen Lokalität (*face to face community*) wird auf die Ebene translokaler staatlicher Verhältnisse transferiert und zum Modell erhoben.

Gandhianische Ideen von self-rule und Dorfsouveränität treten in Verbindung mit westlichen Idealen von (Basis-)Demokratie und Partizipation und finden neuen Ausdruck im Konzept der „dialogischen Demokratie" im Sinne von Anthony Giddens.[15]

In den politischen Ideen und Visionen nahezu aller Individuen und Gruppen (Männer, Frauen, verschiedene Statusgruppen, Aktivisten, Dorfbewohner etc.) sind drei Begriffe zentral: Selbstbestimmung, Nähe und Transparenz. Sie sind Schlüsselkonzepte zur Strukturierung des ökonomischen sowie des politischen und sozialen Raums und gelten als Voraussetzung für eine basisdemokratische Form der Entscheidungsfindung sowie für Partizipation und Kontrolle seitens der Bürger. Sie sind Kernelemente bei der Suche nach einer „neuen politischen Kultur und Moralität".

Eine verbreitete Klage in der Bevölkerung Uttarakhands weist darauf hin, daß bislang alle politischen Entscheidungen in Lucknow, der weit entfernten Hauptstadt Uttar Pradeshs, von Bürokraten getroffen wurden, die nicht vertraut waren mit den spezifischen geographischen und sozialen Bedingungen der Bergregion und auch nicht interessiert waren an der dortigen Entwicklung. In einem autonomen und selbstbestimmten Staat aber, so erwartet man, werden Entscheidungsträger und Personen in administrativen Schlüsselpositionen aus den Reihen der lokalen Bevölkerung kommen und für lokale Entwicklung sorgen. Vor allem die Kontrolle und das Management der natürlichen Ressourcen gehöre in die eigene Verantwortung der Bergbewohner. In erster Linie gelte es, den Abfluß von Ressourcen und Profiten in die Ebene zu stoppen, des weiteren müsse die lokale Ansiedlung verarbeitender Industrien gefördert werden, ebenso die Konstruktion von Wasserkraftwerken sowie der Tourismus. Aber all das solle in einem kleinen, überschaubaren Maßstab geschehen (*small scale*), so daß Schaden für Mensch und Umwelt vermieden werden könne. Ein weiteres Standbein ökonomischen Fortschritts müsse eine

Produktivitätssteigerung sein, die erreicht werden könne durch die Verwendung neuer angepaßter Technologien, den Anbau von cash crops und die Verbesserung der Viehhaltung sowie die Etablierung lokaler Vermarktungsmöglichkeiten. All diese Bemühungen sollten dazu dienen, lokale (nahe) Beschäftigungsmöglichkeiten und eine Infrastruktur zu schaffen sowie finanzielle und soziale Sicherheit zu gewährleisten, ohne den agro-pastoralen Lebensstil der Paharis allzu stark verändern zu müssen.

In einem autonomen Uttarakhand werden die Hauptstadt und die administrativen und juristischen Einrichtungen nahe – und das heißt für die Bevölkerung erreichbar – sein. Man erwartet, daß Bildungseinrichtungen wie Grund- und weiterführende Schulen im Umkreis auch der entferntesten Dörfer geöffnet werden, gut und sicher erreichbar im ganzen Jahr für Schüler jeden Alters und jeder Statusgruppe. Dasselbe gilt für Gesundheitseinrichtungen und Krankenhäuser, von denen man eine angemessene und kompetente Versorgung der Menschen erhofft. Da die Bewohner Garhwals und Kumaons nach eigenen Aussagen zu viel Korruption und Vernachlässigung ihrer Belange seitens der Politiker, Verwaltungsbeamten und Angestellten im Sozialbereich erfahren haben, suchen sie nach Wegen effektiver Kontrolle und Intervention. Nähe ermöglicht Transparenz – so ihre Hoffnung. Mit der Nähe von Institutionen treten auch die Verantwortlichen aus der Anonymität und können von den Bürgern angesprochen und kritisiert werden – zum Teil in face-to-face Kommunikation. Nur eine personalisierte Form politischer Interaktion kann nach Ansicht der lokalen Bevölkerung Schutz gegen Korruption und das Nichteinhalten von Zusagen bieten. Bürger müssen intervenieren können, beteiligt sein an politischen Aushandlungsprozessen. Nähe und Transparenz sind so die Grundlagen einer „dialogischen Demokratie" (Giddens), eine Form der Politik, die nicht auf den Staat fixiert ist, sondern immer wieder das enge Verhältnis zwischen Autonomie und Solidarität stützt. Es ist auch eine Form der Demokratie, die nach der Art Gandhis auf klare Weise Politik und Moral verknüpft.

Schlußbemerkung

Die Autonomiebewegung in Uttarakhand scheint ein Beispiel, das Arjun Appadurais These von der Bedeutung von agency und Imagination im globalen Kontext erhärtet. Seine Definition der „ideoscapes" liest sich wie eine Beschreibung des Charakters der Bewegung:

„Ideoscapes are also concatenations of images, but they are often directly political and frequently have to do with the ideologies of states and the counter-ideologies of movements explicitly oriented to capturing statepower or a piece of it. These ideoscapes are composed of elements of the Enlightenment worldview, which consists of a concatenation of ideas, terms and images, including 'freedom', 'welfare', 'rights', 'sovereignty', 'representation' and the master-term 'democracy.'"[16]

Die genannten Begriffe und Konzepte aus dem philosophisch-politischen Kontext der Aufklärung in Verbindung mit der gandhianischen Idee der Stärkung kleinräumiger Einheiten und der Verknüpfung von Moral und Politik waren (sind) in die soziale Praxis des Widerstands der Bevölkerung Uttarakhands eingelassen und bilden die Basis für deren Zukunftsvision. Es ist die Vision eines Bundesstaates, der sich auszeichnet durch kontrollierte und ressourcenschonende Entwicklung sowie durch eine neue politische Kultur.

Es sei abschließend bemerkt, daß es auch oder gerade nach der Etablierung des neuen Bundesstaats fraglich ist, inwieweit sich diese idealistische Konzeption in politische Praxis umsetzen läßt. Der Historiker Shekhar Pathak hat in einem Gespräch, das ich 1998 mit ihm führte, selbstkritisch von der „doppelten Ironie" der Bewegung gesprochen. Erstens, die Kritik am (Bundes- und National)Staat, an seiner Politik, seiner Funktionsweise und seinen Institutionen führten nur wieder zur Forderung nach einem neuen Staat – beruhend auf den etablierten Formen repräsentativer Demokratie, denselben administrativen Strukturen, ähnlichen politischen und ökonomischen Abhängigkeiten. Zweitens, die „anarchische" Form der Mobilisation und die panregionale Partizipation kamen zu einem plötzlichen Ende, als die Politiker begannen, sich für die Konstitution des neuen Staates einzusetzen. Sofort wurde die Verantwortlichkeit auf die etablierten politischen Parteien und ihre Repräsentanten übertragen, und es seien während der Zeit des Kampfes keine Gruppierungen entstanden, die selbst bereit wären, politische Verantwortung zu übernehmen.

Es scheint, daß trotz aller Reflexivität und Kritik, trotz des imaginativen Potentials die Beteiligten am Kampf für ein autonomes Uttarakhand – seien es Aktivisten, Organisatoren, städtische oder dörfliche Bevölkerung -, sehr schnell zurückfallen in die vertrauten Pfade, wenn es gilt, Ideale in Fakten umzusetzen.

Die Art und Weise der Bundesstaatsgründung im November hat denn auch gezeigt, daß im neuen Staat die politischen Entscheidungen und Verantwortlichkeiten voll und ganz bei den Parteien und den ernannten Staatsfunktionären liegen, daß bislang keinerlei Ansätze einer partizipatorisch-demokratischen Struktur zu verzeichnen sind. Der Wunsch breiter Teile der Bevölkerung nach einer neuen zentralgelegenen Hauptstadt wurde ebenso ignoriert wie der nach dem Staatsnamen „Uttarakhand", ein Name, der die Erinnerung an die Autonomiebewegung und die Solidarität der Beteiligten bewahren sollte (der neue Staat heißt nach Festlegung der regierenden BJP Uttaranchal Pradesh). Die Politiker, so wurde mir gegenüber von kritischen Sozialaktivisten weiterhin negativ angemerkt, hätten sich zudem von erster Stunde an von der Bevölkerung distanziert und die Hoffnung auf „Nähe" von vornherein enttäuscht.

Es war wieder Shekhar Pathak, der nach der Staatsgründung die Gefühle vieler Paharis mit folgender Formulierung zum Ausdruck zu bringen versuchte: Wir verspüren Glück (*khushi*) endlich einen eigenen Staat zu haben, Niedergeschlagenheit (*udasi*), weil unsere Hoffnungen enttäuscht wurden, und Groll (*akrosh*) darüber, daß man unseren Willen nicht respektiert. Aber es ist der Groll, so meint Pathak weiter, der uns stimuliert, nicht aufzugeben und für unsere Visionen weiter zu kämpfen.

Veröffentlichungen der Autorin zum Projekt

2000

Anthropology of Modernity. In: Thesis Eleven, Clayton, (2000) 61, S. 41-63.

1999

Schutz der Wälder und Bürgerbewegung im Garhwal-Himalaya (Indien). In: Geographische Rundschau, Braunschweig, 51 (1999) 3, S. 118-24.

1998

Forests in Garhwal and the Construction of Space. In: R. Jeffery (Hg.), The Social Construction of Indian Forests, New Delhi: Manohar, S. 79-106.

In Vorbereitung

Shaking the State by Making a (new) State: Social Movements and the Quest for Autonomy. Für: Sociologus, Berlin.

Anmerkungen

1 Die Forschung zur Autonomiebewegung konnte auf einer umfassenden Regionalkenntnis aufbauen, die im Rahmen eines in den Jahren 1993-1996 von der DFG geförderten Projekts gewonnen wurde. Das Projekt mit dem Titel „Ökologische Krise und soziale Verantwortung: Individuelle und kollektive Bewußtwerdungsprozesse im Himalaya" war an der Universität Heidelberg angesiedelt. Während meiner damaligen Feldforschungszeit in Garhwal war es mir auch möglich, die wichtigsten Phasen der Bewegung direkt mitzuerleben.
2 Der Begriff „Kultur" ist hierin einem weiten Sinne gebraucht: Er umfaßt religiöse, linguistische, soziale, politische und ökonomsiche Traditionen.
3 Vgl. Z. Bauman, Modernity and Ambivalence. In: Global Culture, Special Issue of Theory, Culture and Society, London, 7 (1990) 2-3, S. 161.
4 Es ist ein gewisses Paradox, daß die Durchsetzungskraft des föderalen Modells in Indien nicht notwendigerweise bedeutet, daß es seinem Anspruch nach kultureller Mediatisierung vollends gerecht werden kann. Vielmehr zeigen sich gerade im letzten Jahrzehnt hindunationalistisch dominierter Politik stark homogenisierende Tendenzen, nehmen „kommunalistische", ethnische und Kasten-Konflikte deutlich zu. Für Ashis Nandy tritt dieser wachsende Hegemonialanspruch des „modernen" Nationalstaats in Konkurrenz zu dem „spezifisch indischen" Zivilisationsmodell und bedeutet einen Verlust an Spielraum für verschiedene Konzepte von Zivilgesellschaft und für die Artikulation der Vielzahl von Stimmen unterschiedlichster kultureller Gruppierungen: „The state has come to dominate, not serve, civil society" (A. Nandy, The Political Culture of the Indian State. In: Daedalus, Cambridge, 118 (1989) 4, Sonderheft: Another India, S. 1). Dieser generellen Problematik wurde in dem Forschungsprojekt nicht nachgegangen.
5 Appadurai identifiziert fünf Dimensionen gloabaler kultureller Bewegungen: ethnoscapes, mediascapes, technoscapes, finanscapes, ideoscapes. Das suffix *-scape* benutzt er, um den fluiden Charakter dieser Dimernsionen herauszuarbeiten (A. Appadurai, Disjuncture and Difference in the Global Cultural Economy. In: Public Culture, Durham, 2 (1990) 2, S. 6-10).
6 Vgl. Public Culture, Durham, 2 (1990) 2, S. 5.
7 R. P. R. Bahadur, Garhwal: Ancient and Modern. Gurgaon: Vintage Books 1992 (Reprint, Original: Simla: Army Press 1916), S. i-ii.
8 Für eine ausführliche Diskussion der kommerziellen Ausbeutung der Wälder und der lokalen Widerstandsbewegungen sowie der diskursiven Interaktion zwischen lokalen und translokalen Entwicklungsvorstellungen siehe: A. Linkenbach-Fuchs, Appropriating the Himalayan Forests: Ecology and Resistance in Garhwal (North India). Habilitationsschrift, Universität Heidelberg 2000.
9 In Indien sind bereits 25% aller Plätze in Verwaltung und Bildungsinstitutionen für Scheduled Castes and Tribes reserviert.
10 Siehe J. Habermas, Strukturwandel der Öffentlichkeit. Neuwied, Berlin: Luchterhand 1971.
11 Hirschmann, zitiert in: S.N. Eisenstadt/W. Schluchter, Introduction: Paths to Early Modernities – A Comparative Analysis. In: Dies. (Hg.), Early Modernities. Daedalus, Cambridge, 127 (1998) 3, (Special Issue), S. 1-18.
12 Vgl. J. Alam, India: Living with Modernity. Delhi: Oxford University Press 1999.
13 Siehe B.D. Pande, History of Kumaun. English Version of ‚Kumaun Ka Itihas' by Badri Datt Pande, 2 vol. Translator C.M. Agrawal. Almora: Shree Almora Book Depot 1993.
14 Siehe dazu: A. Linkenbach-Fuchs, A consecrated land: Local constructions of history in the Garhwal and Kumaon Himalayas, North India, (Manuskript 1998). Erscheint in: A. Harneit-Sievers (Hg.), New Local Historiographies in Africa and South Asia. Leiden: Brill.
15 Vgl. A. Giddens, Jenseits von Links und Rechts. Die Zukunft radikaler Demokratie. Frankfurt/Main: Suhrkamp 1997, S. 159.
16 Appadurai, Disjuncture..., a.a.O., S. 9.

JOACHIM OESTERHELD

Teilprojekt (1998-2000): Bildung nach der Kolonialzeit. Zakir Husain und nationale Bildung für ein freies Indien, 1920 – 1947

Vorstellung des Projekts: Untersuchungsgegenstand, Fragestellungen, Projektzusammenhang

Im Mittelpunkt des Forschungsvorhabens stand mit Zakir Husain ein junger Inder, der zu Beginn der zwanziger Jahre des vergangenen Jahrhunderts zur Vervollkommnung seiner Studien wie viele seiner Landsleute auch nach Deutschland kam und an der Kaiser Friedrichs Universität in Berlin mit einem Thema zur Landwirtschaft in Indien promovierte. Dieser Tatbestand allein, d.h. die Begegnung mit dem Okzident, hätte ihn nicht notwendigerweise zu einem Akteur des Wandels machen müssen. Tatsächlich ergab sich aus dieser Begegnung mit Neuem und Fremdem im Westen ein Handlungsstrang in seiner Biographie, der ihn nach der Rückkehr in sein Heimatland zu einem Mittler und Vermittler pädagogischer Erkenntnisse und Absichten werden ließ, auf einem Gebiet also, das seinen mit der Dissertation aufgegriffenen Themenbereich nur bedingt tangierte. Wenn diese Begegnung auch von Zufälligem gekennzeichnet war, so sind die sich aus ihr ergebenden Konsequenzen doch durch eine Situation bedingt, die in der Endphase des Ringens um Überwindung kolonialer Abhängigkeit individuelles Engagement im Dienste der Sache verlangte. Zakir Husain hat sich als Leiter der Jamia Millia Islamia, einer kleinen Bildungseinrichtung und heute eine der großen zentralen Universitäten Indiens, dieser Herausforderung gestellt. Er war maßgeblich an der Ausarbeitung eines Grundschulkonzepts für ein freies Indien beteiligt und hat einen eigenständigen Beitrag zur Umsetzung universaler pädagogischer Erkenntnisse in einem kolonial geprägten Umfeld geleistet. Wenn auch Indien als Aktionsfeld im Mittelpunkt der Untersuchung steht, so fand umgekehrt auch das Wirken Zakir Husains in Deutschland Berücksichtigung als ein Indiz zunehmender Verflechtung zwischen Orient und Okzident am Beginn des 20. Jahrhunderts.

Die Fragestellung nach einer Mittlerfunktion im Milieu kulturell und sozial geprägter okzidentaler und orientalischer Gesellschaften, wie sie von Zakir

Husain in Deutschland und Indien wahrgenommen wurde, und damit nach seiner Haltung gegenüber der Problematik von Aneignung und Abgrenzung in einem globalen Kontext betrifft nicht nur und ausschließlich inhaltliche Aspekte. Denn ob eine solche Begegnung zwischen Orient und Okzident im individuellen Fall immer einen Akteur des Wandels hervorbrachte, in welcher Weise dieser wirksam werden konnte und mit welchen Ergebnissen und Folgen für das unmittelbare und weitere Umfeld sein Tätigsein verbunden war, das wurde – abgesehen vom subjektiven Profil des Individuums – nicht unwesentlich vom Zeitpunkt, dem Ort und den Umständen dieser Begegnung und im Anschluß daran von den Spezifika des eigenen Wirkungsfeldes beeinflußt und geprägt. Diesem methodischen Aspekt soll zunächst nachgegangen werden.

Erfahrungen bei der Umsetzung des thematischen Ansatzes

Den Bezugsrahmen für Globalisierung und ihre Wahrnehmung stellt im konkreten Fall zweifellos der Kolonialismus dar. Im Rahmen der europäischen Expansion in Südasien kam es zur Präsenz und zum unterschiedlichen Verbleib mehrerer europäischer Mächte auf dem Subkontinent, die mit der Dominanz Großbritanniens gegenüber den anderen europäischen Konkurrenten endeten und zur Errichtung eines bis 1947 andauernden kolonialen Herrschaftssystems führten. Globalisierung und ihre Wahrnehmung waren an das Beziehungsgefüge von Macht und Abhängigkeit gekoppelt, und die vielen Facetten der kapitalistischen Moderne traten zu Beginn des 20. Jahrhunderts im kolonialen Kontext in Indien nahezu ausschließlich in ihrer britischen Ausprägung in Erscheinung. Das gilt auch für das Bildungssystem, das auf die Formierung einer servilen Elite zielte und in seiner Zielstellung und Handhabung am Muhammadan Anglo-Oriental College in Aligarh 1920 auf Kritik des jungen Zakir Husain gestoßen war. Von der Bewegung für Nichtzusammenarbeit mit der Kolonialmacht und für den Erhalt des Kalifats unter Führung Mahatma Gandhis inspiriert, hatte er sich für nationale Bildungsinstitutionen ausgesprochen und an der Gründung einer solchen in Gestalt der Jamia Millia Islamia im gleichen Jahr beteiligt.

Von großer Bedeutung für die bis dahin auf die Kolonialmacht beschränkte Begegnung mit dem Westen war der Entschluß, die eigene Ausbildung im Ausland fortzusetzen, allerdings nicht mehr in England wie Generationen von Indern vor ihm und auch noch danach. Die Beweggründe für die Wahl Deutschlands resultierten einerseits aus der antikolonialen Haltung der Person Zakir Husains und waren unmittelbar mit dem nationalen Erwachen verbunden, dem er sich zugehörig fühlte. Mit einer solchen Einstellung und angesichts der Konstellation der Kriegsparteien im Ersten Weltkrieg war Großbritannien als Studienort auszuschließen. Die konkrete Situation an der Jamia Millia Islamia und der Zustand, in dem sich die Bewegung der Nichtzusammenarbeit zu Beginn des Jahres 1922 befanden, beförderten andererseits den von einem Freund Zakir Husains nachhaltig unterstützten Entschluß, ausgetretene Pfade zu verlassen und Neues in der Fremde zu suchen, ohne Garantie auf eine gesicherte Existenz nach der Rückkehr.[1] Es waren also sowohl aus den Zeitumständen resultierende als auch in der Person Zakir Husains begründete Faktoren, die ihn zum Studium nach Deutschland führten.

Hinsichtlich des Zeitpunktes und der Umstände, unter denen sich in der ersten Hälfte des 20. Jahrhunderts Inder in einen Prozeß der Aneignung und Abgrenzung in und mit Deutschland befanden, sind signifikante Unterschiede festzustellen, die Art und Grad der Wahrnehmung des Fremden in unterschiedlichem Maße beeinflußten. So engagierten sich z.B. Inder aus patriotischen Motiven während des Ersten und Zweiten Weltkrieges in Deutschland.[2] In beiden Fällen erfolgte dies mit der Absicht, die unmittelbare und direkte Unterstützung des Kontrahenten Englands im Ringen um Unabhängigkeit von der Kolonialmacht zu suchen und zu nutzen. Trotzdem waren die im zivilen und militärischen Bereich gegebenen persönlichen Lebensumstände jeweils unterschiedlicher Art. Denn in dem einen Fall war der Einblick in fremde Lebenswelten auf den politisch-administrativen Apparat des Kaiserreiches, im anderen auf die Wehrmacht im Dritten Reich ausgerichtet, wobei sich letzteres nur im Gefolge einer Kriegsgefangenschaft ergeben hatte und nicht ursächlich gesucht worden war.

Die Inder, die mit Beginn der zwanziger Jahre des vergangenen Jahrhunderts zum Zwecke des Studiums und der Berufsausbildung nach Deutschland kamen, fühlten sich ungeachtet eines allgemeinen Sympathiegefühls für den Kriegsgegner der Kolonialmacht von anderen Attributen dieses Landes angezogen. Auch sie waren von patriotischen Gefühlen erfüllt, und nicht zuletzt deshalb war ihre Wahl auf Deutschland gefallen. Aber sie suchten freiwillig die Begegnung mit dem Fremden auch aus dem Gefühl heraus, sich etwas aneignen zu wollen, das über den Tag hinausreichen und auch noch in einem unabhängigen Indien sinnvolle Verwendung finden könnte. Sie suchten an Universitäten, in Industrieunternehmen und im Bereich von Kunst und Kultur mehr als nur ein zivilisatorisches Korrektiv zu dem, was sie zu Hause von Engländern vermittelt als europäische Kultur kennengelernt hatten. Ihnen wurde wie Zakir Husain deutlich, daß im europäischen Pantheon nicht nur eine einzelne Gottheit thronte, sondern eine ganze Reihe von ihnen darin vereint war und daß diese trotz bestehender Ähnlichkeiten auch Wesensunterschiede aufwiesen.[3]

Eine Differenzierung des Fremden und Westlichen aus eigener Erfahrung und Anschauung hatten beispielsweise auch die Angehörigen der Indischen Legion während ihrer Stationierung in Frankreich kennengelernt und als Erfahrungswissen verinnerlicht. Sie haben es später möglicherweise auch in der einen oder anderen Weise für das eigene Fortkommen genutzt. Den Studenten und Praktikanten ging es jedoch um mehr als nur um aus eigener Erfahrung erworbenes Wissen über das Fremde. Ihre Wahrnehmung von Globalem im Westen erfolgte in einem primär nicht von Religion, Militär oder Konsum geprägten Bereich, sondern durch Studium und Wissenschaft in einer Lebenssphäre, die weitestgehend von Rationalität geformt war und die auch nicht nur westlich geprägte Globalität schlechthin, sondern ein hohes Maß an Universalität auszeichnete. Inhalte von Globalität wurden ihnen in einer Weise vermittelt und von ihnen erworben, die ihre selektive, adaptive oder geschlossene Wiederverwendung zu einem späteren Zeitpunkt und auch unter den gänzlich anderen Bedingungen ihres Heimatlandes ermöglichen würden. Auf diese Weise wurden sie erst in die Lage versetzt, sich nicht nur etwas dauerhaft aneignen oder von etwas abgrenzen zu können, sondern bewußt vermitteln zu können zwischen Eigenem und Fremden und von beiden zu wählen, um gegebenenfalls daraus Neues zu formen und entstehen zu lassen. Derartige Voraussetzungen bestanden in den zwanziger Jahren an deutschen Universitäten, Kliniken, in Labors und Fabriken.

Die zunehmende Verflechtung zwischen räumlich weit entfernten Prozessen, Ereignissen und Personen im Giddensschen Sinne von Globalisierung ist zweifellos mit Beginn des 20. Jahrhunderts in eine neue Etappe eingetreten. Sie erfaßte nicht nur die entwickelte westliche Welt, Nordamerika eingeschlossen, sondern auch Asien und Afrika. Von einer Gleichwertigkeit im Sinne einer von beiden Polen ausgehenden Verflechtung kann bei Fortbestand des Kolonialsystems nicht gesprochen werden. Aber die vom Westen als Machtzentrum ausgehende Globalisierung vollzog sich nicht mehr nur und ausschließlich in Asien und Afrika, dessen Präsenz sich umgekehrt erstmals nachhaltig und auch personell im Westen dokumentierte. Das Berlin der zwanziger Jahre als internationale Metropole mit einem hohen Ausländeranteil legt davon Zeugnis ab, wie Zakir Husain bald nach seinem Eintreffen feststellen konnte. Das Verständnis von Globalität im Sinne einer ganzheitlichen Welt wurde in dieser Stadt befördert, er sah den Zusammenhang von

Globalität und Macht nachdrücklich dokumentiert, aber selbst angesichts alternativer Entwicklungen nicht in Fage gestellt.
Die Relevanz einer bestimmten gesellschaftlichen Situation zu einem spezifischen Zeitpunkt darf für Wahrnehmungen an fremden Orten als gegeben angenommen werden. Im konkreten Fall kam bei Zakir Husain noch das Element des Zufälligen hinzu. Mit der Abschaffung des Kaiserreiches und dem Aufbruch der jungen Republik hielten Reformkräfte in Deutschland die Zeit auch für eine Revision des bestehenden Schulsystems für gekommen. Die Überlegung, stärker das Kind und seine Neigungen und Fähigkeiten in den Mittelpunkt pädagogischer Aufmerksamkeit zu rücken, stand im Mittelpunkt solcher Bemühungen und wurde von Gleichgesinnten in anderen europäischen Ländern und in den USA geteilt. Berlin war ein Zentrum der deutschen Reformpädagogik, aber es ist fraglich, ob sich aus Zakir Husains Unzufriedenheit mit der am britischen Bildungssystem orientierten Wissensvermittlung in Indien notwendigerweise ein Zugang zu den deutschen Schulreformern in der Weimarer Republik ergeben hätte. Hier half der Zufall in Gestalt der Familie, in der er als Untermieter wohnte, und in der Person einer jungen Deutschen, die ihn beide mit Theorie und Praxis der deutschen Reformpädagogik in Verbindung brachten. Ein außerhalb seines eigentlichen Interessen- und Aufgabengebiets liegende Problematik war es, die prägend für seine Begegnungen und Wahrnehmungen in der Fremde und bestimmend für die Richtung seines Weges nach Rückkehr werden sollte. Mit der Promotion in Nationalökonomie war sein ursprüngliches Anliegen für einen Deutschlandaufenthalt erfüllt, aber die zufällige Begegnung mit einem zeitgleich in Erscheinung tretenden Phänomen der westlichen Moderne in Gestalt der Reformpädagogik bestimmte seinen weiteren Lebensweg und ließ ihn zu einem Akteur des Wandels werden.
Am Beispiel Zakir Husains wird deutlich, daß mit der seit Beginn des 20. Jahrhunderts einsetzenden massiven/starken Präsenz von „Fremden" im Westen die bisher weitgehend einseitige Verflechtung im Sinne nicht nur der Dominanz, sondern auch der Präsenz des Okzidents im Orient eine Veränderung erfuhr. Für größere Bevölkerungskreise im Westen wurde erstmals eine direkte Wahrnehmung des Okzidents über den Bereich von Kunst, Wissenschaft und Kultur hinaus auch durch die persönliche Bekanntschaft mit Vertretern der bisher als exotisch und minderwertig deklarierten Mehrheit der Weltbevölkerung möglich. Die Niederlage im Ersten Weltkrieg und die Bedingungen des Versailler Vertrages ließen außerdem zu Beginn der zwanziger Jahre Teile der Bevölkerung in Deutschland bei ihrer Suche nach Auswegen aus der Misere auch nach Osten und konkret nach Indien schauen[4]. Diese

spezifische Situation als Ergebnis von Konflikten zwischen und innerhalb westlicher Nationen schuf eine spezifische Interessenlage, die es indischen Studenten in Deutschland erlaubte, Kultur, Geschichte und Persönlichkeiten ihres Landes und dessen Ringen um Unabhängigkeit darzustellen. Berlin als damals drittgrößte Stadt der Welt mit internationalem Flair bot dafür günstige Voraussetzungen. Von dieser Möglichkeit machte Zakir Husain während seines Aufenthaltes reichlich Gebrauch.[5]

Möglichkeiten und Grenzen bei der Umsetzung von Wahrnehmung und Aneignung

Voller Tatendrang kehrte Zakir Husain mit Abschluß der Promotion nach Indien zurück. Sein Horizont hatte sich erweitert, der Blick auf die eigene und fremde Welt verändert. Ungeachtet vieler positiver Eindrücke blieb seine Sicht auf den Westen nicht unkritisch, aber er teilte nicht die Auffassung, eine bessere Zukunft in Orient und Okzident sei nur auf revolutionärem Wege zu erreichen. Aus der Begegnung mit vielen Facetten des Okzidents erwies sich die Wahrnehmung neuer Inhalte und Formen von Bildung und Erziehung in Theorie und Praxis am nachhaltigsten. Die wissenschaftliche Fundierung und internationale Akzeptanz in Gestalt des Weltbundes für die Erneuerung der Erziehung verliehen der Reformpädagogik nach Auffassung Zakir Husains nicht nur einen globalen Charakter, sondern zugleich einen universalen Anspruch. Mit diesem Konzept könnte es möglich sein, in einer Einrichtung wie der Jamia Millia Islamia das Verlangen nach einer von der Kolonialmacht unabhängigen und an nationalen Bedürfnissen orientierten Bildung für alle Schichten der Bevölkerung zu realisieren.

Unter äußerst ungünstigen materiellen und finanziellen Voraussetzungen und Bedingungen, die ihn für die nächsten zwei Jahrzehnte begleiten sollten, ging Zakir Husain unter hohem persönlichen Einsatz an die Umsetzung seiner Vorstellungen, für die er Gleichgesinnte gewinnen konnte. Von grundsätzlicher Bedeutung war, daß er noch vor der Einführung und Anwendung neuer Unterrichtsmethoden und Lehrmittel an der Jamia Millia Islamia begann, eine Grundschulbildung als Fundament aller pädagogischen Bemühungen zu etablieren. Überzeugungsarbeit über die Richtigkeit des eingeschlagenen Weges und die Sinnfälligkeit des reformpädagogischen Ansatzes galt es sowohl gegenüber Lehrern wie Eltern zu leisten. Vorbildwirkung war gefordert, aber zugleich war Zakir Husain selbst noch ein Suchender.

Ständig war er um Weiterbildung bemüht und verfolgte aufmerksam die jüngsten Entwicklungen auf dem Gebiet von Bildung und Erziehung im eigenen Land, in Europa und Übersee. Aus Mangel an geeignetem Lehrmaterial wurde er zum Schulbuchautor. Im Verlaufe eines Jahrzehnts erwarb er sich durch seine Arbeit landesweit und international einen Ruf als ausgezeichneter Pädagoge und Bildungsexperte, ohne davon in irgendeiner Weise persönlich zu profitieren.

Zweifel, Vorwürfe und Kritik von anderen kamen dort, wo Zakir Husain Islam und Bildung miteinander in Einklang zu bringen suchte. Das Konzept seines Lehrmeisters Kerschensteiner von den Kulturgütern als Bildungsgut erschien ihm dafür bestens geeignet, ermöglichte es doch den Muslimen wie auch den Angehörigen anderer Religionsgemeinschaften in Indien einen Rückgriff auf Geschichte und Kultur der jeweils eigenen Religion bei Betonung wechselseitiger Toleranz und der allen gemeinsamen ethisch-moralischen Grundsätze und Werte. Damit entsprach er aber nicht den herkömmlichen Auffassungen unter indischen Muslimen über den Zusammenhang von Religion und Bildung. Zakir Husains Experimentieren mit neuen Inhalten und Methoden einer Volksschulbildung wurde von der Kritik orthodoxer muslimischer Kräfte begleitet. Sie erbrachte für die Jamia Millia Islamia ab Mitte der dreißiger Jahre vor allem zunehmend finanzielle Schwierigkeiten, konnte ihre Existenz als pädagogisches Laboratorium aber dank des bedingungslosen Engagements ihrer Mitarbeiter nicht ernsthaft gefährden. Im Rahmen der Jamia Millia Islamia vermochte sich der Akteur Zakir Husain bei der Umsetzung von Theorie und Praxis neuer Bildung noch über widrige Umstände hinwegzusetzen. Letztere sollten sich aber bei dem Versuch der Umsetzung auf nationaler Ebene als übermächtig erweisen.

Zakir Husains Engagement für eine allgemein verbindliche Grundschulbildung unter Berücksichtigung der von ihm als Kategorien universaler Gültigkeit wahrgenommen Grundsätze der Reformpädagogik offenbarte eine Vielzahl von Widerständen, auf die ein solches globales Projekt der Moderne Ende der ersten Hälfte des 20. Jahrhunderts in Indien gestoßen ist. Sie traten erkennbar in zwei großen Bereichen in Erscheinung. Da war zum einen der unterschiedlich ausgeprägte Kenntnisstand über moderne Bildung, wie er auf der Konferenz von Bildungsexperten und führenden Repräsentanten der Unabhängigkeitsbewegung im Oktober 1937 in Wardha zutage trat. Er machte zugleich ein unterschiedliches Verständnis und die Fehlinterpretation von Grundsätzen moderner Bildung und im Hinblick auf zentrale Kategorien der Reformpädagogik deutlich. Bei der konzeptionellen Bewältigung der Aufgabenstellung, einen siebenjährigen Lehrplan für eine Grundschulbildung auszuarbeiten, erwiesen sich Zakir Husains Erfahrungen im Umgang mit Theorie und Praxis neuer Bildung als großer Gewinn, und er konnte als Akteur des Wandels hierbei noch bedingt erfolgreich agieren. In der Verfolgung seiner Absichten setzten ihm dann jedoch Entwicklungen Grenzen, die er angesichts ihrer Dimension nicht zu überwinden vermochte.

Der Versuch einiger der vom Indischen Nationalkongreß dominierten Provinzregierungen, ab 1938 das neue Bildungskonzepts umzusetzen und die allgemeine Schulpflicht einzuführen, hatte in einem kolonialen Kontext wenig Aussicht auf Erfolg. Es waren auch weniger die mangelnden finanziellen, materiellen und personellen Voraussetzungen, über die diese nur kurze Zeit im Amt befindlichen Regierungen verfügten, bzw. das fehlende Engagement für die und ein unzureichendes Verständnis der Relevanz von Bildung angesichts ihrer von unmittelbaren Zwängen dominierten Prioritätenliste.

Als wirkliches Hindernis für eine zumindest partielle Umsetzung erwies sich die zu diesem Zeitpunkt zunehmende Auseinandersetzung zwischen dem Indischen Nationalkongreß und der Muslim Liga und die Bedeutung, die Bildung und Erziehung als eigenständiges Thema in diesem Prozeß erlangten. Muslimische Bevölkerungskreise interpretierten die Bildungspolitik einiger Provinzregierungen als Bedrohung ihrer kulturell-religiösen Eigenständigkeit. Fehlinformationen über den vermeintlich antireligiösen Charakter dieses Bildungskonzepts vermischten sich mit Vorurteilen gegenüber der Einführung einer für Jungen und Mädchen verbindlichen Schulbildung. Genährt wurden Vorbehalte unter Muslimen auch durch die Art und Weise der Einführung dieser neuen Schulbildung, die nicht selten mit einer vorsätzlichen bzw. unbewußten Assoziation mit Elementen des Hinduismus einherging. In der Konsequenz hat ein solcher Umgang mit dem maßgeblich von Zakir Husain geprägten Bildungskonzept dazu beigetragen, daß große Teile der muslimischen Bevölkerung Nordindiens ab Ende der dreißiger Jahre dazu übergingen, ihrer kulturell-sprachlichen und religiösen Bindung an den Islam Priorität gegenüber dem Anliegen einzuräumen, im gemeinsamen Ringen die Unabhängigkeit des Landes zu erlangen. Zakir Husain wurde von dieser Entwicklung überrollt und stand ihr zum Schluß hilflos gegenüber. Die führenden Repräsentanten der beiden Parteien leisteten 1946 seiner Einladung anläßlich des 25jährigen Bestehens der Jamia Millia Islamia noch Folge und bekundeten damit ihren Respekt gegenüber der Person und ihrem Werk. Der Appell, den Zakir Husain zur Beilegung ihrer Differenzen an sie richtete, verhallte ungehört. Mit Erlangung der Unabhängigkeit legte Zakir Husain sein Amt als Direktor der Jamia Millia Islamia und seine Funktion als Präsident des 1938 installierten nationalen Bildungskomitees nieder.

Veröffentlichungen des Autors zum Projekt

2001

Zakir Husain. Begegnungen und Erfahrungen bei der Suche nach moderner Bildung für ein freies Indien. In: P. Heidrich/H.Liebau: Akteure des Wandels. Lebensläufe und Gruppenbilder an Schnittstellen von Kulturen. Berlin: Das Arabische Buch 2001 (Studien des Zentrums Moderner Orient; 14), S. 105-130.

2000

Die Indische Legion in Frankreich. In: G. Höpp/B. Reinwald (Hg.), Fremdeinsätze. Afrikaner und Asiaten in europäischen Kriegen, 1914-1945. Berlin: Das Arabische Buch 2000 (Studien des Zentrums Moderner Orient; 13), S. 209-226.

1998

Indians and the Indian Cause in Germany (1918-1933). In: Journal of Historical Studies, Patna, 4 (1998), S. 87-99.

1997

Inder in Berlin. Berlin: Die Ausländerbeauftragte des Senats 1997 (herausgeben mit L. Günther).

1996

Zum Spektrum der indischen Präsenz in Deutschland von Beginn bis Mitte des 20. Jahrhunderts. In: G. Höpp (Hg.), Fremde Erfahrungen. Asiaten und Afrikaner in Deutschland, Österreich und der Schweiz bis 1945. Berlin: Das Arabische Buch (Studien des Zentrums Moderner Orient; 4) 1996, S. 331-346.

Anmerkungen

1   Zakir Husain hat keine Memoiren hinterlassen, die Aufschluß über seine persönlichen Beweggründe geben könnten. Rückschlüsse lassen sich aus den Autobiographien zweier Inder schließen, die zeitgleich mit Zakir Husain in Deutschland eintrafen: „I was young, indifferent and nonchalant and I did not have home-ties. That made me bold enough to take the risky plunge in the unfamiliar world of European civilization... Perhaps it was the effect of the atmosphere of the freedom struggle that was pervading around me. Every young man wanted to show what he could do for the country." (Zitiert aus: R.R. Diwarkar/S.B. Nargundkar (Hg.), Ganpuleys Memoirs. Bombay: Bharatiya Vidya Bhavan 1983, S. 35f.; „What I intend showing is that those who chose to study in Germany in those days were those

ing is that those who chose to study in Germany in those days were those who did not believe in following the beaten track. The student who chose the Continent as the place for higher studies, was imbued with the spirit of discovering a new world which was not bound by Thos. Cook, Ballard Pier, Tilbury Docks, Gower Street, three or four years in England and back. Besides, the student in Germany had no fixed future plans – in the ordinary sense – to look forward to. The more he tried to look into his future the darker it appeared. Highest German degrees had not that commercial value which even an ordinary English degree had. To add to it he was hounded by the C.I.D. (Central Intelligence Department – J. Oe.) as the British considered every man returning from Germany a dangerous revolutionary" (Zitiert aus: Mahdi Ali Mirza, Welcome Each Rebuff. Bombay: Times of India Press 1950, S. XII.

2   Vgl. J. Oesterheld, Die Indische Legion in Frankreich. In: G. Höpp/B. Reinwald (Hg.), Fremdeinsätze. Afrikaner und Asiaten in europäischen Kriegen, 1914-1945. Berlin: Das Arabische Buch 2000, S. 209-226, und ders., Zum Spektrum der indischen Präsenz in Deutschland von Beginn bis Mitte des 20. Jahrhunderts. In: Fremde Erfahrungen. Asiaten und Afrikaner in Deutschland, Österreich und der Schweiz bis 1945. Berlin: Das Arabische Buch 1996, S. 331-346.

3   Vgl. Zakir Husain, Die indischen Studenten in Deutschland. In: Mitteilungen des Deutschen Instituts für Ausländer, Berlin, (30. April 1926) 4, S. 23.

4   „... almost every right-minded Indian student in those days sensed the desire in the Germans to know more about India, ... „. Zitiert aus: M. Mujeeb, Dr. Zakir Husain. New Delhi 1997 (Erstausgabe New Delhi: National Book Trust 1972), S. 39.

5   Vgl. J. Oesterheld, Zakir Husain. Begegnungen und Erfahrungen bei der Suche nach moderner Bildung für ein freies Indien. In: P. Heidrich/H. Liebau (Hg.), Akteure des Wandels. Lebensläufe und Gruppenbilder an der Schnittstelle von Kulturen. Berlin: Das Arabische Buch 2001, S. 105-130.

ACHIM V. OPPEN

Teilprojekt (1996-2000): Die Eingrenzung „lokaler Gemeinschaften". Fallstudien zur Territorialisierung im Hinterland Ost- und Südzentralafrikas

Vorstellung des Projekts: Untersuchungsgegenstand, Fragestellung, Projektzusammenhang

Gegenstand dieses Teilprojekts im Rahmen des Gruppenprojekts 3 waren räumliche Konzeptualisierungen sozialer und politischer Ordnung im ländlichen Afrika, insbesondere die Definition lokaler Grenzen. Am Beispiel der Distrikte Zambezi/Kabompo in Nordwest-Zambia und des Ngulu-Gebirges in Nordost-Tanzanias wurde untersucht, wie im Verlaufe des 20. Jahrhunderts lokale Machtsphären und gemeinschaftliche Identitäten zunehmend als „Territorien" gedeutet und abgegrenzt wurden, zu welchen Konflikten das führte und welche Konsequenzen das für die Aushandlung von „internen" wie „externen" Beziehungen hatte. Im Mittelpunkt stand einerseits die Durchsetzung neuartiger Vorstellungen von flächendeckender, totaler Kontrolle bis in die untersten Einheiten des kolonialen und postkolonialen Staats. Zum anderen ging es um die Verbreitung eines Ideals räumlich fixierter, homogener und exklusiver „Wir-Gruppen" (Elwert), von Ethnien bis hin zu Dorfgemeinschaften und religiösen Gemeinden. Besonderes Interesse richtete sich auf die Kongruenzen, Widersprüche und Wechselbeziehungen dieser beiden Modelle, sowohl untereinander als auch gegenüber nicht-territorialen Raumvorstellungen, die in der populären Alltagspraxis eine große Bedeutung behielten. Der Bezug zum thematischen Ansatz des Gesamtprojekts „Aneignung und Abgrenzung in der Globalisierung" wird in den beiden folgenden Abschnitten auf konzeptioneller und auf empirischer Ebene diskutiert.

Erfahrungen bei der Umsetzung des thematischen Ansatzes

A. Konzeptionelle Erfahrungen: „Aneignung von Abgrenzungen"?

Obwohl es territoriale Raumwahrnehmungen natürlich auch außerhalb der europäisch geprägten Moderne gab, erlangten die hier untersuchten Modelle im 20. Jahrhundert eine hegemoniale Bedeutung. Dies kann in doppelter Hinsicht, sowohl inhaltlich als auch historisch, als ein Prozeß der „Globalisierung" betrachtet werden. Erstens, inhaltlich, schlossen erst „moderne" Modelle von Territorialität als flächendeckende, homogene Herrschaftsverbände bzw. Gemeinwesen – idealtypisch betrachtet – die Vorstellung ein, daß ihre Grenzen nicht nur das Ende des „Eigenen" markierten, sondern zugleich den Beginn strukturell gleichartiger („homologer") Einheiten der Anderen, an die sich wiederum weitere anschlossen, usw. Diese Einheiten waren nun überwölbt, wenn auch oft implizit, von der Vorstellung eines gemeinsamen, endlichen Gesamtraumes, der vom Territorialstaat bis zum Globus reichen konnte. In seinem Rahmen war eine Art von geregeltem, „grenzüberschreitendem" Verkehr zwischen den einzelnen Einheiten (und nicht nur zwischen einzelnen Akteuren) notwendig und auch möglich. Diese Bündelung von „internen" wie „externen" Beziehungen und ihre Fokussierung auf durchgehende, mehr oder weniger scharfe Grenzen erhöhte allerdings auch die Schärfe und Dynamik entstehender Konflikte. Denn sie ermöglichten vermeintlich eindeutige, dichotomische Erklärungsmuster („hier"/„dort", „innen"/„außen", „wir"/„ihr") und eine Reduktion auf relativ wenige Aushandlungskanäle (Institutionen, Codes), die letztere oft überforderten.

Diese Implikationen territorialer Modelle sind empirisch gerade da gut zu beobachten, wo andere räumliche Konzepte von sozialen Beziehungen und politischer Macht – insbesondere netzwerkartige und konzentrisch-patronageartig organisierte – bis vor nicht allzu langer Zeit vorherrschten und vielfach bis heute eine Rolle spielen. In dünnbesiedelten Gebieten Zentral- und Ostafrikas ist die Idee des sozialen Verbands als geschlossene „Gemeinschaft" (*tribe, village, family, cooperative, congregation*, u.ä.) viel jünger als meist angenommen. Ihre Verknüpfung mit den territorial definierten Untereinheiten des kolonialen und nachkolonialen Staats (*district, chiefdom, village area, parish, ward* u.ä.) und den Machtinteressen lokaler Führer, im Kontext zunehmender Konkurrenz um fruchtbares Land (Tanzania)[1] bzw. um staatliche Infrastruktur (Zambia, s.u.) hat vielfach zu zählebigen Konfliktlagen geführt. Gewisse Aushandlungschancen bieten fortbestehende ältere Beziehungsmodelle, oft verbunden mit höherer räumlicher Mobilität, als sie das Territorialmodell vorsieht. Besonders spannend aber ist die Frage, inwieweit unter veränderten Rahmenbedingungen auch das territoriale Modell ein Aushandlungspotential hat, das sich etwa auf eine wachsende Abhängigkeit von gemeinsam benötigten Ressourcen wie Land oder Infrastruktur stützt.[2]

Ein zweiter Bezug zu Globalisierungsprozessen ergibt sich in historisch-erklärender Hinsicht. Die „Territorialisierung" politischer Macht und sozialer

Identitäten bis hinunter auf die lokale Ebene stand vor allem im Kontext der weltweiten Ausbreitung des Nationalstaats als Modell und als System. Dies kann in vielfältigen Varianten auch an so extrem „lokalen" (peripheren) Orten wie den hier untersuchten Regionen Afrikas beobachtet werden. Hier treten allerdings auch die Widersprüche dieser Prozesse besonders deutlich heraus. Einerseits war die Durchsetzung territorialer Modelle von Macht und Gemeinschaft mit vielfachen Formen administrativen Zwangs verbunden. In beiden Fallbeispielen wurden „große" (internationale, regionale) Verwaltungsgrenzen und die damit verbundenen politischen und symbolischen Praktiken Schritt für Schritt auf die lokale Ebene heruntergedekliniert. Immer wieder wurde versucht, individuelle Mobilität zu verhindern oder aber ganze Bevölkerungsgruppen umzusiedeln, um die Realität dem Ideal einer säuberlichen Trennung von Zuständigkeiten und Zugehörigkeiten näherzubringen. Andererseits war dies ganz eindeutig ein Anpassungsvorgang, der nicht nur von „oben" nach „unten" verlief, sondern in der Praxis oft auch umgekehrt: Die vom Staat oktroyierten lokalen Grenzen und Identitäten mußten immer wieder den sehr viel unordentlicheren Realitäten angeglichen werden. Daß territoriale Vorstellungen sich überhaupt in gewissem Maße durchsetzten und dabei eine beträchtliche Eigendynamik entfalteten, wäre nicht ohne ein beträchtliches Maß an lokaler Aneignung und Adaptation dieser Modelle erklärbar. An kaum einer Stelle wurde in den untersuchten Fällen eine Grenzziehung an sich und prinzipiell abgelehnt – die oft heftigen Auseinandersetzungen um lokale Grenzen drehten sich regelmäßig nur darum, wo die „richtige" Grenze verlaufen solle, welche Argumente dafür gültig seien und welche praktischen Konsequenzen die Grenzziehung haben würde. Diese Auseinandersetzungen wurden dann zum Brennpunkt einer ganzen Palette von Interessen und Sichtweisen. Auf diese Weise mag sich die globale Verbreitung territorialer Modelle in vielen Gesellschaften der Moderne vollzogen haben.

Bezogen auf das Thema des Gesamtprojekts am ZMO – „Aneignung und Abgrenzung in der Globalisierung" – scheint sich hier eine verbale Pirouette anzubieten: Die „Aneignung" globaler Prozesse stand keineswegs im Gegensatz zu Prozessen der Ab- bzw. Ausgrenzung; man könnte geradezu von einer „Aneignung von Abgrenzungsformen" sprechen. Allerdings richteten sich lokale und ethnische Abgrenzungen in Afrika keineswegs gegen globale Einbindungen als solche. Vielmehr waren diese Abgrenzungen in mancher Hinsicht sogar eine Voraussetzung für stärkere Teilhabe an der nationalen und internationalen Arena. Gerade in abgelegenen „Aschenputtel-Gebieten" war mit der Betonung kultureller Eigenständigkeit und territorialer Bindung durch lokale Intellektuelle gegenüber Vorwürfen von Hinterwäldlertum und Unstetheit ein Streben nach Aufwertung gegenüber rivalisierenden Gruppen und Orten verbunden, die sich etwa seit Mitte des Jahrhunderts vor allem am Zugang zu Entwicklungsressourcen aller Art bemißt. In Nordwest-Zambia etwa findet seit Jahrzehnten ein Kampf um eigenständige bzw. größere administrative Einheiten statt, der von den *village areas*[3] über neue Distrikte[4] bis zur Provinz[5] reicht. Er wird u.a. mit lokalen Historiographien, kulturellen Festivals aber auch tribalistischer Gewalt ausgetragen. Dabei scheint es allerdings, entgegen der territorialen Rhetorik, noch immer kaum um Land als solches zu gehen, sondern einerseits um die „konzentrische" Macht der lokalen Wortführer, gemessen am alten Kriterium der Gefolgschaft, und andererseits um eine verbesserte Anbindung an die nationale bzw. globale Moderne, die sich paradigmatisch in der anhaltenden Forderung nach dem Ausbau der Fernstraße in den urbanisierten Kupfergürtel äußert. Analoge Auseinandersetzungen finden auf kirchlicher Ebene statt (s.u.).

So hat dieses Teilprojekt gezeigt, daß an Prozessen der „Globalisierung", bei höchst ungleichen Machtverhältnissen, eine Vielzahl von Akteuren beteiligt sein können. Zugleich wurde deutlich, daß dazu nicht nur grenzüberschreitende, sondern auch grenzbildende Prozesse gehören. Die hier untersuchten lokalen Grenzziehungen zeigen besonders deutlich, daß sich räumliche Abgrenzungen keineswegs gegen translokale Bewegungen und Beziehungen richten, sondern eher ein Versuch sind, diese zu regulieren. Wie der Zusammenhang von Abgrenzung und Grenzüberschreitung im einzelnen aussieht, hängt allerdings von den unterschiedlichen Standpunkten der Akteure ab. Intellektuelle und politische Wortführer betreiben lokale Abgrenzung vor allem als Modus der Integration in einen übergreifenden Nationalstaat; dieser Modus, ebenso wie der Nationalstaat selbst, sind in „internationale" Werte und Beziehungen eingebettet. Die Mehrheit der Landbevölkerung dagegen unterhält im Alltag bereits vielfältige translokale Beziehungen (z.B. Kleinhandel, Migration), scheint aber vor allem darauf aus zu sein, diese gegen politische Willkür und ungehemmte Marktkräfte zu sichern. Dies bedeutet eine sehr selektive Aneignung globaler Prozesse und kann auch zu radikalen Tendenzen der Ausgrenzung führen, die sich in Forderungen nach ethnischer oder religiöser Säuberung oder auch nach der *witchcraft cleansing* äußern.[6]

B. Wahrnehmungen der Akteure: Der Fall der Vakakaye

Die bisherigen, recht abstrakten Schlußfolgerungen sollen nun an einem lokalen Fallbeispiel verdeutlicht werden. Es zeigt zugleich, daß „globale Prozesse" und „Globalität" nicht nur in der abstrahierenden Perspektive des Forschers, sondern auch in den Wahrnehmungen der von ihm untersuchten Akteure eine wichtige Rolle spielen.

Der abgelegene Ort Chavuma, beiderseits des oberen Zambezi und direkt an der zambisch-angolanischen Staatsgrenze gelegen, ist seit Jahrzehnten Schauplatz heftiger Auseinandersetzungen um lokale Identität und Grenzen, die ihn immer wieder in die Schlagzeilen der nationalen Presse bringen.[7] Ihren ersten Höhepunkt erreichten diese Konflikte Mitte der 1950er Jahre mit einer Folge populärer Protest- und Boykottaktionen unter der Führung wichtiger *Village Headmen*, die sich gegen lokale *Chiefs* und die diesen unterstehenden *Native Administrations* richtete – damals die unterste Ebene der staatlichen Verwaltung. Die Aktionen entzündeten sich an Eingriffen wie der Einführung von Lunda als Unterrichtssprache, der alleinigen Anerkennung des sogenannten *Customary Law* der Lunda und der Senkung von Aufkaufpreisen für Agrarprodukte. Die Bewegung bezeichnete sich selbst als „*vakakaye rebellion*"[8]. In der Sprache der lokalen Bevölkerungsmehrheit (Luvale) bedeutet *vakakaye* ungefähr „die Leute der Welt" oder „die Welt-Leute"[9]. Die Perspektive der „Rebellen" schien jedoch alles andere als global zu sein, ging es in ihren Forderungen doch um die möglichst weitgehende Autonomie der Lokalität Chavuma (die sie mit dem bezeichnenden neuen Namen *lifuchi lya Chavuma*, „Chavuma-Land" belegten).

Dennoch war die programmatische Betonung der Zugehörigkeit zur „Welt" (*kaye*) hier sicherlich kein Zufall. Dies wird verständlich, wenn man die Semantik von *kaye* näher erkundet und in den damaligen Kontext stellt. Diskussionen mit Veteranen der Bewegung ergaben, daß sie mit dieser Bezeichnung auf mindestens zwei Bedeutungen anspielten. Zum einen wurde „Welt" gleichbedeutend mit „große Mehrheit, Alle" verstanden. Damit richtete sich der Name politisch gegen ein Regime, das seine Legitimation nicht aus dem Mehrheitswillen bezog und als Diktatur empfunden wurde. Dies betraf zunächst weniger die britische Kolonialverwaltung, die von den Rebellen sogar als übergordnete Schiedsinstanz angerufen wurde. Hauptgegner war vielmehr der örtliche Lunda-*Chief*, zu dessen Territorium die gleiche Kolonialverwaltung den östlichen, größeren Teil des „Chavuma-Landes" geschlagen hatte. Dessen sprachpolitische, juristische und steuerliche Maßnahmen wurden als einseitige Begünstigungen der Lunda-sprechenden Minderheit in dem Gebiet angesehen. Ziel der „Rebellion" war es daher, diesem *Chief* die Zuständigkeit für Chavuma-Ost zu entziehen und die beiden Hälften wiederzuvereinigen – natürlich unter der Autorität eines Luvale-*Chiefs*. Dahinter steckte aber offensichtlich mehr als eine tribalistische Politik zugunsten „der" Luvale.[10] Das zeigte sich u.a. daran, daß 1956 auch im westlich des Zambezi gelegenen Teil Chavumas, der schon seit langem einem Luvale-*Chief* unterstand, eine *vakakaye rebellion* stattfand. Sie wandte sich gegen die hohen Abgaben und niedrigen Erzeugerpreise, die dessen *Native Authority* dort festgesetzt hatte.

Aus einer Serie von Protestbriefen, die die „wichtigen *Village Headmen*" beiderseits des Flusses an die Kolonialverwaltung schickten, wird deutlich, daß sie für ihr Gebiet einen *Chief* nach Wahl des Volk forderten – bisher war es eher umgekehrt gewesen. Dieser Diskurs verwendete eindeutig Anleihen aus der weiteren Welt, nämlich aus der Rhetorik der Befreiungsbewegungen dieser Zeit. Diese fand auch im bald darauf (1964) unabhängigen Zambia viele Anhänger, insbesondere in den großen Städten. Über junge Migranten und Intellektuelle gelangte beides nach Chavuma – die Rhetorik und das Bewußtsein der Einbindung in einen weltweiten Kampf gegen Kolonialismus und für Demokratie. Im Falle Chavumas war dieser Kampf übrigens recht erfolgreich: von 1950 bis 1957 war Chavuma-Ost das erste und einzige ländliche Gebiet Zambias, das von der ungeliebten „indirekten" Herrschaft der *Chiefs* ausgenommen und direkt der Verwaltung des Zentralstaates unterstellt wurde. Die Gegenseite versuchte daraufhin ihrerseits, globale Rechte und Verfahren für sich einzusetzen: 1955 reichte der Lunda-*Chief* über ein renommiertes Anwaltsbüro formal eine Petition gegen die Mißachtung seiner legitimen Ansprüche auf Chavuma-Ost bei der britischen Regierung in London ein.

Die zweite, vielleicht ältere Bedeutung von *kaye*, „Welt", geht weniger in eine räumliche als in eine religiöse Richtung. Hier bezeichnet das Wort den Bereich des „Irdischen", „Weltlichen", Zeitlichen oder Profanen, der dem Jenseits, dem „Himmlischen" oder „Heiligen" gegenübersteht. Auch diese Bedeutung hatte im 20. Jahrhundert eine wichtige Aufwertung durch die Einbindung in globale Diskurse erfahren – hier die christliche Mission. Wie der entsprechende Eintrag in dem Standard-Wörterbuch des Luvale verrät, das von der pietistischen Missionsgesellschaft vertrieben wird, die seit 1923 auch die Chavuma-Mission betreibt, spielten diese Kategorien in den Predigten der Zeit eine große Rolle.[11] Die ersten Konvertiten waren eher unterprivilegierte Gruppen gewesen; aber im Laufe der Zeit waren die *Chiefs* beider Seiten Chavumas zu wichtigen Gliedern dieser Missionskirche geworden. Mit der Modernisierung des Häuptlingstums im Rahmen des *Indirect-Rule*-Systems, die sich in Nordwest-Zambia bis in die 1940er Jahre hinzog, hatte sich die Legitimität der Chiefs zunehmend auf eine Kombination weihevoller Rhetorik von „Stammestraditionen" mit pietistischem Respekt für die „gottgewollte" weltliche Ordnung gestützt. Aber auch viele ihrer rebellischen „Untertanen" besuchten die Gottesdienste und Bibellesungen der gleichen Mission, die bis in die 1950er Jahre ein Monopol auf christliche Verkündigung in

Chavuma hatte. Um so provozierender mußte in diesem Kontext die Abgrenzung wirken, die in der Betonung der „Weltlichkeit" ihres Protests lag. Der Lunda-*Chief* mit seinen Beratern jedenfalls nahm diesen Aspekt deutlich wahr; in seinen Briefen und Eingaben an die Kolonialverwaltung sprach er wiederholt von einer „unholy rebellion" gegen seine Autorität.[12] Auch die Missionare, die anfangs in der Frage der Unterrichtssprache mit den „Rebellen" sympathisiert hatten, sahen die *vakakaye* und die mit ihnen verbündeten antikolonialen Kräfte als Angriff gegen ihre Dominanz in der Gegend; verärgert mußten sie feststellen, daß sogar Lehrer der Missionsschule an der Abfassung der Protestbriefe mitwirkten.

Die verbale, vielleicht auch etwas selbstironische Betonung der Weltlichkeit des Protests scheint allerdings nicht grundsätzlich gegen christliches Gedankengut gerichtet gewesen zu sein. Interessanterweise sind viele der damaligen Wortführer der *vakakaye*-Rebellion heute in den unterschiedlichsten kirchlichen Gemeinschaften aktiv, die sich inzwischen in Chavuma verbreitet haben. Die Verknüpfung von Lokalität und Globalität hat sich dabei keineswegs erledigt, sondern zeigt sich nun in anderer Form: Ehemals Vertreter eines globalen Demokratie-Diskurses, stellen sich diese Veteranen heute als lokale Gemeindeälteste dar, die weltweit verbreiteten Konfessionen angehören – von der *American Presbyterian Church* über die Zeugen Jehovas und die Neu-Apostolische Kirche bis zu den zahlreichen Varianten der Pfingstler. Manche von ihnen verweisen stolz darauf, daß sie ihren Predigttext, 14-täglich per Fax zugestellt, mit zehntausenden von Brüdern und Schwestern in aller Welt teilen.

Dieses Beispiel zeigt in eindrücklicher Weise, so meine ich, wie lokale Intellektuelle und politische Aktivisten, die um lokale Grenzen und Eigenständigkeit kämpfen, sich selbst als Wortführer globaler Ideen und Normen definieren. Sie verwenden solche Diskurse keineswegs nur instrumentell zur Verfolgung lokaler Interessen. Umgekehrt können diese Kämpfe sogar, wie oben formuliert, als ein Modus des Strebens nach Einbindung in übergreifende Einheiten angesehen werden. Wie der amerikanische Ethnologe James Ferguson kürzlich betonte, hat in Afrika nicht nur bei den Eliten das Streben nach Teilhabe an der globalen Moderne, das Pochen auf fortgesetzte Verbindung mit dem „Westen" und auf dessen weltbürgerliche Verantwortung Vorrang vor Abgrenzungen von dieser Moderne als solcher.[13] Wie das hier vorgestellte Beispiel zeigt, ist dies ist kein neues Phänomen. Schon die Kämpfe um lokale und nationale Eigenständigkeit, die im Zeitalter der Dekolonisation vielfach auftraten und sich miteinander verknüpften, zeigten dieses Streben nach Teilhabe. Dabei ging es allerdings auch um die politischen und moralischen Bedingungen dieser Einbindung – sie sollte nicht mehr einer Unterwerfung gleichkommen.

Veröffentlichungen des Autors zum Projekt

2001

Jenseits von Ujamaa. Zur Soziologie der Dekommunalisierung. In: A.-M. Brandstetter/D. Neubert, Hg.), Post-koloniale Transformation in Afrika. Zur Neubestimmung der Soziologie der Dekolonisation. Münster: LIT 2001.

2000

Unmaking a periphery: Territorial discourse and translocal practice in a Central African borderland. In: U. Engel/A. Jones/R. Kappel (Hg.), VAD 17. Tagung „Afrika 2000" (CD-ROM). Münster: LIT 2000.

1999

Ecology, land conflicts, and local institutions in Western Handeni (Tanzania). In: E. Alber/J. Eckert (Hg.), Settling of land conflicts by mediation/Schlichtung von Landkonflikten – ein Workshop. Berlin, Frankfurt/M.: Institut für Ethnologie der FU, Deutsche Gesellschaft für Technische Zusammenarbeit (GTZ), 1999. (Broschüre und CD-ROM).

Imagined territory: The bounding of Chavuma (Northwestern Zambia) since 1900. In: African Studies Association (Hg.), 1998 Annual Meeting Papers of the ASA. New Brunswick: African Studies Association 1999 (CD-ROM).

Die Territorialisierung des Dorfes (Nordwest-Zambia, seit ca. 1945). In: R. Kößler/D. Neubert/A. v.Oppen, (Hg.), Gemeinschaften in einer entgrenzten Welt. Berlin: Das Arabische Buch 1999 (Studien des Zentrums Moderner Orient; 12), S. 35-54.

Die Territorialisierung des Dorfes (NW-Zambia, seit ca. 1945) [Kurzfassung des vorigen]. In: H. Schwengel (Hg.), B. Höpken (Mitarb.), Grenzenlose Gesellschaft?: 29. Kongreß der Deutschen Gesellschaft für Soziologie – 16. Österreichischer Kongreß für Soziologie – 11. Kongreß der Schweizerischen Gesellschaft für Soziologie Freiburg im Breisgau 1998: Bd II/1: Sektionen – Forschungskomitees – Arbeitsgruppen. Pfaffenweiler: Centaurus 1999.

1998

Einleitung (mit J.-G. Deutsch). In: Dies. (Hg.), Landschaft: Historische Erfahrung und soziale Praxis (Themenschwerpunkt). In: H. Schmidt/A. Wirz (Hg.), Afrika und das Andere. Alterität und Innovation. Jahrestagung der VAD vom 3.-6.10.1996 in Berlin. Münster: LIT 1998 (Schriften der Vereinigung von Afrikanisten in Deutschland (VAD); 17). S. 269f.

Dorf, Siedlung, Gemeinschaft. In: J.-G. Deutsch/A. Wirz (Hg.), Geschichte in Afrika. Einführung in Probleme und Debatten. Berlin: Das Arabische Buch 1998 (Studien des Zentrums Moderner Orient; 7), S. 231-260.

1997

Landscape in Africa: process and vision. An introductory essay (mit Ute Luig). In: U. Luig/A. v.Oppen (Hg.), The making of African landscapes. Paideuma, Stuttgart, 43 (1997), S. 7-45.

1996

Moralische Territorialität. Die Eingrenzung von Indirect Rule am Oberen Zambezi (Nordrhodesien/Zambia). In: P. Meyns (Hg.), Staat und Gesellschaft in Afrika. Erosions- und Reformprozesse. Jahrestagung der VAD vom 28.-30. April 1995 in Duisburg. (Schriften der VAD; 16). Münster: LIT 1996, S. 120-131.

Village Studies. Zur Geschichte eines Genres der Sozialforschung im südlichen und östlichen Afrika. In: Paideuma, Stuttgart, 42 (1996), S. 17-36.

Villages beyond Ujamaa. Land conflicts and ecology in Western Handeni. In: D. Schmied (Hg.), Changing rural structures in Tanzania. (Beiträge zur Afrikaforschung; 11). Münster: LIT 1996, S. 85-106.

Beyond villagization. Land conflicts and local institutions in Northeastern Tanzania. In: H.S. Marcussen (Hg.), Improved natural resource management – the role of formal organisations and informal networks and institutions. (International Development Studies Occasional Paper; 17) Roskilde: IDS, Roskilde University 1996, S. 207-231.

Matuta. Landkonflikte, Ökologie und Entwicklung in der Geschichte Tanzanias. In: U. v.d.Heyden/A. v.Oppen (Hg.), Tanzania: Koloniale Vergangenheit und neuer Aufbruch. (Afrikanische Studien; 7). Münster: LIT 1996, S. 47-84.

In Vorbereitung

Stichworte „Dorf" und „Nachbarschaft". In: J.E. Mabe (Hg.), Afrika-Lexikon. Stuttgart: Metzler.

Anmerkungen

1 A. v.Oppen, Ecology, land conflicts, and local institutions in Western Handeni (Tanzania). In: E. Alber/J. Eckert (Hg.), Settling of land conflicts by mediation/Schlichtung von Landkonflikten – ein Workshop. Berlin, Frankfurt/M.: Institut für Ethnologie der FU, Deutsche Gesellschaft für Technische Zusammenarbeit 1999 (Broschüre und CD-ROM).
2 Ebenda.
3 A. v.Oppen, Die Territorialisierung des Dorfes (Nordwest-Zambia, seit ca. 1945). In: R. Kößler/D. Neubert/A. v.Oppen (Hg.), Gemeinschaften in einer entgrenzten Welt. Berlin: Das Arabische Buch 1999, S. 35-54.
4 A. v.Oppen, Imagined territory: The bounding of Chavuma (Northwestern Zambia) since 1900. In: African Studies Association (Hg.), 1998 Annual Meeting Papers of the ASA. (CD-ROM) New Brunswick: African Studies Association 1999.
5 A. v.Oppen, Unmaking a periphery: Territorial discourse and translocal practice in a Central African borderland. In: U. Engel/A. Jones/R. Kappel (Hg.), VAD 17. Tagung „Afrika 2000" (CD-ROM). Münster, Hamburg: LIT 2000 (12 S.). Eine ausführlichere Fassung dieses Beitrags erscheint im Sociologus, Berlin, (2002) 1.
6 v.Oppen, Ecology..., a.a.O., S. 49.
7 Eine ausführliche Untersuchung dieses Fallbeispiels erscheint in meiner Habilitationsschrift Elusive boundaries. *The territorialisation of locality in Central Africa, c. 1890s to 1990s* (einzureichen bei der Fakultät Philosophie III an der Humboldt-Universität zu Berlin), Teil 3.
8 Informationen über diese heute fast vergessene Bewegung und ihren Namen wurden aus folgenden Quellen gezogen: „The Vakakayi Case", confidential report by District Commissioner Balovale to Provincial Commissioner Northwestern Province, 5.5.1956, Ms., 15 S. In: Balovale District Notebook, National Archives of Zambia (NAZ) Akte KTW 1/1, I); Briefe der *Important Chavuma Headmen* und Memoranda der Luvale und Lunda *Native Authorities*. In: NAZ Akten LGH 5/4/1, 5/5/3 und 5/4/4; Wele, P., *Likumbi lya Mize and other Luvale traditional ceremonies*. Lusaka: Zambia Educational Publishing House 1993, S. 74; Interviews mit Headman Mutonga (Samuel Mukendenge), Chavuma, 6.5.1996; Headman Samutonga (Mr. Mbundu), Chavuma, 7.5.1996; Mssrs. Samuyachi und Konga, Sanjongo, 9.5.1996; Mr. Manuwele, Chavuma, 10.5.1996; W.R.Mwondela, Chavuma, 7.4.1998; Solomon K. Njolomba, Chavuma, 8.4.1998.
9 Personalpronomen Plural *va-*, enklitisches Possessivum *-ka-* („gehörig zu"), Nominalpräfix Singular *ka-* (Artikel), Stamm *-ye* („Welt").
10 vgl. R.J. Papstein, From ethnic identity to tribalism: the Upper Zambezi Region of Zambia, 1830-1981. In: L. Vail (Hg.), The creation of tribalism in Southern Africa. Berkeley: University of California Press 1989, S. 372-394. Trotz unterschiedlicher Ausgangssprachen unterhalten Luvale und Lunda intensive Austausch- und Heiratsbeziehungen; die ethnische Unterscheidung ist vor allem eine Frage der politischen Position.
11 Siehe A.E. Horton, A dictionary of Luvale. (1. Auflage 1953). o.O: 1990 (Druck der Christian Missions in Many Lands), S. 462.
12 z.B. Chief Ishinde an District Commissioner Balovale, 16.2.1950, NAZ Akte LGH 5/4/1.
13 „Of Mimicry and Membership: Africans and the ‚New World Society'", Vortrag auf dem Symposium „*Entangled Modernities*", Berlin, Haus der Kulturen der Welt, 8.-10.12.2000.

ANJA PELEIKIS

Teilprojekt (1998-2000): Lokalität, Konfessionalität und Geschlecht. Zum Wandel lokaler Identitäten am Fallbeispiel multi-konfessioneller Dörfer im Libanon

Vorstellung des Projekts: Untersuchungsgegenstand, Fragestellungen, Projektzusammenhang

In diesem Teilprojekt wurde der Bedeutung und dem Wandel von Lokalität im Zeitalter der Globalisierung am Fallbeispiel eines multi-konfessionellen Dorfes im Libanon nachgegangen. Im Zentrum stand dabei die Frage, wie lokale Koexistenz in christlich-muslimischen Dörfern im Vorkriegslibanon möglich war, wie sich die Situation während des 15jährigen Bürgerkrieges entwickelte und wie ein Zusammenleben heute vorgestellt und praktiziert wird.

Erfahrungen bei der Umsetzung des thematischen Ansatzes

A) Erfahrungen mit dem Konzept Globalisierung

Im Kontext der Diskussionen um Globalisierung in den Sozialwissenschaften wurde auch die Lokalitätsdebatte wieder neu belebt. Während bei dem Begriff der Lokalität zumeist von der Vorstellung eines sozialen Raumes bzw. einer lokalen Gemeinschaft ausgegangen wurde, die sich über direkte *face-to-face* Beziehungen, über physische Nähe und einer Form von Alltäglichkeit im Hier und Jetzt definiert, wird diese Gleichsetzung vor dem Hintergrund der Globalisierungsdebatten immer mehr in Frage gestellt. Empirische Studien haben gezeigt, daß Lokalität im Sinne physischer Nähe nicht mehr das einzige Modell ist, auf dessen Basis Gemeinschaft gedacht wird. Soziale Gemeinschaften können sich auch über lokale, regionale und nationale Grenzen hinweg durch die Reduzierung geographischer Distanzen infolge neuer globaler Informations- und Transporttechnologien konstituieren.[1] Globalisierung im Giddensschen Sinne – die immer dichter und schneller werdende Verflechtung zwischen räumlich weit entfernten Strukturen, Prozessen und Ereignissen[2] – hat sozialen Akteuren eine Loslösung von konkreten Räumen und Territorien erlaubt und die Emergenz von transnationalen und translokalen Gemeinschaften wenn auch nicht primär herbeigeführt, so jedoch in vielen Fällen gefördert und unterstützt.

Das untersuchte multi-konfessionelle Dorf Joun ist – wie viele libanesische Dörfer – ein „translokales Dorf", das mit seinen sozialen, politischen und ökonomischen Beziehungen nicht mehr nur in einem festen Territorium verankert ist, sondern sich auf der Basis translokaler sozialer Beziehungen über lokale, regionale und nationale Grenzen hinweg konstituiert.[3] Dorfbewohner/innen, die in Beirut oder im Ausland leben, gehören sowohl offiziell[4] als auch im Verständnis der vor Ort Lebenden zum Dorf, halten über moderne Kommunikationsmittel den engen Kontakt und bringen sich vielfältig in die Beziehungen und Aushandlungsprozesse über Lokalität vor Ort ein.

Dieser im Kontext der Debatten um Globalisierung entwickelte „territorial" entkoppelte Zugang zu lokalen Gemeinschaften war ein wesentlicher Ausgangspunkt für das Teilprojekt. Lokalität wird dabei – in Anlehnung an Arjun Appadurai[5] – nicht als statische, kleinräumliche Einheit mit klar definierten Außengrenzen vorgestellt, sondern viel mehr als Gegenstand sozialer Praxis und Konstruktion untersucht. Davon ausgehend, wurde in dem Projekt der Frage nachgegangen, wie Lokalität in konfessionell gemischten Dörfern im Vorkriegslibanon geschaffen wurde, wie sich dieses Zusammenleben aufgrund des Bürgerkrieges veränderte und wie sich die lokalen und konfessionellen Identitäten und Beziehungen in Post-Kriegszeiten re-konstituieren. Hier argumentiere ich, daß lokale Identität im multi-konfessionellen Dorf vor dem Bürgerkrieg nicht einfach aufgrund der Tatsache, daß Christen und Muslime an einem Ort lebten, gegeben war. Soziale Beziehungen über die konfessionellen Grenzen hinweg, die zu einer gemeinsamen lokalen Identität führten, mußten im Alltag immer wieder neu bestätigt und ausgehandelt werden. Nachbarschaft spielte dabei eine wesentliche Rolle für die Stärkung konfessionsübergreifender Beziehungen. Durch nachbarschaftliche Hilfen in der Landwirtschaft, das Beiwohnen bei Hochzeiten, Beerdigungen und religiösen Festen wurde die lokale Identität immer wieder neu bestärkt. Diese nachbarschaftlichen, alltäglichen Beziehungen waren die Basis für die Produktion lokaler Ko-Existenz. Diese Beschreibungen sollen kein verklärendes, romantisierendes Bild eines toleranten lokalen multi-konfessionellen Zusammenlebens vor dem Bürgerkrieg liefern. Vielmehr soll konstatiert werden, daß lokale Identität ein wichtiger gemeinschaftsstiftender transkonfessioneller Faktor war und Konfliktlinien sich oft nicht zwischen Konfessionsgruppen, sondern zwischen anderen sozialen Einheiten, wie z.B. zwischen Familien oder Bewohner/innen unterschiedlicher Dorfviertel auftaten.

Schon vor dem Bürgerkrieg hatten Migranten/innen in Übersee oder Arbeitsmigranten/innen in der Hauptstadt Beirut eine wichtige Rolle und brachten sich als „translokale" Akteure in die Aushandlungsprozesse um Lokalität ein. Seit Beginn des 20. Jahrhunderts gab es die ersten Migranten/innen aus Joun, die es nach Nord- und Südamerika zog, dort blieben oder auch zurückkehrten. Ab den 1950er Jahren prägte die Land-Stadt-Migration das lokale Miteinander im Dorf. Immer mehr Bewohner/innen, erst Christen/innen, aber auch zunehmend Schiiten/innen, zog es auf der Suche nach neuen Arbeitsplätzen in die Hauptstadt. Der Kontakt zum Dorf wurde – begünstigt durch die Nähe der Hauptstadt zum Dorf – weiter aufrechterhalten, und an den Wochenenden wie auch bei religiösen Festen, Hochzeiten und Beerdigungen traf sich das ganze Dorf wieder. Schon zu dieser Zeit konstituierte sich das Dorf auf der Basis translokaler sozialer Netzwerke, deren Akteure nicht nur im Dorf selbst lebten, sondern auch in Beirut – oder im Ausland – eng mit ihrer Herkunftsgemeinschaft verknüpft waren.

Im libanesischen Bürgerkrieg (1975-1990) wurde dieses multikonfessionelle lokale Miteinander aufgebrochen, für viele Jahre unterbrochen und hat sich durch kriegsbedingte Vertreibungen und Erfahrungen grundsätzlich verändert.

In den Bürgerkriegsjahren waren Griechisch-Katholiken/innen und Maroniten/innen einerseits und Schiiten/innen andererseits jeweils zu unterschiedlichen Zeitpunkten mit den leidvollen Erfahrungen von Flucht, Vertreibung, Verlust und fortbestehender Angst und Mißtrauen dem „konfessionell Anderen" gegenüber konfrontiert. Während zwischen 1982 und 1985 ein Großteil der schiitischen Bevölkerung unter der Gewalt und Unberechenbarkeit der christlichen Milizen leiden mußte und daraufhin flüchtete, war die Zeit zwischen 1985 und 1990 für die christliche Dorfbevölkerung von Flucht und einem Leben als Flüchtlinge gekennzeichnet. Diese unterschiedlichen Erfahrungen – wenn auch gleichermaßen bitter und leidvoll für alle Seiten – führten dazu, daß die Dorfbewohner/innen auch ganz unterschiedliche Lokalitätsvorstellungen entwickelten. Die christliche Bevölkerung ließ sich seit ihrer Vertreibung in Ost-Beirut und in den von Christen dominierten Gegenden des Libanons nieder und hatte in ihren neuen Wohnorten außerordentlich wenig bzw. gar keinen Kontakt zu der schiitischen Bevölkerung die weiterhin im Dorf lebte. Zu dieser Zeit war es einfacher für die Christen oder Muslime aus Joun, ihre in alle Welt migrierten Verwandten in Europa, USA oder Australien zu kontaktieren, als mit ihren ehemaligen Nachbarn/innen ein paar Kilometer weiter in Ost- oder West-Beirut oder auch im Dorf selbst Kontakt aufzunehmen. Tatsächlich entwickelten sich während dieser Zeit ganz unterschiedliche, konfessionsabhängige lokale Identitäten. Für die christlichen Flüchtlinge in Beirut wurde ihr Dorf immer mehr zu einer unerreichbaren und oft auch idealisierten Heimat. In ihren Diskussionen und Diskursen über ihr Dorf schufen sie sich ihre ganz spezifische Lokalität, die geprägt war von ihrer konfessionellen Identität, ihrer Fluchterfahrung und ihrem alltäglichen Leben in ihrer neuen Umgebung. Ihr Bezug zum Dorf unterschied sich jetzt drastisch von den Erfahrungen der schiitischen Bevölkerung, deren lokale Identität über den Alltag vor Ort hergestellt wurde. Die vielen kleinen und großen Gelegenheiten des Zusammenkommens von Nachbarn/innen und Freunden/innen über die konfessionellen Grenzen hinweg, die immer wieder neu die gemeinsame lokale Identität schufen, existierten nicht mehr. Das Dorf konstituierte sich jetzt auf der Basis von translokalen primär konfessionell bestimmten Familiennetzwerken, in denen – getrennt voneinander – lokale Akteure ihr Verständnis von Lokalität verhandelten. Es zeigt sich, daß nach dem Ende des Bürgerkrieges die unterschiedlichen Lokalitätsvorstellungen aufeinandertreffen und es immer mehr zu einen *„struggle for locality"* (Appadurai), einem Kampf um Lokalität kommt, in dem lokale Akteure versuchen, ihre unterschiedlichen Lokalitätsvorstellungen durchzusetzen.

Zusammengefaßt kann gesagt werden, daß mein Fallbeispiel die Gleichzeitigkeit und Verknüpfung von Prozessen, die als ein Charakteristikum von Globalisierung bezeichnet werden, deutlich macht:

Die hier vorgestellte lokale Dorfgemeinschaft grenzt sich nicht einseitig von Globalisierungsprozessen ab, sondern vielmehr kommt es zu Rekonstruktionsprozessen von Lokalität in der Globalisierung. Migration als Dimension von Globalisierung erlaubt die Lösung von konkreten Räumen und Territorien, so daß sich lokale Dorfgemeinschaften auf globaler Ebene konstituieren können. Dabei kommt es jedoch nicht zu globalen Homogenisierungstendenzen, sondern (trans-)lokale Identitäten und Gruppen grenzen sich hier gegenüber anderen rivalisierenden Akteuren, Gruppen und Identitäten ab.

B) Wahrnehmungen in den Regionen selbst

Darüber hinaus konnten im Teilprojekt Prozesse beobachtet werden, die neben der oben beschriebenen „Konstruktion des Lokalen im Globalen" die „Produktion des Globalen im Lokalen" und die Verschränkung von beiden Dimensionen deutlich machen. So setzt beispielsweise die neue lokale Elite „globale" Ideen als Strategie ein, um sich gegenüber anderen lokalen Akteuren abzugrenzen. Damit wird versucht, eigene Machtinteressen und spezifische Vorstellungen von Lokalität und lokaler Entwicklung durchzusetzen.

Konkret wird dies in der Politik des 1998 neu gewählten Gemeinderates deutlich. Dieser setzt sich aus 15 Mitgliedern, 13 Männern und zwei Frauen, zusammen. Zumeist sind dies Ärzte, Anwälte und Ingenieure, die in Beirut leben, dort teilweise aufgewachsen sind und über langjährige Migrationserfahrungen verfügen. Diese spiegeln sich deutlich in ihrer lokalen Politik wider. Joun ist der Ort, an dem sie ihre global angeeigneten Bilder von einer modernen Gemeinde lokal versuchen umzusetzen. Zu ihrer Programmatik zählt sowohl die Errichtung moderner, riesiger Sportstätten, die Erhaltung und Restaurierung historischer Stätten, das Bemühen um die Umwelt und Städtepartnerschaften. Gemeinsam ist diesen Projekten, daß sich in ihnen eine spezifische Lokalitätsvorstellung ausdrückt. Es ist das Bild des Dorfes als touristischer Ferienort, ein Platz der Erholung mit unzähligen Freizeitangeboten und einer großen kulturellen Geschichte.

Auf ihrer Internetseite „*Joun a village from Lebanon*" (http://joun.leb.net) wird das Dorf als touristische Attraktion gefeiert, der wunderschöne Sonnenuntergang, die große Tradition der Gastfreundschaft und das beste Olivenöl der ganzen Region gepriesen (http://joun.leb.net/jmain1.htm). Mit diesem romantisierenden Diskurs wenden sich die Gemeinderatsmitglieder insbesondere an die Migranten/innen im Ausland, die für diese verklärten Heimatentwürfe besonders offen sind und von denen die Gemeinde Unterstützung auf allen Ebenen erhofft. Dabei werden Vorstellungen des Lokalen und des Dörflichen in der Auseinandersetzung mit Globalisierungsprozessen von globalen Akteuren (Gemeinderatsvertretern/innen mit Migrationserfahrung) für globale Akteure (die Migranten/innen) neu geschaffen und verbreitet.

Das Dorf präsentiert sich so in der Darstellung der Gemeinderatsmitglieder als moderne lokale Gemeinde und spannende Touristenattraktion in Zeiten der Globalisierung, die die als „traditionell" und „dörflich" beschriebenen Werte von Gastfreundschaft und Naturverbundenheit problemlos zu integrieren scheint. Dabei zeigen sich die Gemeinderatsvertreter/innen als selbstbewußte Akteure, die nicht einfach in der Gegenüberstellung global versus lokal zu begreifen sind, sondern nur aus ihrer vielfältigen und situationsabhängigen Praxis, in der sie flexible globale und lokale Elemente und Strategien, die sich zuweilen vermischen, macht- und interessenorientiert einsetzen.

Ihre Politik des „Wochenenddorfes" orientiert sich an ihren eigenen Bedürfnissen, da sie zum größten Teil selbst in Beirut leben, wie auch an den Bedürfnissen all derer, die auch in der Hauptstadt wohnen. Die Menschen, die ihren Alltag in Joun verbringen und dort ihr Auskommen finden müssen, haben teilweise ganz andere Entwicklungs- und Lokalitätsvorstellungen in bezug auf ihr Dorf. Sie beklagen, daß es keine Projekte gibt, in denen die ökonomische Entwicklung des Dorfes im Zentrum steht. Andere Stimmen klagen, daß der Gemeinderat nichts für die Verbesserung der lokalen Bildungsstruktur oder auch für die Versöhnungsarbeit auf lokaler Ebene tut. „Sie haben keine Zeit, keine Erfahrung und sind doch nur am Wochenende hier." So formuliert eine Reihe im Dorf ansässiger Bewohner/innen ihre Sicht auf die lokalen Politiker. Somit zeigt sich ein klarer Gegensatz zwischen den Menschen, die vor Ort leben, und denen, für die Joun zu einem Wochenend- und Freizeitvergnügen geworden ist. Da diese unterschiedlichen Lebenswelten zum großen Teil konfessionell geprägt sind[6], werden die Gegensätze zwischen christlicher und muslimischer Dorfbevölkerung derzeitig eher zementiert, als daß ein neues lokales Miteinander, eine neue lokale Identität geschaffen wird. Vielmehr etablieren sich mehrere (trans-)lokale, konfessionell geprägte Identitäten, die in Konkurrenz zueinander stehen und um die Zukunft des Dorfes konkurrieren.

Lokale soziale Räume, in denen Dorfbewohner/innen transkonfessionell zusammenkommen und über gemeinsame Aktivitäten eine neue lokale Praxis entwickeln, sind in Postkriegszeiten so gut wie nicht existent. Es ist zu beobachten, daß sich die unterschiedlichen Gruppen lediglich in ihren konfessionsgeprägten Räumen bewegen und die im Bürgerkrieg aufgebauten Grenzen dadurch bestärken. Hier wird auf die eigene leidvolle Geschichte geblickt, ohne das Leiden des Anderen einbeziehen zu müssen. Haß und Mißtrauen können sich so eher verstärken, als daß sich versöhnliche Gedanken und Praktiken ausbreiten können. Auch im Gemeinderat, der als einer der wenigen grenzüberschreitenden sozialen Räume betrachtet werden kann, wird die Bürgerkriegszeit kaum thematisiert. In den Reihen der Gemeinderatsmitglieder wird die rezente Vergangenheit lediglich als „dunkle, chaotische Zeit" beschrieben, mit der sie – die als Migranten/innen im Ausland lebten – nichts zu tun haben wollen. Im Gegensatz dazu wird auf die weit entfernte „große" Vergangenheit des Dorfes rekurriert, um seine Zukunft im Zeitalter von globaler Vernetzung auszumalen. Damit positionieren sich die Gemeinderatsmitglieder jenseits der Erfahrungen eines Großteils der Bevölkerung und tragen letztendlich dazu bei, daß konfessionelle Grenzen eher reproduziert werden. Ihre in der Migration gewonnenen Diskurse über Demokratisierung und Modernisierung der Gemeinderäte können so keine neue lokale, konfessionsüberschreitende Verankerung finden.

Globalität als Identitätsform und Vision ist meiner Meinung nach für eine Reihe von libanesischen Akteuren eine gewählte Strategie, um sich nicht mit der rezenten Bürgerkriegsvergangenheit auf lokaler und nationaler Ebene auseinandersetzen zu müssen. Da wird auf lokaler Ebene die globale Vernetzung von europäisch-mediterranen Gemeinderäten geplant und Gemeinderatsmitglieder nach Frankreich zum Austausch mit ihren französischen Kollegen geschickt. Über die jüngsten Bürgerkriegsgeschehnisse vor Ort herrscht jedoch angestrengtes Schweigen. Zu groß scheint die Angst, daß durch deren Thematisierung neue Risse in die lokale Gesellschaft nach dem Bürgerkrieg kommen. Dies ist auch die Angst des griechisch-katholischen Bürgermeisters, der befürchtet, daß die Beschäftigung mit der rezenten Vergangenheit, die Mitglieder des Gemeinderates spalten könnte, während jetzt die gemeinsame Migrationserfahrung und die Abwesenheit während des Bürgerkrieges wichtige gemeinschaftsstiftende transkonfessionelle Faktoren für die Gemeinderatsmitglieder sind. Die Erfahrung globaler Migration ist hier also Mittel, um einerseits eine neu definierte lokale Identität zu schaffen. Andererseits wird versucht, über Vorstellungen von Globalität, die sich in den lokalen Entwicklungsprojekten ausdrücken, eine möglichst große Wählerschaft zu erreichen und damit Macht zu stabilisieren. Die Mitglieder der lokalen Elite erscheinen somit mehr oder weniger als Befürworter globaler Prozesse, und sie selbst sehen sich als aktive Mitgestalter auf lokaler Ebene. Sie sind eine Gruppe lokaler Politiker/innen, die sich mehrheitlich als säkular bezeichnen würde. (Dies bedeutet jedoch nicht, daß sie das konfessionelle politische System ablehnen würden.) Ihr spezifischer Umgang mit und Bezug auf Globalisierungsprozesse ist gleichzeitig eine Strategie, um sich von anderen lokalen Akteuren abzugrenzen. Diese sind insbesondere islamische bzw.- islamistische Gruppen, die ebenfalls Teil von Globalisierungsprozessen sind, sich oft – translokal und transnational – konstituieren, jedoch andere Interpretationsmuster und Handlungsoptionen anbieten.

Veröffentlichungen der Autorin zum Projekt

2001

Lokalität im Libanon im Spannungsfeld zwischen konfessioneller Ko-Existenz, transnationaler Migration und kriegsbedingter Vertreibung. In: G. Schlee/A. Horstmann (Hg.), Integration durch Verschiedenheit. Prozesse interkultureller Kommunikation, Verständigung und Abgrenzung. Bielefeld: transcript.

Locality in Lebanon. Between Home and Homepage. In: ISIM Newsletter, Leiden (2001) 7.

In Vorbereitung

Municipalité et pouvoir translocal (zusammen mit S. Kojok). In: Agnes Favier, CERMOC, Beirut.

Shifting boundaries, Reconstructing Identities. The Case of a multiconfessional locality in Post-War Lebanon. Für: Die Welt des Islams, Leiden.

Anmerkungen

1   Vgl. N. Glick Schiller/L. Basch./C. Blanc-Szanton, Towards a Transnational Perspective on Migration: Race, Class, Ethnicity, and Nationalism Reconsidered. New York: New York Academy of Sciences 1992; A. Peleikis, Lebanese in Motion. The Making of a Gendered Globalized Village. Bielefeld: transcript 2001; H. Pries (Hg.), Migration and Transnational Social Spaces. Aldershot, Brookfield USA, Singapore, Sydney: Ashgate 1999.
2   Vgl. A. Giddens, The Consequences of Modernity. Cambridge: Polity Press 1997, S. 64.
3   Vgl. A. Peleikis, Lokalität im Libanon im Spannungsfeld zwischen konfessioneller Ko-Existenz, transnationaler Migration und kriegsbedingter Vertreibung. In: G. Schlee/A. Horstmann (Hg.), Integration durch Verschiedenheit. Prozesse interkultureller Kommunikation, Verständigung und Abgrenzung. Bielefeld: transcript 2001; dies., Locality in Lebanon between Home and Homepage. In: ISIM Newsletter, Leiden, (2001) 7.
4   Das Dorfregister umfaßt alle Menschen, die dort – entsprechend einer patrilinearen Deszendenz – registriert sind, unabhängig von ihrem tatsächlichen Wohnort, der möglicherweise inzwischen nach Beirut oder ins Ausland verlegt wurde bzw. schon immer weit weg lag. Auch Kinder aus den nachkommenden Generationen, die in Beirut oder im Ausland geboren wurden, werden in dem Herkunftsdorf ihrer Väter registriert. Alle Angelegenheiten, die den Personenstand betreffen, müssen mit Dokumenten aus diesem Dorf belegt werden. Auch die Wahlregister orientieren sich an diesem Personenstandsregister, und es kann nur an dem Ort gewählt werden, an dem man registriert ist.
5   Vgl. A. Appadurai, The Production of Locality. In: R. Fardon (Hg.), Counterworks. Managing the Diversity of Knowledge. London: Routledge 1995, S. 204-225; ders., Sovereignty without Territoriality: Notes for a Postnational Geography. In: P. Yaeger (Hg.), The Geography of Identity. Ann Arbor: The University of Michigan Press 1996, S. 40-58.
6   Viele Christen sind nach dem Ende des Bürgerkrieges nicht wieder ins Dorf zurückgezogen, da sie in der Stadt Arbeit gefunden haben und ihre Kinder dort zur Schule gehen, so daß sie den Großteil der Wochenbesucher/innen ausmachen.

DIETRICH REETZ

Teilprojekt (1996-2000): „Allahs Reich auf Erden": Das politische Projekt islamischer Bewegungen in Indien, 1900-1947

Vorstellung des Projekts: Untersuchungsgegenstand, Fragestellungen, Projektzusammenhang

Das Thema wurde im Rahmen der Projektgruppe „Akteure des Wandels" bearbeitet. Im Mittelpunkt dieses Teilprojektes standen als Akteure islamische Gruppen im kolonialen Indien, die hauptsächlich zwischen 1900 und 1947 agierten. Dabei wurde eine ideengeschichtliche Untersuchung angestrebt. Diese konzentrierte sich auf das Diskursprojekt der religiösen islamischen Akteure zur Politik und zum gesellschaftlichen Wandel. Für den Vergleich wurden Bewegungen ausgewählt, die von ihrem Gründungsauftrag her nicht in die Politik oder das säkulare öffentliche Leben eingreifen wollten, sondern beabsichtigten, den Islam zu erneuern und den Glauben der Muslime zu stärken. Dazu zählten Bewegungen, die sich zum einen um wichtige sunnitisch-islamische Religionsseminare bzw. Bildungseinrichtungen formierten (Deoband, Barālwī, Nadwa, Farangī Maḥall, ʿAlīgarh), und zum anderen Gruppen, die sich der religiösen Erneuerung und Erweckung, dem Schutz und der Verteidigung des (sunnitischen) Islam und der indischen Muslime verschrieben hatten (Tablīġī Ğamāʿa, Aḥrār, Ahl-i Ḥadīṯ, Ḥāksār, Aḥmadiyya).[1]

Es ging darum zu ergründen, in welchem Maß diese Gruppen und Bewegungen eigene Vorstellungen von der Zukunft eines unabhängigen Indien entwickelten bzw. ein eigenes Gesellschaftsprojekt für dieses Indien verfolgten. Damit standen sie in Konkurrenz zu den Vorstellungen der indischen Nationalbewegung, die von der indischen Kongreßpartei angeführt wurde. Gleichzeitig mußten sie sich mit dem westlich-kolonialen Konzept der Verfassungsreformen auseinandersetzen, die den Übergang zum bürgerlich-liberalen Parlamentarismus vollziehen sollten. Die religiösen islamischen Bewegungen brachten ihre Stimme für die Minderheit der indischen Muslime ein, die trotz ihres relativ geringen Anteils von 22 Prozent an der Bevölkerung über eine hohes politisches Gewicht in der indischen Innenpolitik verfügten. Darüber hinaus verbanden sie Südasien mit der islamischen Welt.

Obwohl sich in dieser Zeit relativ viele und sehr unterschiedliche religiöse islamische Bewegungen in Indien profilierten, unterstützten die meisten indischen Muslime politisch letztlich eine bürgerliche Muslimpartei, die Muslim-Liga, die in der Pakistan-Bewegung einen muslimischen Separatstaat in Südasien anstrebte und auch durchsetzte. Die religiösen islamischen Parteien folgten diesem Anliegen nur bedingt, stand für sie doch vor allem die Schaffung einer islamischen Ordnung im Mittelpunkt ihres Strebens, ein Ziel, das sie in Pakistan und unter Leitung der Muslim-Liga keinesfalls verwirklicht sahen.

Auch wenn die islamischen Gruppen mit ihren Zielen scheiterten, die darin bestanden, für die Muslime in Indien eine islamische Ordnung zu errichten bzw. die Gründung des Staates Pakistan religiös-doktrinären Grundsätzen unterzuordnen, blieben sie doch nicht wirkungslos. Ihr Mobilisierungsanliegen half wesentlichen Teilen der religiös orientierten muslimischen Mittelschichten, sich an der anti-kolonialen Bewegung zu beteiligen. Zugleich ging aus diesen Bewegungen eine neue Führungsgeneration indischer und pakistanischer Muslimpolitiker hervor, die seither die religiöse Erneuerung und radikale Mobilisierung der Muslime Südasiens zu einem Massenphänomen und damit auch zu einem einflußreichen politischen Faktor gemacht haben.

Erfahrungen bei der Umsetzung des thematischen Ansatzes

Aus der Sicht dieses Teilprojektes erwies sich der Globalisierungsansatz als außerordentlich fruchtbar, besonders auch in seiner Konkretisierung durch das Projekt „Akteure des Wandels". Es zeigte die unterschiedlichen Formen, wie globale Einflüsse aufgenommen und mit indigenen Erfahrungen verarbeitet wurden.[2] Besonders interessant war m.E., wie die Akteure trotz aller Einflüsse ihre Eigenständigkeit bewahrten.

Die islamische Gruppen verarbeiteten die globalen bzw. äußeren Einflüsse auf unterschiedliche Weise; zum einen gingen die Aktivitäten von ihnen aus, zum anderen reagierten sie auf die Aktivitäten anderer. Bei ihrem eigenen Vorgehen erhoben sie den Anspruch, als diejenigen zu gelten, die die Tradition wiederherstellen oder wahren wollten. Dabei veränderten sie die Tradition und sich selbst. Sie nahmen Einflüsse des Westens über die Kolonialmacht und deren politische Konzepte auf. Zugleich schufen sie sich ein islamisches Massenpublikum, eine islamische Öffentlichkeit. Sie griffen bürgerliche Formen der Mobilisierung und Wirksamkeit auf: Religions-Seminare wurden wie englische Colleges aufgebaut. Sie organisierten sich wie bürgerliche Vereine mit Funktionären und Jahreshauptversammlungen und gezielter Öffentlichkeitsarbeit. Sie benutzten die Printmedien, um ihre eigenen Anliegen im islamischen Sektor zu vertreten und sich an den gesamtnationalen Diskursen, vor allem in der Urdu-sprachigen Presse, zu beteiligen. Die Druckereien der islamischen Sekten, Seminare und Organisationen ermöglichten ihnen auch einen massenhaften Vertrieb ihrer Ansichten unter ihren eigenen und potentiell neuen Anhängern. Zugleich trug diese massenhafte Verbreitung der eigenen doktrinären Ansichten offenbar auch ein konfrontatives Element in sich und somit zur Förderung des Dissens bei, in religiösdoktrinären Fragen im Islam, gegenüber anderen Religionen und in politischen Angelegenheiten.

Zu Reaktionen sahen sich die islamischen Gruppen durch die multikulturellen und pluralistisch-politischen Einflüsse und Aktivitäten anderer einheimischer Kräfte herausgefordert, mit denen sie im öffentlichen Raum wetteiferten. Hindunationalistische, sikhreligiöse und Pathanenorganisationen bringen etwa zur gleichen Zeit politisch aktive Freiwilligenverbände und militante Aktionen hervor,[3] die sich alle in einem großen Dialog miteinander befinden, dessen Ziel die Beantwortung der Frage ist, wie ein unabhängiges Indien aussehen soll, wie die neue Gesellschaft gestaltet wird und was die Merkmale des „neuen Menschen" sind. In diesem Dialog wurde aber auch das Verhältnis zur westlichen Kultur und zur Kolonialmacht diskutiert. Mehrfach ging es auch um das Verhältnis der einheimischen Akteure zu anderen unterdrückten und abhängigen Kulturen und Völkern in Indien und in der islamischen Welt (Türkei) oder darüber hinaus. Diese Diskursstruktur machte den Einfluß sozialistischer und kommunistischer Gedanken deutlich, besonders hinsichtlich der Befreiung von der Kolonialherrschaft und in bezug auf den Aufbau einer neuen Gesellschaft mit neuen Werten im Sinne einer anti-kapitalistischen Kritik.

Wenn also über die historische Dimension der Globalisierungsprozesse der Gegenwart gesprochen wird, dann können islamische Gruppen wie die hier untersuchten paradigmatisch die Wirksamkeit solcher globalen und lokalen Diskurse, Netzwerke und Wechselwirkungen zeigen. Die islamischen Gruppen verarbeiten die Globalisierungstendenzen dabei in doppelter Weise: Sie nehmen sie in ihren Wettbewerb mit anderen Akteuren im öffentlichen Raum von Gesellschaft und Politik des kolonialen Indien auf. Sie setzen sie gleichzeitig im Rahmen der religiösen Debatten oder der islamischen Weltbeziehungen um. So machen sie internationale Ereignisse des Weltislam zu ihrer eigenen Angelegenheit, oder sie beeinflussen die islamischen Diskurse und Aktionen in anderen Regionen zu dieser Zeit.

Mehrfach wurde von Kritikern unseres Vorgehens gefragt, ob der (sozialwissenschaftliche und nicht ökonomisch orientierte) Globalisierungsansatz eine Erklärungsmöglichkeit bietet, die durch andere Ansätze nicht besteht. Die Fragestellung ist insofern irreführend, als sich letztlich kein Theorieansatz als alleiniger Erklärungsschlüssel für die Realität erweisen dürfte, solange Methodenpluralismus die Arbeit bestimmt und nicht ideologische oder theologische Konzepte. Der sozialwissenschaftliche Globalisierungsansatz bietet jedoch die Möglichkeit, die Zusammenhänge und Wechselbeziehungen zwischen Kulturen und Ereignissen nicht nur bei Kräften zu zeigen, die vom Charakter ihrer Tätigkeit auf das Zusammenwirken mit anderen exogenen Faktoren angewiesen sind, etwa die westlich beeinflußten bürgerlichen Parteien, die Gewerkschaftsbewegungen oder die Unternehmerverbände, sondern besonders auch dort, wo Gruppen und Kräfte scheinbar darauf festgelegt sind, einen ausgewählten (essentialistischen) Wertekonsens oder Verhaltenskodex zu vertreten oder zu symbolisieren, wie das häufig bei religiösen und ethnischen Gruppen und Bewegungen der Fall ist.

Globalisierung wird heute in zunehmendem Maße als „Verdichtung von Raum und Zeit"[4] begriffen, ein Verständnis, das übergreifend nicht nur auf ökonomische, sondern auch auf sozialwissenschaftliche Prozesse Anwendung findet. Diese Erfahrung der Verdichtung machen die Akteure immer abhängig von ihrem zeitgeschichtlichen Wirkungsrahmen. Im kolonialen Indien der ersten Hälfte des zwanzigsten Jahrhunderts war dieser Eindruck der schnell zunehmenden Verdichtung von Raum und Zeit für alle bedeutenden individuellen und kollektiven Akteure eine nachhaltige Erfahrung, befördert durch technische, politische und diskursive Umbrüche, zu denen besonders für Indien auch die beiden Weltkriege und die anti-koloniale Bewegung mit all ihren z.T. traumatischen Begleiterscheinungen zählten. Aus dieser Perspektive haben die vorliegenden Projekte dazu beigetragen sich bewußt zu werden, daß der Globalisierungsprozeß äußerst vielfältiger Natur ist und tiefe historische Wurzeln hat. Dazu zählt auch die (nicht neue) Erkenntnis von der Unausgewogenheit dieser Globalisierungsprozesse. Die periodischen Verdichtungsschübe in Raum und Zeit sind für die Völker Asiens und Afrikas im 20. Jahrhundert wenig ausgewogen verlaufen. Diese Erfahrung des Beherrschtwerdens und der ökonomischen Entmachtung überlagert auch heute noch die Teilnahme der asiatischen und afrikanischen Länder an der Globalisierung. Zugleich kann nicht übersehen werden, daß auch die Mittel der Befreiung von dieser Vorherrschaft und zur Erlangung der nationalen Selbständigkeit aus diesen globalen Wechselwirkungen hervorgegangen sind. Das betrifft sowohl das Heranwachsen nationaler Politiker, die Herausbildung politischer Institutionen als auch die Entstehung der neuen islamistischen Bewegungen, die – trotz mancher Intoleranz und Beschränktheit – vor allem auch den Anspruch auf Emanzipation und Eigenständigkeit gegenüber dem Westen und dessen Werten vertreten wollen. Dabei bleiben sie Teil des globalen Diskurses, weil die Mittel und Methoden, die sie verwenden, häufig von anderen oder von außen geborgt wurden.

Zur Wahrnehmungen von Globalisierung in Südasien – die religiöse Dimension

Der Reformislam hat sich in Indien als Teil eines globalen Projektes seit dem 18. und 19. Jahrhundert angesiedelt und dabei Einflüsse aus Jemen, Arabien, und Südostasien verarbeitet. Die islamischen Denkschulen und Gruppen nahmen zum Teil gegenseitig aufeinander Bezug. Dies verstärkte sich noch deutlich an der Wende zum 20. Jahrhundert und besonders zum Ersten Weltkrieg hin, als die indischen Muslime durch die Kolonialmächte, vor allem auch über die kolonialen Truppenkontingente, in globale Aktionen einbezogen waren. Zum Teil versuchten indische Muslime, den Widerstand gegen die Kolonialmacht auf panislamischer Grundlage zu organisieren, auch wenn daraus nicht viel mehr als romantisierendes Abenteurertum entsprang.

Typisch für die Umdeutung globaler Einflüsse unter lokalen Gesichtspunkten war die Ḫilāfat-Bewegung zur Verteidigung des osmanisch-türkischen Sultans zwischen 1919 und 1924 in Indien. Sie reagierte zwar auf ein globales Ereignis, die Niederlage des osmanischen Reiches im Ersten Weltkrieg an der Seite Deutschlands und dessen angedrohte oder befürchtete Zerschlagung. Ihre Motive lagen jedoch ausschließlich in der indischen Innenpolitik begründet. Als Teil der aufkeimenden Nationalbewegung unter M. K. Gandhi stellte sie den Versuch dar, der indischen Muslimminderheit und besonders auch den religiösen islamischen Gruppen in der anti-kolonialen Bewegung Gehör zu verschaffen. So war es eine internationalistische Aktion aus rein nationalistischen und gruppenegoistischen Beweggründen. Dieser Versuch, globale Hebel zur Verbesserung der lokalen Situation zu benutzen, blieb letztlich erfolglos. Das gleiche traf auf einzelne Ansätze und Sondierungen zu, sich einem internationalen islamischen Sozialismus anzuschließen, über den zwischen 1916 und 1920 verstärkt nachgedacht wurde. Örtliche Aufstände militanter Muslimgruppen an der westlichen Malabarküste und im Nordwesten in den Pathanengebieten blieben ebenfalls erfolglos. Diese Niederlagen schärften das Bewußtsein von den globalen Zusammenhängen und von der Übermacht kolonialer Dominanz. Aus diesen historischen Erfahrungen erwuchsen die Grundlagen der anti-westlichen islamistischen Globalismus-Konzeption.[5]

Heute findet in Südasien eine aktive Diskussion um Globalisierung und ihre Folgen statt,[6] wie auch die Feldforschungsaufenthalte im Verlaufe dieses Teilprojektes bestätigten. Islamische und hinduistische Netzwerke haben sich in einer Weise global installiert, die ohne die historischen Globalisierungserfahrungen nicht denkbar wäre: Als Beispiele dafür können die islamische Missionsgesellschaft der Tablīġī Ǧamāʿa und der sogenannte Welthindurat Vishwa Hindu Parishād (VHP) gelten. Beide Organisationen sind in Südasien entstanden und haben sich heute über die gesamte Welt ausgebreitet. Ihre Anhänger beschränken sich keineswegs auf die zahlreiche südasiatische Diaspora in den angelsächsischen Ländern. Von der Tablīġī Ǧamāʿa heißt es, sie sei die größte lebende islamische Organisation in der Welt. Während der VHP auch durch eine umfangreiche Internetpräsenz auffällt,[7] sind die Tablīġīs in ihrem Vorgehen eher „anachronistisch": Sie stützen sich bei ihren Missionsreisen und –gesprächen hauptsächlich auf das gesprochene Wort und den persönlichen Kontakt.[8] Auch andere islamische Gruppen haben eine internationale Präsenz hervorgebracht. Dabei sind besonders die Ahl-i Ḥadīt erwähnenswert, die vor allem enge Verbindungen zu Saudi-Arabien und anderen arabischen Staaten unterhalten. Durch ihre Ableger in Form des radikalen Missionierungs- und Propagandazentrums Daʿwat al-Iršād (DI – Mission und Orientierung) sowie durch deren militante Freischärlerorganisation Laškar-e Ṭaiba (LT – Fromme Soldaten od. Kämpfer) besitzen die Ahl-i Ḥadīt auch eine globale Ausstrahlung. Beide Organisationen verfügen über eine ausgedehnte Internetpräsentation, die neben der Rekrutierung und Information von Anhängern dem Einwerben von Spenden dient.[9] Die LT ist inzwischen an zahlreichen Brennpunkten der islamischen Welt (Kaschmir, Afghanistan, Tschetschenien, Osama bin Laden-Netzwerk) aktiv in die Vorbereitung und Durchführung militanter Aktionen involviert. Eine andere Organisationsform radikaler sunnitischer Kräfte ist die Ḥatm-i Nubūwa-Bewegung (KhN), abgeleitet vom Begriff „Siegel der Propheten", der Mohammed den Status des letzten der Propheten zubilligte. Dieser Glaubensartikel wurde angeblich von den Aḥmadiyya durch ihren Sektengründer und dessen Nachfolger in Frage gestellt, die sich selbst als Propheten (niederen Ranges) betrachteten. Die KhN geht mit militanter Propaganda und gewalttätigen Aktionen gegen die Aḥmadiyya weltweit vor.[10] Eine internationale Präsenz ist auch von den Deobandis (organisatorische Ableger in Großbritannien), den Barelwis (sogenannte Sīrat-Konferenzen über das Leben und die Verdienste des Propheten Mohammed in Nordamerika)[11] und

Mohammed in Nordamerika)[11] und besonders den Aḥmadiyya (u.a. auch in Berlin)[12] bekannt, die sich auf religiöse Bildungsarbeit konzentrieren. Diese Netzwerke sollen offenbar in gewisser Weise die empfundene Ohnmacht gegenüber den westlich dominierten machtpolitischen und finanzökonomischen Dimensionen der Globalisierung ausgleichen oder mildern helfen. Dabei gehören neben Indien die USA und Israel zu den bevorzugten Kritikobjekten und Angriffszielen. Gleichzeitig erlauben die globalen Netzwerke es, besonders mit Hilfe des Internets, auch verstreute Anhängergemeinden, besonders bei Gruppen, die wie die Aḥmadiyya häufig Repressionen ausgesetzt sind, zu vereinen und anzuleiten.

An diesen Beispielen wird deutlich, wie die globale Ausdehnung dieser Organisationen auch den Charakter ihrer Aktivitäten verändert. So fällt die Verselbständigung der Gewaltaktionen bei der LT auf, die nur noch wenig mit den doktrinären Anliegen der Ahl-i Ḥadīt zu tun hat. Aber auch die doktrinären und Bildungsanliegen der anderen Gruppen verselbständigen sich. Sie verwandeln sich in „Weltbekenntnisse" oder „Weltsekten", die sich zunehmend von den Ursprüngen in ihrer Heimat entfernen, da sie immer neue Fragen aufnehmen und beantworten müssen. Auch die Hindu-Organisation VHP bietet dafür eine eindringliches Beispiel. Während das Bekenntnis zum Hinduismus herkömmlicherweise an die Geburt als Hindu gebunden war, was *per definitionem* eine Ausdehnung über den südasiatischen Subkontinent oder die Aufenthaltsorte der Diaspora hinaus ausschloß, wird heute der Status einer Weltreligion für das Hindutum angestrebt. Reformbewegungen wie die Āryā Samāj haben dafür mit ihren Konversionsbemühungen für „abtrünnig" gewordene Muslime und Christen bereits zum Beginn des 20. Jahrhunderts entsprechende Vorarbeit geleistet. Heute werden Online-Kurse angeboten, wie man Hindu werden kann.[13]

Chancen und Risiken für Südasien in der Globalisierung heute

Die Bilanz darüber kann noch nicht wirklich abschließend gezogen werden. Zwar verläuft der Diskurs in Südasien über die Rolle der Region in der Globalisierung sehr kontrovers, und es überwiegen kritische, v.a. antikapitalistische Stimmen, die zur Verteidigung der kulturellen, wirtschaftlichen und politischen Eigenständigkeit auffordern. Aber es kann doch nicht übersehen werden, daß viele soziale und politische Kräfte in Südasien sich die Globalisierung zunutze machen oder von ihr profitieren. Das trifft nicht nur auf die oben erwähnten religiösen Netzwerke zu. Ein nicht unwesentlicher Aspekt betrifft dabei die Eigenschaft der modernen Globalisierung, etablierte Kontroll- und Regelmechanismen zu untergraben. Die Globalisierung erlaubt dem Einzelnen und der Gruppe den direkten Zugang zur nationalen und globalen Öffentlichkeit und Wirtschaft auf eine Weise, die traditionelle Kontrollinstrumente umgehen kann. Südasien, dessen Öffentlichkeit trotz des ererbten westlichen Parlamentarismus vielfach auf autoritären Strukturen beruht, sah in den letzten zehn bis fünfzehn Jahren einen Aufschwung an Gegen- und Partikularbewegungen, die nicht immer, aber mitunter doch spürbar im Zusammenhang mit der Globalisierung standen. So organisierte sich eine übergreifende Frauenbewegung, eine ökologische Bewegung, Menschenrechtsorganisationen wurden verstärkt aktiv. Da die Globalisierung den nationalen Regierungen und Institutionen ein Stück weit Kontrolle wegnimmt, scheint es generell schwieriger geworden zu sein, die Massen ohne Einschränkungen zu unterdrücken, zu manipulieren usw., was nicht heißen soll, daß damit aufgehört wurde. Aber der Spielraum für die Zivilgesellschaft scheint sich doch zu erhöhen, selbst unter ungünstigen Bedingungen wie in Pakistan mit seinen häufig wechselnden Regierungen und der ausgeprägten Rolle des Militärs.

Die gleiche Entwicklung wird durchaus von anderen Beobachtern auch negativ als Schwächung des Nationalstaates und einer abgestimmten Sozialpolitik beurteilt. Aber besonders indische Politiker, sowohl die regierenden als auch die oppositionellen, haben besser als manch andere verstanden, daß es nicht nur oder so sehr darauf ankommt, den Wegfall von Kontrolle zu beklagen, als vielmehr auf die gezielte Gestaltung der Globalisierung. Die Aktivitäten Indiens in den globalen Diskussionen um Urheberrechte, gegen den Mißbrauch des Patentrechts zum Schaden von Bauern und natürlichen Ressourcen in der Dritten Welt sprechen davon eine deutliche Sprache. Im krassen Gegensatz dazu stehen die nuklearen Ambitionen Indiens und Pakistans. Zwar ist es berechtigt, diese äußerst kritisch zu beurteilen. Doch sollte nicht übersehen werden, daß Elemente der westlichen Politik wie die amerikanischen Pläne für eine nationale Raketenabwehr diese nuklearen Ansprüche sogar noch verstärken könnten.

Wirtschaftlich profitierte v.a. Indien durch seine Öffnungspolitik von der Globalisierung. Ein junger Sektor der indischen Wirtschaft wie die Software- und Computerindustrie wäre ohne die Globalisierung nicht denkbar, auch wenn seine Entstehung die starken Mängel in der sozialen und ökonomischen Entwicklung vieler anderer Bereiche nicht verdecken kann.

Südasien und auch der Islam in dieser Region waren an der Verdichtung von Raum und Zeit im Zuge von globalen Prozessen seit langen akut beteiligt. Die Untersuchung der historischen Wurzeln dieser Verknüpfung bleibt aktuell, um die Art und Weise des sehr unterschiedlichen Engagements dieser

Kräfte in den globalen Prozessen der Gegenwart besser verstehen und begreifen zu können. Da das Gewicht Südasiens in der Globalisierung voraussichtlich eher zunehmen wird, kann sich die Bedeutung solcher Untersuchungen nur noch erhöhen.

Veröffentlichungen des Autors zum Projekt

2001

Das „islamische Projekt" als Instrument des Wandels: Die Religionsgelehrten des Islam im kolonialen Indien. In: P. Heidrich/H. Liebau (Hg.), Akteure des Wandels: Lebensläufe und Gruppenbilder an Schnittstellen von Kulturen. Berlin: Das Arabische Buch 2001 (Studien des Zentrums Moderner Orient; 14), S. 71-104.

Sendungsbewußtsein oder Eigennutz: Zu Motivation und Selbstverständnis islamischer Mobilisierung. Berlin: Das Arabische Buch 2001 (Studien des Zentrums Moderner Orient; 14) (Hg.).

Zur Einführung: Der islamische Aufbruch. Gründe und Hintergründe. In: D. Reetz (Hg.), Sendungsbewußtsein oder Eigennutz: Zu Motivation und Selbstverständnis islamischer Mobilisierung. Berlin: Das Arabische Buch 2001 (Studien des Zentrums Moderner Orient; 14), S. 5-24.

Kenntnisreich und unerbittlich: Der sunnitische Radikalismus der Ahl-i-Ḥadīth in Südasien. In: D. Reetz (Hg.), Sendungsbewußtsein oder Eigennutz: Zu Motivation und Selbstverständnis islamischer Mobilisierung. Berlin: Das Arabische Buch 2001 (Studien des Zentrums Moderner Orient; 14), S. 79-106.

1999

Mediating the External: The Changing World and Religious Renewal in Indian Islam. In: K. Füllberg-Stolberg/P. Heidrich/E. Schöne (Hg.), Dissociation and Appropriation. Responses to Globalization in Asia and Africa. Berlin: Das Arabische Buch 1999 (Studien des Zentrums Moderner Orient; 10), S. 75-106.

Options for Pakistan and India in Kashmir: A sober assessment. In: T. Wizarat, (Hg.), Conflict and Conflict Resolution, Karachi 1999.

Islamic Activism in Central Asia and the Pakistan Factor. In: Journal of South Asian and Middle Eastern Studies, Villanova, PA, (1999).

1998

On the Nature of Muslim Political Responses: Islamic Militancy in the Indian North West Frontier Province in the 1920s. In: M. Hasan (Hg.), Islam, Communities and the Nation: Muslim Identities in South Asia and Beyond, New Delhi: Manohar 1998, S. 179-200.

The Role of Islamic Movements in the Definition of Central Asia: A Comparative View. In: Area Study Centre (Central Asia), University of Peshawar, International Seminar on Central Asia (7-9 October, 1997) at the Area Study Centre, Peshawar, S. 93-105.

Muslim Concepts of Local Power and Resistance: Islamic Militants in the Indian Frontier Province Between 1900 and Independence. In: B. Glatzer (Hg.), Essays on South Asian Society, Culture and Politics II. Berlin: Das Arabische Buch 1998 (Arbeitshefte des Zentrums Moderner Orient; 9), S. 49-70.

1997

Globale Prozesse und Akteure des Wandels: Quellen und Methoden zu ihrer Untersuchung; ein Werkstattgespräch. Berlin: Das Arabische Buch 1997 (Arbeitshefte des Zentrums Moderner Orient; 14) (herausgegeben mit H. Liebau).

Islamische Bewegungen im kolonialen Indien: Konzepte und Quellen. In: D. Reetz/H. Liebau (Hg.), Globale Prozesse und Akteure des Wandels: Quellen und Methoden zu ihrer Untersuchung; ein Werkstattgespräch. Berlin: Das Arabische Buch 1997 (Arbeitshefte des Zentrums Moderner Orient; 14), S. 143-168.

Akteure des Wandels und die Globalisierung – zur Einführung. In: D. Reetz/H. Liebau (Hg.), Globale Prozesse und Akteure des Wandels: Quellen und Methoden zu ihrer Untersuchung. Ein Werkstattgespräch. Berlin: Das Arabische Buch 1997 (Arbeitshefte des Zentrums Moderner Orient; 14), S. 5-17.

India and Pakistan in the race for Central Asia: a comparison. In: Journal of Area Study Centre, Peshawar, (1997), S. 211-251.

In Search of the Collective Self: How Ethnic Group Concepts Were Cast Through Conflict in Colonial India. In: Modern Asian Studies, Cambridge, 31(1997)2, S. 285-315.

Anmerkungen

1   Für einen Überblick über die Ergebnisse siehe D. Reetz, Das „islamische Projekt" als Instrument des Wandels: Die Religionsgelehrten des Islam im kolonialen Indien. In: P. Heidrich/H. Liebau (Hg.), Akteure des Wandels: Lebensläufe und Gruppenbilder an Schnittstellen von Kulturen. Berlin: Das Arabische Buch 2001, S. 71-104.
2   Die Methodik des Akteurs- und Globalisierungsansatzes wurde ausführlicher diskutiert in D. Reetz/H. Liebau (Hg.), Globale Prozesse und „Akteure des Wandels". Quellen und Methoden ihrer Untersuchung. Ein Werkstattgespräch. Berlin: Das Arabische Buch 1997, darin bes. in D. Reetz, Akteure des Wandels und die Globalisierung – zur Einführung, ebenda, S. 5-17, sowie in ders., Mediating the External: The Changing World and Religious Renewal in Indian Islam. In: K. Füllberg-Stolberg/P. Heidrich/E. Schöne (Hg.), Dissociation and Appropriation. Responses to Globalization in Asia and Africa. Berlin: Das Arabische Buch 1999, S. 75-106.
3   Vgl. u.a. die vergleichende Untersuchung zu Projekten der Pathanen, der Sikhs und der Tamilen für den gleichen Zeitraum, in D. Reetz, In Search of the Collective Self: How Ethnic Group Concepts Were Cast Through Conflict in Colonial India. In: Modern Asian Studies, Cambridge, 31 (1997) 2, S. 285-315.
4   „Time-space compression" – vgl. A. Giddens, Modernity and Self-Identity: Self and Society in the Late Modern Age. Stanford, CA: Standford University Press 1991; D. Harvey, The Condition of Postmodernity : an Enquiry into the Origins of Cultural Change. Oxford: Blackwell 1989.
5   Vgl. die Publikationen des pakistanischen Ethnologen und ehemaligen Verwaltungsbeamten Akbar S. Ahmad, der sich mehrfach zum Thema Islam und Globalisierung äußerte, u.a. in: Postmodernism and Islam: Promise and Predicament. London: Routledge 1992; ders./H. Donnah (Hg.), Islam, Globalization and Postmodernity. London, New York: Routledge 1994.
6   Vgl. dazu auch meinen Seminarkurs „Globalisierung in Südasien – Probleme und Möglichkeiten in Wirtschaft, Politik, Kultur und Religion" am Otto-Suhr-Institut für Politikwissenschaft der FU Berlin im WS 2000/2001, Materialien dazu unter http://www2.hu-berlin.de/orient/Dietrich/Seminar3.html .
7   http://www.vhp.org/subhome.htm
8   M.K. Masud (Hg.), Travellers in Faith: Studies of Tablighi Jama'at as a Transnational Movement for Faith Renewal. Leiden: Brill 2000.
9   Vgl. dazu die Webseiten http://markazdawa.org, http://www.markazdawa.org und http://www.markazdawa.org.pk.
10 Die KhN hat sich inzwischen zu einem Internationalen Rat mit Sitz in Multan (Pakistan) und London formiert („International Council for the Protection of Finality of Prophethood") und betreibt eine eigene Webseite: http://www.khatme-nubuwwat.org . Einer ihrer führenden Vertreter, der pakistanische Religionsgelehrte Muḥammad Yūsūf Ludhianvi, fiel im Mai 2000 in Pakistan in den Sektenauseinandersetzungen einem Attentat zum Opfer. Dawn, Karachi, 19.5.2000.
11 Für die Internetpräsenz der Barelwis vgl. die World Islamic Mission (Canada) http://members.tripod.com/~wim_canada/index.html oder die in Pakistan beheimatete Website mit Online-Texten des Begründers der Barālwī, Aḥmad Raẓā Ḫān (1856-1921): http://www.ahlesunnat.homepad.com . Dort wird auch die Möglichkeit der Online-Beratung (Fatwā) angeboten, wo Gläubige Fragen stellen können, wie sie sich nach ihrer Doktrin verhalten sollen.
12 Die eher gemäßigte Gruppe der Aḥmadiyya, die Lahore-Gruppe, unterhält u.a. die Berliner Moschee. Vgl. auch die Website: http://www.ahmadiyya.org . Sie grenzen sich von den soge-

nannten Qadianis [Qādīyānī???] ab, die stärker den Prophetenstatus des Sektengründers Mirzā Ġulām Aḥmad (1839-1908) unterstützen. Sie wird gegenwärtig von London aus von seinem Nachfahren Mirzā Ṭāhir Aḥmad geleitet. Ihre Website ist http://www.alislam.org . Dort wird auch eine Programm eines eigenen Web-Fernsehen in Urdu und Englisch angeboten, mit Freitagspredigten, Nachrichten und Ratgebersendungen.

13 Vgl. die unter verschiedenen Website-Adressen firmierende „Saiva Siddhanta"-Sekte von Satguru Sivaya Subramuniyaswami, wo sich der Web-Kurs „How to Become a Hindu" befindet: http://www.himalayanacademy.com/basics/conversion/index.html .

BRIGITTE REINWALD

Teilprojekt (1998-2000): Kriegserfahrungen und Lebensstrategien afrikanischer Veteranen der französischen Kolonialarmee. Obervolta/Burkina Faso 1945-1960

„Die Kenntnis Europas und eine gewisse Leichtigkeit des Lebens"[1]

„Les anciens combattants restent et resteront le trait-d'union entre nous, entre la France et nos États, nos différents États devenus indépendants. Les anciens combattants ont laissé un souvenir ... ineffaçable. Si vous allez dans n'importe quel village de France, s'il y a un cimetière militaire, il y a des Noirs. Des Africains!"
(General Sangoulé Lamizana, ehemaliger Staatspräsident von Obervolta)[2]

„... ils finissaient par avoir une expérience du système européen que n'avaient pratiquement pas ... même les fonctionnaires qui n'avaient pratiquement pas bougés, qui n'allaient pas en France. Si bien qu'ils avaient une sorte de prééminence, de formation."
(Professor Joseph Ki-Zerbo, Historiker, Burkina Faso)[3]

„Mais l'armée nous a rendu quelque chose. Nos compatriotes qui sont dans les villages aujourd'hui, c'est pas des compatriotes comme nous, parce que nous, avec l'attitude qu'on a vue dans l'armée là, ça nous a rendu service et vraiment on est toujours en actif par rapport à nos confrères qui sont aux villages. Ce que nous, on peut faire aujourd'hui, eux ils peuvent pas le faire. Donc, c'est grâce à l'attitude de l'armée. Vraiment ça nous rend un ... grand service."
(Adama Traoré, Oberfeldwebel i.R., Vizepräsident der Veteranenvereinigung von Bobo-Dioulasso/Burkina Faso)[4]

Vorstellung des Projekts: Untersuchungsgegenstand, Fragestellungen, Projektzusammenhang

Das Forschungsprojekt befaßt sich mit Lebensstrategien und Gruppenprofilen afrikanischer Kriegsveteranen im Untersuchungszeitraum vom Ende des Zweiten Weltkriegs bis zur staatlichen Unabhängigkeit der Kolonien Französisch-Westafrikas (1960-1962). Bei diesen Männern handelt es sich um eine

Generation der *Tirailleurs Sénégalais* („Senegalschützen"), mehreren hunderttausend Afrikanern aus Frankreichs ehemaligen Kolonien in West- und Zentralafrika, die in die französische Marineinfanterie eingezogen wurden und in den beiden Weltkriegen, den daran anschließenden Kolonialkriegen in Indochina und Algerien sowie zur Aufstandsbekämpfung in Madagaskar, Niger und Kamerun zum Einsatz kamen. Auf der Grundlage von Archivdokumenten und Interviewaufnahmen mit Veteranen aus der ehemaligen Kolonie Obervolta (heute Burkina Faso) habe ich untersucht, welche Erfahrungen sie als Soldaten im Zuge ihrer physischen, politischen und kulturellen Grenzüberschreitung gemacht und inwiefern diese sie dazu veranlaßt haben, ihre Eigen- und Fremdwahrnehmungen auszudifferenzieren.[5] Gefragt habe ich darüber hinaus nach der Funktion dieser Veteranen als „Akteuren des Wandels", d.h. danach, in welcher Weise sich die Erfahrungen dieser temporären – und überwiegend zur „Reise in den Krieg" gezwungenen – Migranten in ihren postmilitärischen Lebensstrategien und Identitätskonstruktionen niedergeschlagen und inwiefern die Veteranen dadurch unmittelbar oder mittelbar als Intermediäre zwischen ihrer Herkunftsgesellschaft und dem Norden/Westen gewirkt haben.

Erfahrungen bei der Umsetzung des thematischen Ansatzes

Historische Rahmenbedingungen – Globalisierung und Macht

Bei der Bearbeitung dieses Projekts stellte sich von Anfang an das grundsätzliche Problem der Operationalisierbarkeit des Paradigmas „Aneignung und Abgrenzung in der Globalisierung". Legt man Giddens' Definition zugrunde, so läßt sich der Einsatz von Afrikanern, sowohl nordafrikanischer als auch subsaharischer Herkunft, aber auch von süd- und zentralasiatischen Soldaten in europäischen Kriegen als typisches Phänomen von Globalisierung bezeichnen. Sie wären somit als eine Art *universal soldiers* zu begreifen, für deren Einbindung in die französische, britische – oder auch in die türkische, russische oder deutsche – Armee[6] technische und infrastrukturelle Entwicklungen sowie geopolitische Machtverhältnisse um die Wende zum 20. Jahrhundert die Grundlage geschaffen haben. D.h. entscheidende Verbesserungen im Transport-, Verkehrs- und Kommunikationswesen einerseits, die europäische Verfügung über koloniale Territorien und deren materielle und menschliche Ressourcen andererseits schufen überhaupt erst die Voraussetzungen für die massenhafte „Nutzung" kolonialer Bevölkerungen zu Kriegszwecken, sowohl was die „Frontverwendung" von Männern wie auch die den Kolonisierten allgemein abgeforderte Nahrungsmittel- und Rohstoffproduktion angeht.

Der hier aufscheinende Konnex zwischen Globalisierung und Macht, oder anders formuliert: die Asymmetrie globaler Verflechtungen ist konstitutiv für die Geschichte der afrikanischen Soldaten in Diensten der französischen Armee und zieht sich als roter Faden durch sämtliche Stadien ihrer Einsätze, angefangen von der Gründung der ersten *Tirailleurs*-Einheiten in den 1860er Jahren zum Zwecke ihrer Verwendung als Hilfstruppen Frankreichs bei der kolonialen Eroberung und „Befriedung" der annektierten Territorien in Nord- und Westafrika sowie Madagaskars, über ihre Fronteinsätze während der Weltkriege bis hin zu ihrer Indienstnahme für die letztlich erfolglose Bekämpfung der antikolonialen Befreiungsbewegungen in Indochina und Afrika. Für die Verwendung des Begriffs „Globalisierung" folgt im Zusammenhang dieses Projektes daraus notwendigerweise, ihn als Prozeß zu bestimmen, der durch wechselseitige, aber ungleiche Beziehungen gekennzeichnet und untrennbar mit der Wahrnehmung, Erfahrung und Verarbeitung von Machtverhältnissen verknüpft ist. Dies bedeutet, daß die Erfahrungen afrikanischer Soldaten in der französischen Armee nicht nur nicht losgelöst von der historischen Auseinandersetzung afrikanischer Bevölkerungen mit kolonialen Verhältnissen betrachtet, sondern vielleicht eher als eine Art Auseinandersetzung mit der kolonialen Situation auf anderer Ebene und mit anderen Mitteln verstanden werden können. Dies impliziert auch, Kolonisation selbst als *ein* Phänomen von Globalisierung in Gestalt eines von Nord-Süd-Machtverhältnissen determinierten historischen Prozesses zu werten. Über spezifische Prozeßverläufe sowie über die Beschaffenheit der in den globalen asymmetrischen Verflechtungen – für die Kolonisation und im vorliegenden Falle die Weltkriegssituation gewissermaßen einen Rahmen bilden –, sich entwickelnden Identitätsformen oder Visionen hinsichtlich des „Selbst" und des „Anderen" ist damit allerdings noch nichts ausgesagt.

Dieser Rahmen läßt sich nun mit Blick auf die Zielgruppe in zwei Punkten näher bestimmen, anhand derer gleichzeitig die Perspektive, unter welcher der Prozeß globaler Verflechtungen in diesem Forschungsprojekt betrachtet worden ist, aufgezeigt wird.

Zum einen handelte es sich bei der temporären Migration afrikanischer Männer im Kontext der beiden Weltkriege nicht um ein Initialerlebnis im eigentlichen Sinne. Nicht nur war die Grenzüberschreitung keine Reise aus freien Stücken, sondern eine in der Regel zwangsgeleitete Bewegung von Menschen, welche in ihr zunächst nicht mehr als eine Fortsetzung ihres von kolonialen Machtverhältnissen gekennzeichneten Alltags sehen konnten. Vor dem Hintergrund des Systems der allgemeinen Zwangsarbeit, der Verankerung der Wehrpflicht für Afrikaner seit 1912, des Rechtssystems des *indigenat* sowie der Existenz von autochthonen Intermediären der Kolonialadministration, den *chefs de village* und *chefs de canton*, wird nachvollziehbar, wieso der Militärdienst von vielen Rekruten als ein weiteres unter mehreren bzw. als kleineres von zwei Übeln empfunden worden ist. Daß es sich darüber hinaus um einen längerfristigen Prozeß handelt, innerhalb dessen deutlich voneinander zu unterscheidende Stadien und Befindlichkeiten erkennbar werden, zeigt sich u.a. im Vergleich der Lebensberichte von Weltkriegsveteranen mit denen jener, die in Indochina und Algerien eingesetzt waren, zu einem Zeitpunkt also, wo – nach der Abschaffung der kolonialen Zwangsarbeit im Oktober 1946 und einer verbesserten Rechtslage innerhalb der Französischen Union – Fluchtmotive oder die Suche nach Alternativen keine ausschlaggebende Rolle mehr für ihr militärisches Engagement spielten. Unter ihnen befanden sich vergleichsweise viele freiwillige Zeitsoldaten, welche ihren Armeedienst als „Job" aufgefaßt haben, mit dem sich materielle und Prestigebedürfnisse decken ließen, womit zugleich die Frage nach der „Tradition", die das Kriegshandwerk in fernen Ländern mittlerweile gewonnen hatte, sowie nach der diesbezüglichen Vorbildfunktion von Vätern und Großvätern aufgeworfen wird.

Zum zweiten läßt sich insbesondere der Zweite Weltkrieg für die Veteranen und damit, qua deren Stellung und Aktivitäten im post-militärischen spätkolonialen Zusammenhang, mittelbar auch für ihre familiäre und weitere Umgebung als das globalisierende Phänomen *par excellence* bezeichnen. Über die allgemeine Tragweite der Weltkriege als globale Epochenbrüche hinaus haben sie für (west)afrikanische Bevölkerungen eine spezifische, mit der Kolonialsituation verknüpfte Bedeutung gehabt. Dies gilt zunächst einmal hinsichtlich dessen, daß sie, was die Zielgruppe angeht, konstitutiv für deren Existenz gewesen sind, oder anders formuliert: Ohne die Kriegssituation und die u.a. von Frankreich diesbezüglich ausgeübte koloniale Verfügungsgewalt über Ressourcen und Menschen hätte es (West)afrikaner/innen relativ gleichgültig bleiben können, was sich in anderen Teilen der Welt ereignete. Darüber hinaus geht aus den Lebensberichten von Veteranen auch hervor, daß sie den Zweiten Weltkrieg (für den Ersten Weltkrieg wären vergleichende Untersuchungen wünschenswert) insofern als Zerfall kolonialer Stärke erfahren haben, als die *mère-patrie* („Mutter-Vaterland") nach der Niederlage gegen die Deutschen ein besiegtes ohnmächtiges Land war, an dessen Wiederaufrichtung sie an der Seite der Großmächte selbst maßgeblichen Anteil hatten. Veteranen bezeichnen das Ende des Krieges, das chronologisch überdies zusammenfällt mit der Abschaffung der kolonialen Zwangsarbeit (1946) und der Ausweitung der Wahlberechtigung kolonisierter Bevölkerungsgruppen, darunter auch ihrer eigenen (1946 ff.), als Beginn des Zeitalters der *politique*, für sie gleichbedeutend damit, Auseinandersetzungen mit der Kolonialadministration führen, Forderungen erheben und gegebenenfalls durchsetzen zu können. Dies gilt ungeachtet dessen, daß dieser Begriff nicht für alle gleichermaßen positiv besetzt ist und nur eine Minderheit der Veteranen nach eigenem Bekunden *politique* gemacht hat. Daß im Vergleich dazu die Unabhängigkeit Obervoltas 1960 von ihnen häufig gar nicht erwähnt oder nur kursorisch gestreift wird, weist darauf hin, daß für sie hinsichtlich einer Umkehr von Abhängigkeitsverhältnissen der Kriegsverlauf weitaus tiefgreifendere politische und mentale Bedeutung hatte als die spätere staatliche Souveränität ihres Landes.

Prozeßverläufe – Wahrnehmungen und Verarbeitung
von globalen Verflechtungen

Was nun Prozeßverläufe innerhalb der globalen Verflechtungen angeht, in die westafrikanische Männer im Zuge ihrer kriegsbedingten temporären Migration hineingezogen worden sind, so handelt es sich um „Grenzüberschreitungen" in mehrfacher Hinsicht. Von ausschlaggebender Bedeutung hinsichtlich postmilitärischer Lebensstrategien und Identitätskonstruktionen von Veteranen – und das heißt auch hinsichtlich ihrer Eigen- und Fremdwahrnehmungen im Unterschied zu den „Daheimgebliebenen" – sind zwei Aspekte:

Die in der Mehrzahl aus „einfachen" ruralen Verhältnissen stammenden Rekruten waren zu dieser Zeit nicht nur die einzigen ihres gesellschaftlichen Milieus, die das „Mutterland" aus eigener Anschauung kennengelernt haben, sondern hatten darüber hinaus in diesem Punkt auch gegenüber den meisten einheimischen Kolonialangestellten, politischen Aktivisten und Intellektuellen einen „Wissensvorsprung".

Vor dem Hintergrund ihrer untergeordneten Stellung und der unterscheidenden Behandlung, der sie als Kolonialuntertanen im Mikrokosmos „Armee" ausgesetzt waren (Sprachbarriere, „Desinformations"-politik über Einsätze und Kriegsverläufe), läßt sich für die Mehrzahl unter ihnen davon ausgehen, daß sie sich Kenntnisse und Fähigkeiten fast ausschließlich auf dem Wege von Erfahrungswissen angeeignet haben. Es handelte sich bei ihnen, schlicht gesagt, nicht um „Bildungs"- oder „Studienreisende", sondern, um mit Joseph Ki-Zerbo zu sprechen, um „Intellektuelle durch Praxis". Auch wenn es späterhin nicht alle gleichermaßen vermocht haben, ihr Potential umzumünzen, d.h. auf der Basis dieses „Wissenszuwachses" ihre Handlungsspielräume und ihr Verhaltensrepertoire zu erweitern, so sind die postmilitärischen Lebensentwürfe dieser Gruppe doch in vielen Fällen, wie im folgenden noch zu zeigen ist, durch höchst originelle und diesen spezifischen Erfahrungen und Wahrnehmungsweisen geschuldete Handlungsstrategien und Problemlösungsmuster gekennzeichnet.

Auf der Grundlage der Lebensberichte von Veteranen lassen sich folgende Erfahrungsräume ausmachen, in denen sich afrikanische Soldaten bewegt und Bewußtseinsprozesse durchlaufen haben, im Zuge derer sich ihr Blick auf sich und Welt veränderte:

Stellte sich die Integration in die französische Armee für die Mehrzahl der jungen Männer auch als zwangsgeleiteter Prozeß dar, so eröffnete ihnen der Militärdienst zugleich Möglichkeiten, ihren physischen, sozialen und geographischen Bezugsrahmen zu erweitern, Kenntnisse und Fähigkeiten zu erwerben sowie – im Gegensatz zu ihren Zwangsarbeitseinsätzen in der Kolonie – Geld zu verdienen. Sie erfuhren ihre Armee-Einheit als neue soziale Gruppe, als deren Mitglieder sie erweiterte horizontale und vertikale Beziehungen knüpfen konnten. D.h. sie verkehrten einerseits mit Angehörigen ihrer Altersklasse unterschiedlicher regionaler und ethnischer Herkunft, verschiedener Berufsgruppen und religiöser Orientierung und lernten andererseits – im Rahmen einer qua militärischer Rangordnung, „rassischer" und kolonialpolitischer Kriterien hierarchisierten Nomenklatur – ihresgleichen, also afrikanische „Untertanen", von den *blanc-noirs*, senegalesischen Bürgern, und den in der Regel befehlshabenden Franzosen innerhalb des eigenen Heeresverbands zu unterscheiden. Sie begegneten Soldaten anderer nationaler Verbände und – eine für sie spektakuläre Erfahrung – afroamerikanischen Soldaten. Ließe sich die Armee vor diesem Hintergrund als multikultureller Mikrokosmos beschreiben, innerhalb dessen Prozesse der Entgrenzung und Ausbildung einer *corporate identity* in Gang gesetzt wurden, so implizierte dies für die afrikanischen Soldaten, egal welcher ethnischen oder territorialen Herkunft, gleichzeitig, sich in die hierarchische Ordnung dieses Mikrokosmos zu fügen, aber auch die sich ihnen bietenden – begrenzten – Möglichkeiten zu nutzen, in die Ränge aufzusteigen.

Dieses dual strukturierte System von Befehl und Gehorsam sowie der durch die unterscheidende Behandlung von Afrikanern/Europäern geprägte Armeealltag wurden in der Erfahrung des Krieges gleichsam aufgehoben, insofern sich durch die gemeinsame Bewältigung von Kampfhandlungen, das geteilte Erlebnis von Tod, Verletzung und Kriegsgefangenschaft, aber auch die Beteiligung afrikanischer Soldaten am Sieg der Alliierten eine Wir-Gemeinschaft (Waffenbrüderschaft) herausbildete. Knüpften die Veteranen einerseits an diese mentale Figur an, um sich retrospektiv über Traumata und liminale Erfahrungen hinwegzutrösten oder jene gar zu verklären, so wurde sie ihnen andererseits aber auch zum Impuls, ihre Freisetzung von kolonialen Zwängen und – bis heute vergeblich – ihre Gleichbehandlung mit den französischen Waffenbrüdern einzufordern.

Und schließlich trugen Alltagserfahrungen im weitesten Sinne dazu bei, Selbst- und Fremdwahrnehmungen afrikanischer Soldaten zu schärfen. Ihre eigenen Anschauungen von Land und Leuten, Freundschaften innerhalb und außerhalb der Verbände, aber auch Liebesbeziehungen mit Europäerinnen wurden ihnen zum Korrektiv eines bis dahin ausschließlich durch „Kolonialfranzosen" verkörperten Frankreich/Europa. Dazu kamen Umgang und Vertrautheit der Soldaten mit neuen Technologien und „zivilisatorischen" Errungenschaften im militärischen (Waffengattungen) wie im zivilen Bereich (Hygiene, Medizin, Elektrizität, Konsumgüter etc.).

Aus den post-militärischen Lebensverläufen von Veteranen läßt sich schließen, daß die Mehrzahl der Kriegsheimkehrer keine „Mission" verspürt hat, eine wie auch immer erfahrene global(isierend)e Moderne zu verankern oder ihr entgegenzuarbeiten, sondern daß es ihnen darum ging, sich in den sich für sie wieder verengenden kolonialen Verhältnissen wieder zurechtzufinden bzw. neu zu positionieren. Wäre unter dieser Voraussetzung – wie auch in der Projektgruppe sehr kontrovers diskutiert –, bei ihnen überhaupt noch von „Akteuren des Wandels" zu sprechen? Ja, unter der Bedingung, daß Handeln nicht nur als absichtsvolle Einwirkung auf Verhältnisse mit dem Ziel ihrer Veränderung betrachtet wird, sondern auch als interpretatives Moment einer Positionsbestimmung und Selbstvergewisserung in einer Situation des Übergangs, mit Hilfe dessen eine Synthese zwischen „Altem" und „Neuem", „Eigenem" und „Fremdem" usw. vollzogen wird und sich Subjekte somit im weiteren Sinne globale Prozesse auf der Basis ihrer Selbst- und Weltsicht aneignen.

Um diesen Prozeß der Umwandlung in der Aneignung und die – nur analytisch zu trennenden – multiplen Identitätsentwürfe und heterogenen, sich in ein- und derselben Person vereinigenden Handlungs- und Verhaltensorientierungen von Veteranen angemessen beschreiben und begrifflich fassen zu können, wird hier vorgeschlagen, statt der binär konstruierten Analysekriterien der „Aneignung" und „Abgrenzung" die Bezeichnungen „Übersetzung" und „Vermittlung" (*translation*) sowie „Selbstzusammensetzung" (*bricolage*) zu verwenden.

Als *have beens* übersetzen die Veteranen ihre Erfahrungen den „Daheimgebliebenen" und Nachkommen.[7] Als Bauherren in städtischen Neubausiedlungen und Trendsetter in Kleidungs- und Konsumfragen machen sie ihren Wissensvorsprung und ihre Weltläufigkeit geltend. Sie tätigen Investitionen in die Zukunft, indem sie sich nachhaltig für die Schulbildung ihrer Söhne und Töchter einsetzen. Damit tragen sie mittelfristig zur Verankerung neuer Wertmuster und Konsumgewohnheiten bei und wirken im intergenerationellen Sinne an der Entstehung einer bildungsorientierten voltaischen/burkinischen Mittelschicht mit. Unter Einsatz ihrer während des Militärdienstes erworbenen Sprachkenntnisse und Verhandlungstaktiken schalten sie sich als Intermediäre in innerfamiliäre Konflikte und Auseinandersetzungen zwischen verschiedenen Interessengruppen im dörflichen und städtischen Kontext ein. Ihre diesbezüglichen Aktivitäten, hinter denen sich sowohl altruistische Motive als auch strategische Absichten zur persönlichen Statusverbesserung und -sicherung erkennen lassen, werden von ihrem engeren und weiteren sozialen Umfeld wie auch von den Protagonisten der jeweiligen Interessengruppen – Dorf- und Kantonschefs, Repräsentanten der katholischen Mission und der Kolonialadministration – sehr widersprüchlich aufgenommen und beurteilt.

Als heimgekehrte Söhne, Brüder, Neffen und Ehemänner versuchen sie sich wieder einzugliedern. Vor dem Hintergrund, daß sie vielfach als „Fremde" oder „Entfremdete" behandelt werden, ihnen seitens ihres familiären und weiteren sozialen Umfelds Vorbehalte und Mißtrauen entgegenschlagen oder daß sie ihren Platz mittlerweile von anderen besetzt sehen (z.B. durch jüngere Brüder, welchen ihre Felder und Bräute zugesprochen worden sind), betreiben sie ihre Reintegration – und damit letztlich ihr Bestreben, in eine höhere Statusgruppe aufzusteigen – durch eine Überanpassung an „traditionelle" Normen, insbesondere durch die Praxis der ostentativen Polygynie – die meisten Veteranen nehmen drei bis vier Ehefrauen und nennen eine entsprechend stattliche Anzahl an Kindern ihr eigen. Andere trachten nach der Chefwürde auf der Ebene ihres Dorfes, Stadtviertels bzw. Kantons oder engagieren sich in der Pflege und Neugestaltung von Netzwerken, vor allem auch innerhalb der neu gegründeten Veteranenvereinigungen. Ihre Strategien – mitunter höchst eigenwillige Synthesen aus „traditionellen" und „modernen" Versatzstücken – weisen sie als soziale Aufsteiger bzw. Quereinsteiger aus, die ihre „Andersartigkeit" gegenüber den „Daheimgebliebenen" artikulieren und inszenieren. Ihren Statusgewinn erzielen sie dabei, abgesehen von wenigen Ausnahmen, weniger durch ihre formalen Qualifikationen – ihre militärische „Karriere" hat sich im Hinblick auf ihr späteres berufliches Fortkommen als kaum dienlich erwiesen, so daß die meisten in der Landwirtschaft verbleiben, andere wiederum als Chauffeure, Hilfsarbeiter oder Polizeikräfte für die Kolonialadministration arbeiten. Ihr „Erfolgsmodell" basiert vielmehr auf ihrem

Vermögen, Geld in Umlauf zu setzen – über das sie im Gegensatz zu den „Daheimgebliebenen" in zumeist bescheidenem Umfang verfügen – sowie ihrer Fähigkeit, sich in verschiedenen Lebenswelten bewegen zu können.

Auf der Grundlage ihrer ausdifferenzierten Selbstwahrnehmung als Afrikaner (versus Europäer), Angehörige einer größeren territorialen Einheit (Voltaer versus Senegalesen, Guineer etc.) und als Inhaber des Wahlrechts werden die Veteranen im Kontext der Dekolonisation nicht nur selbst zur politischen Interessengruppe, welche ihre Forderungen nach politischer Mitbestimmung und Freisetzung von kolonialen Zwängen ausagiert, sondern auch zu Adressaten für Wahlkampagnen und Massenveranstaltungen seitens politischer Parteien und Gewerkschaften. Obwohl die Rezeptivität der Veteranen für diese „zivilen" Bewegungen nicht zuletzt vor dem Hintergrund ihrer – bis heute nicht eingelösten – Forderungen nach Gleichbehandlung mit ihren metropolitanen Kameraden in Fragen der Renten- und Entschädigungszahlungen als relativ hoch und langanhaltend eingeschätzt werden kann, ist weder von einer Interessenidentität noch von einer langfristigen Übereinstimmung politischer Zielvorstellungen auszugehen. Das Bemühen der Veteranen, ihre konfligierenden Loyalitätsverpflichtungen gegenüber dem französischen „Mutterland", der französischen Armee und einem Obervolta im Werden in Einklang zu bringen,[8] spiegelt sich vielleicht am deutlichsten in ihren politischen Vorbildern, in denen General de Gaulle und Félix Houphouët-Boigny, der ivorische Abgeordnete der französischen Nationalversammlung, Vorkämpfer für die Abschaffung der kolonialen Zwangsarbeit und Vorsitzender des *Rassemblement Démocratique Africain*, zum Idealtypus verschmolzen werden.

Trotz ihrer familiären, wirtschaftlichen, politischen und sozialen – mehr oder weniger gelungenen – Reintegration in die voltaische Gesellschaft sind die Veteranen eine deutlich unterscheidbare und sich unterscheidende, in ihrer „militärischen" Alltagskultur und den von ihnen praktizierten Gemeinschaftsformen stark auf sich selbst bezogene Gruppe geblieben. Inwieweit es dem einzelnen dabei gelungen ist, die verschiedenen Stränge seiner Existenz zusammenzuführen, hing von einer Vielzahl von Faktoren ab, unter denen der Grad der physischen und psychischen Beeinträchtigung durch Krieg und Kriegsgefangenschaft, die relative hohe Alkoholikerrate unter Veteranen und ein mitunter wenig planvoller Umgang mit Geld als wichtigste zu nennen sind. Und doch dokumentieren auch jene weniger „erfolgreichen" Lebensentwürfe das kreative Potential, das die Kriegsheimkehrer entfalteten, um die Distanz zwischen den Lebensumständen, aus denen sie aufgebrochen und dem Neuen, mit dem sie während ihrer Abwesenheit konfrontiert waren und das sie sich auf ihre Weise angeeignet haben, zu überbrücken. Mit der Entwicklung eines eigenwilligen Lebensstils als *anciens combattants* und ihrer individuellen und kollektiven Selbstinszenierung wurden sie zu einer Statusgruppe von *selfmade men* in Zeiten gesellschaftlicher Umbrüche, zu permanenten Grenzgängern zwischen verschiedenen und sich ebenfalls in Veränderung befindlichen Lebenswelten einer Kolonie im Übergang zum Nationalstaat.

Veröffentlichungen der Autorin zum Projekt

2001

Die Rückkehr in den kolonialen Alltag. Lebensstrategien und Gruppenprofile von Kriegsveteranen in Obervolta/Burkina Faso. In: P. Heidrich/H. Liebau (Hg.), Akteure des Wandels? Lebensläufe und Gruppenbilder an Schnittstellen von Kulturen. Berlin: Das Arabische Buch 2001 (Studien des Zentrums Moderner Orient; 14), S. 203-232.

2000

Fremdeinsätze. Afrikaner und Asiaten in europäischen Kriegen, 1914-1945. Berlin: Das Arabische Buch 2000 (Studien des Zentrums Moderner Orient; 13) (herausgegeben mit G. Höpp).

Zwischen Imperium und Nation: Westafrikanische Veteranen der französischen Armee am Beispiel des spätkolonialen Obervolta. In: G. Höpp/ B. Reinwald (Hg.), Fremdeinsätze. Afrikaner und Asiaten in europäischen Kriegen, 1914-1945. Berlin: Das Arabische Buch 2000 (Studien des Zentrums Moderner Orient; 13), S. 227-252.

In Vorbereitung

Les anciens combattants africains, la vie quotidienne et la citoyenneté. Une étude socio-historique sur la vie post-militaire d'anciens soldats voltaïques/burkinabès ayant servis dans l'armée française (1945-1960). Für: Clio en Afrique. L'Histoire africaine en langue française (http://www.up.univ-mrs.fr/wclio-af/) (im Druck).

Anmerkungen

1 Diese Paraphrase geht auf die Antwort eines Veteranen auf die Frage zurück, worin für ihn die Vorteile seines Armeedienstes lagen; hier folgend seine Äußerung im Wortlaut: „Ça m'a fait du bien, ça m'a permis de connaître des pays européens et avoir une facilité de vie. Peut-être si j'étais pas dans l'armée, attends de voir, je serais quoi, un gros cultivateur au village, ou bien un chef-cantonnier pour réparer les routes ... Mais actuellement je me sens bien (...)" („Das hat mir gut getan, es erlaubte mir, europäische Länder kennenzulernen und hat mir das Leben erleichtert. Wäre ich vielleicht nicht in der Armee gewesen, wer glaubt, was dann aus mir geworden wäre, ein großer Bauer im Dorf oder vielleicht ein Vorarbeiter im Straßenbau ... Aber so geht's mir heute gut ..."; Interview mit M.T., ehemaliger Oberfeldwebel, Jahrgang 1947, durchgeführt von B.R., Bobo-Dioulasso, 16.3.1999, Übersetzung B.R.).

2 „Die Kriegsveteranen sind und bleiben der Bindestrich zwischen uns, zwischen Frankreich und unseren verschiedenen unabhängig gewordenen Staaten. Sie haben eine unauslöschliche Erinnerung hinterlassen. In welches französische Dorf man auch immer geht, gibt es einen Militärfriedhof, liegen dort mit Sicherheit auch Schwarze, Afrikaner!" (Interview, durchgeführt von Šmile A. Ky, Ouagadougou, 2.10.1999, Übersetzung B.R.)

3 „... schließlich hatten sie doch Erfahrung mit dem europäischen System, über die noch nicht einmal die Angestellten (der Kolonialverwaltung) verfügten, die ja praktisch nicht herumkamen, die nicht in Frankreich waren. Und eben dies verlieh ihnen letztlich eine gewisse Vorrangstellung, eine gewisse Bildung." (Interview, durchgeführt von B.R., Ouagadougou, 22.2.1999, Übersetzung B.R.).

4 „Aber die Armee hat uns etwas zurückgegeben. Unsere Landsleute hier in den Dörfern sind nicht (solche Landsleute) wie wir, denn diese Einstellung, die wir in der Armee dort entdeckten, die war uns nützlich, und wie sind, im Vergleich zu unseren Kollegen in den Dörfern, wirklich immer aktiv. Das, was wir heute in der Lage sind zu machen, sie können das nicht. Also das verdanken wir der Einstellung der Armee. Das hat uns wirklich einen ... großen Dienst erweisen." (Interview, durchgeführt von B.R., Bobo-Dioulasso, 10.3.1999, Übersetzung B.R. Lexikalische und grammatische Besonderheiten i. Orig.).

5 Zur Synopsis des Forschungsverlaufes, Darstellung der jeweiligen Archivbestände zum Forschungsstand siehe auch Reinwald in: Clio en Afrique (im „Druck").

6 Mit diesem allgemeinen Phänomen befaßten sich die Teilnehmenden an der von Gerhard Höpp und mir am Zentrum Moderner Orient organisierten Arbeitstagung „Afrikaner und Asiaten in europäischen Kriegen bis 1945" (11./12.06.1999). Zu Beiträgen und Diskussion siehe G. Höpp/B. Reinwald (Hg.), Fremdeinsätze. Afrikaner und Asiaten in europäischen Kriegen, 1914-1945. Berlin: Das Arabische Buch 2000.

7 Zur detaillierten Analyse von Lebensberichten voltaischer/burkinischer Veteranen, auf der folgende Zusammenfassung basiert, siehe B. Reinwald, Die Rückkehr in den kolonialen Alltag. Lebensstrategien und Gruppenprofile von Kriegsveteranen in Obervolta/Burkina Faso. In: P. Heidrich/ H. Liebau (Hg.), Akteure des Wandels? Lebensläufe und Gruppenbilder an Schnittstellen von Kulturen. Berlin: Das Arabische Buch 2001, S. 203-232.

8 Zu den multiplen Bindungen und Loyalitätskrisen von Veteranen im Kontext der Dekolonisation siehe B. Reinwald, Zwischen Imperium und Nation: Westafrikanische Veteranen der französischen Armee am Beispiel des spätkolonialen Obervolta. In G. Höpp/B. Reinwald, Fremdeinsätze..., a.a.O. S. 227-252, insbesondere S. 228-240.

ELLINOR SCHÖNE

Erstes Teilprojekt (1996-1997): Islamische Solidarität und Globalisierung: Weltsicht und Politik der Organisation der Islamischen Konferenz (OIC) am und nach dem Ende des Ost-West-Konflikts

Zweites Teilprojekt (1998-2000): Vor den Herausforderungen der neunziger Jahre – die Weltsicht aṣ-Ṣādiq al-Mahdī's

Vorstellung der Projekte: Untersuchungsgegenstand, Fragestellungen, Projektzusammenhang

Beide Projekte ordneten sich in das zentrale Thema des Zentrums Moderner Orient „Abgrenzung und Aneignung in der Globalisierung. Asien, Afrika und Europa seit dem 18. Jahrhundert" ein, das Wahrnehmungen, Verarbeitung und Folgen globaler Prozesse und Diskurse in Ländern Asiens und Afrikas in vergleichender Perspektive betrachtete. Sie waren zudem Teil des gemeinsamen Gruppenthemas „Islam und Globalisierung. Wahrnehmungen und Reaktionen von Muslimen im 19. und 20. Jahrhundert", das die geistige Verarbeitung von Globalisierungserfahrungen in der islamischen Welt zum Gegenstand hatte. Das Gruppenthema berücksichtigte insbesondere Individuen und Personenkreise, die Globalisierung besonders intensiv erfahren und sich dazu positionieren; in beiden Teilprojekten wurden führende Politiker islamischer Staaten in den Mittelpunkt gestellt. Gleichzeitig konzentrierte sich das Gruppenthema auf Schnitt- und Wendepunkte in der Geschichte; für die Teilprojekte wurde das Ende des Ost-West-Konflikts als Zäsur gewählt. Die Schwerpunktsetzung auf diese globale Umbruchsituation ermöglichte es, Wahrnehmungen und Reaktionen von Muslimen in einer sich in besonderem Maße zuspitzenden und zum Handeln drängenden Zeit zu zeigen, die von diesen zudem oftmals mit einer Eskalation von Globalisierungsprozessen gleichgesetzt wurde.

Gegenstand des zuerst bearbeiteten Forschungsvorhabens waren Weltsicht und Politik der Organisation der Islamischen Konferenz seit dem Ende des Ost-West-Konflikts. Im Mittelpunkt der Untersuchung stand angesichts weitgehend westlich geprägter Globalisierungsprozesse das Bemühen der islamischen Staatengruppe um Bewahrung und Festigung ihrer Identität, um Entwicklungserfolge und um aktivere Mitgestaltung der internationalen Beziehungen. Der zu untersuchende Personenkreis umfaßte Regierungen islamischer Staaten, die Mitglieder der Organisation der Islamischen Konferenz (OIC) sind. Ihr gehören derzeit 56 Staaten vorrangig Asiens und Afrikas an. Staatschefs und Regierungsvertreter dieser Länder treffen sich seit 1969 regelmäßig zu Gipfel- und Außenministerkonferenzen sowie zu Fachminister- und Spezialistentagungen, um einen Konsens zu aktuellen politischen, wirtschaftlichen und kulturellen Belangen zu erarbeiten. Dieser Meinungskonsens kann als die kollektive Haltung islamischer Staaten angesehen werden.

Anliegen des zweitgenannten Projektes war es, Wahrnehmungen der Weltentwicklung durch den Sudanesen aṣ-Ṣādiq al-Mahdī, den 1935 geborenen Urenkel des Muḥammad Aḥmad b. ʿAbdallāh, des sudanesischen Mahdi des 19. Jahrhunderts, zu untersuchen. Als Regierungschef, Parteiführer, Oppositionspolitiker und nicht zuletzt als Oberhaupt der Mahdiyya hatte und hat er beträchtlichen Einfluß auf das gesellschaftliche Leben des Sudan. Das Projekt sollte dazu beitragen, die Haltung eines zeitgenössischen muslimischen Politikers und der von ihm geführten politischen und religiösen Bewegung – der Mahdiyya, getragen von den Anṣār, und der aus ihr hervorgegangenen Umma-Partei – in der gegenwärtigen Weltordnung verstehen zu helfen. Aṣ-Ṣādiq al-Mahdī erschien wegen seiner politischen *und* religiösen Bedeutung sowie wegen des deutlich globalen Bezugs seiner Sicht- und Denkweisen für eine Untersuchung im Rahmen des Dach- und Gruppenthemas als besonders geeignete Persönlichkeit.

Erfahrungen bei der Umsetzung des thematischen Ansatzes

Die Projekte gingen davon aus, daß Weltsichten Wahrnehmungen und Verarbeitungen einer konkreten globalen Situation widerspiegeln. Oftmals stellten ihr die untersuchten Personengruppen Visionen von dem erwünschten Zustand der Welt gegenüber. Globalisierung als markanter Bestandteil der Weltentwicklung, der die globale Situation wesentlich beeinflußt und verändert, wurde und wird von muslimischen Persönlichkeiten ihrer Bedeutung entsprechend zur Kenntnis genommen. Der Begriff „Globalisierung" wie auch das am ZMO vorzugsweise verwendete Begriffspaar „global – lokal" wird von Muslimen allerdings weniger verwendet. An ihre Stelle treten eher die Begriffspaare „westlich – islamisch", „modern – traditionell" und/oder

„fremd – eigen", die vergleichbare Inhalte zum Ausdruck bringen. Insbesondere „global – lokal" und „westlich – islamisch" können aus muslimischer Sicht als Synonyme gelten. Dies resultiert aus der muslimischen Wahrnehmung von Globalisierung als einem Prozeß, der vor allem globale Asymmetrien und Machtgefälle aufweist. Für Muslime stellt sich Globalisierung als ein Phänomen dar, von dem vorrangig der Westen profitiert, die nachteiligen Auswirkungen jedoch eher islamische Länder Asiens und Afrikas zu tragen haben.

Nicht nur die subjektive Wahrnehmung von Globalisierung durch Muslime, sondern vor allem die Betrachtung der tatsächlichen, oftmals nachteiligen Wirkungen von Globalisierung in Asien und Afrika setzte bei der Projektbearbeitung von Beginn an Akzente. Den Ausgangspunkt für die Projektformulierung hatte die Giddenssche Definition von Globalisierung als immer dichtere und schnellere Verflechtung von räumlich weit entfernten Strukturen, Prozessen und Ereignissen gebildet.[1] In diesem Sinne betrachtet, ist Globalisierung ein vielschichtiges Bündel von Prozessen, das Globales und Lokales über zunehmende Entfernungen immer stärker verbindet und vernetzt. Diese Betrachtung suggeriert einen Prozeß ohne Verursacher, Zentrum oder Profiteur. Bei der Projekterarbeitung zeigte sich jedoch, daß Globalisierung nicht wertneutral untersucht werden und derzeit auch kaum als „chancengleicher" Prozeß gelten kann. Vielmehr hat er nicht nur subjektiv, sondern auch objektiv in bedeutendem Maße mit Macht wie auch mit der ungleichen Verteilung von Vor – und Nachteilen zu tun. Das Verhältnis von Macht und Globalisierung wurde deshalb zu einer wichtigen Fragestellung bei der Projekterarbeitung; die Wahrnehmung dieses Verhältnisses durch Muslime umfaßt einen beträchtlichen Teil der Forschungsergebnisse.

Beide Teilprojekte fragten nach der Perzeption und Bewertung globaler Ereignisse, Prozesse und Ideen aus der Sicht von Muslimen, wobei kulturelle Aspekte in den Vordergrund gestellt wurden. Sie beleuchteten das Spannungsverhältnis von Islam und Globalisierung, das sich – gerade auch im Zusammenhang mit der oben genannten „Machtfrage" – vor allem mit den eng verschränkten Begriffspaaren Aneignung – Abgrenzung, Homogenisierung – Heterogenisierung, fließende interkulturelle Grenzen – Verfestigung von Grenzen, „clash of civilizations" verbinden ließ.

Die Projekterarbeitung bestätigte, daß Globalisierung zu intensiverem Bewußtsein von Heterogenität führt. Die sich verdichtende und beschleunigende Vernetzung und die damit verbundene intensivierte äußere Einflußnahme setzen – mehr als kultureller Kontakt schlechthin – Selbsterfahrungs-, Selbstbesinnungs- und Selbstbehauptungsprozesse in Gang. Unterschiede zwischen, aber auch innerhalb von Kulturen rücken damit stärker ins Bewußtsein. Homogenisierung als Verwischung kultureller Unterschiede und Überfremdung wird zwar von den untersuchten Akteuren Asiens und Afrikas befürchtet, in der Praxis tritt sie in diesem Sinne aber nur bedingt in Erscheinung. Die Projekterarbeitung zeigte, daß es zu positiven homogenisierenden Wirkungen kommen kann, die in engem Zusammenhang mit Aneignung und Abgrenzung stehen: In westlichen Ländern initiierte Diskurse werden globalisiert; das Bewußtsein von der „einen Welt" wächst, Positionen zu Themen von globalem Interesse können einander angenähert werden. Aṣ-Ṣādiq al-Mahdī charakterisierte diese Entwicklung treffend: Zwar bleibe man kulturell verschieden, spräche aber die gleiche Sprache des Geistes.[2]

Im Laufe der 90er Jahre sind Muslime zunehmend dazu übergegangen, den Bereich der Kultur in den Mittelpunkt ihrer Argumentation zu stellen. Mit Aufmerksamkeit verfolgen sie im Westen initiierte Diskussionen, die Relevanz für islamische Staaten haben, und greifen sie auf, darunter die Debatte über einen möglichen „clash of civilizations"[3]. Zwar findet sich eine Konfrontation und verhärtende Grenzen prophezeiende Argumentation auch unter Muslimen, islamische Regierungspolitiker lehnen diese Vorausschau aber als unrichtig und schädlich ab. Aufgrund der Beschäftigung sowohl mit der OIC als auch mit der sudanesischen Umma-Partei ist vielmehr von der Möglichkeit fließender Grenzen zwischen Kulturkreisen und der Bildung von politischen Bündnissen in Sachfragen über Kulturgrenzen hinweg auszugehen.

Trotzdem wird Globalisierung oftmals als Identität unterminierender Vorgang betrachtet. Versuche der Abgrenzung sind deshalb häufige Reaktionen. Bei der Projektbearbeitung wurde deutlich, daß Abgrenzung die immer gleiche Stoßrichtung hat: westliche Dominanz zu kritisieren einerseits, Identität zu bewahren und gegen äußere Einflüsse zu stärken andererseits. Trotz verbaler Abgrenzung von westlichen Phänomenen vollziehen sich oftmals Prozesse der Aneignung. Dies geschieht teils bewußt: Fremde Konzepte und eigene Identität werden durch „Indigenisierung" versöhnt. Teils setzen sich fremde Phänomene ohne bewußte Steuerung im Alltag durch und werden geduldet. In beiden Fällen tragen Muslime zur Universalisierung ursprünglich westlicher Phänomene bei. Doch auch Abgrenzung zielt nicht auf Vermeidung von Globalisierung, sondern ist Kritik an Globalisierungserscheinungen und konkurrierenden, meist dominierenden globalen Akteuren. Abgrenzung ist deshalb eher der Versuch der Mitgestaltung von Globalisierung. Sie verhilft Muslimen dazu, sich über Kritik und Selbstvergewisserung in die sich globalisierende Welt zu integrieren.

Beide Projekte zeigten, daß der Nationalstaat im Zeitalter der Globalisierung aus muslimischer Sicht nicht an Bedeutung verliert. Er wird als Instrument der Steuerung angesehen, das sowohl die Teilnahme an erwünschten Globalisierungsprozessen sichern als auch negative Folgen mindern soll. Übernationale Institutionen treten neben den Nationalstaat, nicht an seine Stelle. Internationale und regionale Organisationen werden in diesem Sinne als nützlich und zeitgemäß erachtet; sie sollen Potentiale bündeln und größere internationale Durchsetzungsfähigkeit gegenüber westlichen Interessen und deren Dominanz erreichen.

Obwohl Globalisierung von islamischen Staaten mit fortgesetzten Nord-Süd-Asymmetrien in Verbindung gebracht wird, stellen sich ihnen aufgewertete Süd-Süd-Beziehungen nur sehr bedingt als Alternative dar. Im Zentrum muslimischer Aufmerksamkeit steht das westlich-islamische Verhältnis, das den Kern der Nord-Süd-Beziehungen bildet. Die Fixierung auf den Westen entspricht der Fixierung auf eine als ungerecht empfundene globale Situation. Die Intensivierung von Süd-Süd-Beziehungen, z. B. im Rahmen des OIC-Netzwerkes, dient in erster Linie der Bündelung von Kräften, die zur Veränderung des problematischen Nord-Süd-Verhältnis eingesetzt werden sollen.

Muslimische Regierungspolitiker messen globalen Entwicklungen große Bedeutung zu. Sie betrachten ihre Länder zwar zunächst als der islamischen Staatengruppe zugehörig und ordnen diese wegen gemeinsamer Interessen und Problemlagen dann in den Kreis der Entwicklungsländer ein, darüber hinaus sehen sie sich aber auch als untrennbaren Bestandteil der Weltgemeinschaft. Globalisierung nehmen sie als ein den ganzen Erdball umspannendes Phänomen wahr. Sie versuchen, sich zu und innerhalb von Globalisierungsprozessen zu positionieren. Islamische Staaten haben erkannt, daß sie als Bestandteil der Weltgemeinschaft fest in das globale Geschehen eingebunden sind. Ebenso haben sie zur Kenntnis genommen, daß sie mit dem Geschehen in anderen Regionen der Welt immer enger verbunden sein werden. In neuer und spezifischer Weise sehen sie sich Einflüssen aus anderen Teilen der Erde ausgesetzt. Gleichzeitig entdecken sie *ihre* Möglichkeiten, auf entfernte und globale Ereignisse und Entwicklungen Einfluß auszuüben. Globalisierung stellt sich für sie demzufolge als ein unvermeidlicher weltumspannender Prozeß dar, der Chancen und Risiken, Vor- und Nachteile in sich birgt.

Auch aṣ-Ṣādiq al-Mahdī sieht die Welt als ein ganzheitliches Gebilde an, der ein gemeinsames Schicksal beschieden ist und für deren Geschick alle ihre Bewohner verantwortlich sind. Für ihn stellt sich Globalisierung als ein der gegenwärtigen Weltentwicklung angemessenes und zeitgemäßes Phänomen dar: Viele Faktoren förderten die immer stärkere Vernetzung von Globalem und Lokalem. Laut aṣ-Ṣādiq al-Mahdī ist es weder möglich noch wünschenswert, Globalisierung vermeiden zu wollen.[4]

Muslime betrachten die gegenwärtige wie auch die zukünftige Weltentwicklung jedoch kritisch und mit großer Besorgnis. Sie verzeichnen einen globalen Trend hin zu modernen Technologien, zur Computer- und Informationsgesellschaft, der ihnen einerseits attraktiv erscheint, andererseits aber als problematisch gilt, da er von islamischen Ländern bisher kaum mitvollzogen wurde. Die letzten Jahre seien Zeugen von gewaltigen Ereignissen gewesen, deren Einfluß Veränderungen wie sonst in Jahrhunderten bewirkten; wissenschaftlicher Fortschritt, Technologieentwicklung, künstliche Intelligenz, Bevölkerungswachstum, die Verdopplung des Wissens („jede Sekunde ein neues Erzeugnis oder eine neue wissenschaftliche Erkenntnis") wie auch die Schattenseiten wissenschaftlicher und gesellschaftlicher Entwicklung hätten zu einer extremen Beschleunigung beigetragen, die unvorbereiteten Ländern, zu denen sich die islamischen zählen, nicht erlaubt, Schritt zu halten.[5] Neben dem Tempo von Entwicklung sehen sich islamische Staaten von der Intensität des Wandels überrascht. Die zunehmende Komplexität sich überschlagender Ereignisse sei nicht verstanden oder nicht ausreichend beachtet worden. Islamische Regierungspolitiker sehen sich einem Entwicklungsrückstand gegenüber, der ihnen nur unter größten Mühen – wenn überhaupt – aufholbar erscheint.[6]

Aus islamischer Sicht überwiegen zunächst die Nachteile von Globalisierung. Muslime halten ihre eigenen Einfluß- und Wirkungsmöglichkeiten im Rahmen von Globalisierung für gering, eigene Interessen für kaum durchsetzbar. Westliche Staaten hingegen dominieren Globalisierungsprozesse ökonomisch, politisch und kulturell und ziehen daraus vor allem für sich selbst Nutzen. Globalisierung stellt sich Muslimen deshalb als ein vorrangig zugunsten des Westens wirkendes Phänomen dar. Sie selbst befürchten, sowohl dem Tempo von Entwicklungsprozessen als auch kulturellem Homogenisierungsdruck nicht gewachsen zu sein. Islamische Staaten betrachten sich in ihrer kulturellen Identität als bedroht und in ihrer Eigenständigkeit zur Lebens- und Gesellschaftsgestaltung als beeinträchtigt.[7]

Angesichts fortschreitender Globalisierung und damit verbundener wachsender Interdependenz stellen islamische Länder Überlegungen an, wie sich ihr Verhältnis zu den westlichen Staaten gestalten soll. Mahnt der Westen die Demokratisierung islamischer Gesellschaften an, so fordern islamische Länder die Demokratisierung der internationalen Beziehungen ein. Für den undemokratischen Charakter der Weltordnung, der den meisten islamischen Staaten die partnerschaftliche Mitwirkung und Interessenwahrnehmung verwehrt, machen islamische Regierungen westliche Staaten und deren Politik zum eigenen Vorteil verantwortlich. Laut aṣ-Ṣādiq al-Mahdī führte diese Politik zu kolonialer Ausbeutung, zu aggressivem Umgang mit anderen Kulturen[8], zu Egoismus und zur Unfähigkeit, gemeinsam mit anderen zu handeln[9], und brachte „die starke Tendenz zur Generalisierung der eigenen kulturellen Werte als die globale Kultur schlechthin"[10] hervor. Aṣ-Ṣādiq al-Mahdī fordert von westlicher Politik, daß sie Muslimen die Übernahme von Leistungen der Moderne bei Wahrung der eigenen kulturellen Identität erlaube. Vom Westen erwartet er weniger kulturelle Aggressivität als vielmehr Toleranz gegenüber dem Anspruch anderer Kulturen, Erfahrungen moderner Entwicklungen den eigenen kulturellen Bedingungen anpassen zu wollen.[11] Zudem solle Globalisierung für alle vorteilhaft gestaltet werden. Denn so wie sie jetzt ablaufe, führe sie nur zur Belohnung der Reichen und weiteren Erschöpfung der Armen, was fortgesetzte Marginalisierung des Südens bedeute.[12]

Trotz kritischer Sicht kommen islamische Politiker zu dem Schluß, daß es keine Alternative zum Dialog auch mit westlichen Ländern gibt: „The task of managing this increasingly interdependent world requires all countries to act in concert and genuine partnership. Therefore we can see no alternative to an engagement with the North in a constructive dialogue, but this dialogue should be launched on a fundamentally new basis", bestimmt von „mutual respect, common interest and benefits and shared responsibility"[13]. Aṣ-Ṣādiq al-Mahdī kritisiert Glaubensgenossen, die im Westen vorrangig den Feind sehen, gegen den gekämpft werden muß. Dieses Bild vom Westen vernachlässige seine anderen Seiten, verhindere realistische Einschätzungen und angemessenes eigenes Verhalten. Für erstrebenswert hält er eine Annäherung zwischen islamischen und westlichen Ländern, die mehr gegenseitiges Verständnis und Zusammenarbeit hervorbringt.[14] Aṣ-Ṣādiq al-Mahdī will eine Eskalation der Probleme sowohl im Süden als auch global vermeiden. Um dies zu erreichen, hält er zweierlei für entscheidend: zum einen Reformen in den Ländern des Südens, die deren politische und Wirtschaftssysteme erneuern, zum anderen eine aufgeschlossene, konstruktive Rolle des Nordens.[15] Die gegenwärtige globale Entwicklung sieht er an einem Scheidepunkt angelangt: zwischen Erneuerung und Zerstörung, zwischen gemeinsamem Wohlergehen oder gemeinsamem Untergang. Er unterteilt die Welt in drei Regionen, den Westen, den Osten und den Süden.[16] Alle Regionen tragen Verantwortung für die globale Entwicklung. In allen sieht er jeweils zwei Tendenzen, die gegenwärtig miteinander streiten. Die negative der beiden Denkweisen setzt weiterhin auf Ungerechtigkeit, Hegemonie und Egoismus. Der positive und nach aṣ-Ṣādiq al-Mahdīs Meinung ausschließlich erstrebenswerte

Trend ist in allen drei Weltregionen darauf gerichtet, gemeinsame Interessen zu erkennen, Gerechtigkeit, Gleichberechtigung und partnerschaftliches Denken in den internationalen Beziehungen zu fördern und Zusammenarbeit zu pflegen.[17]

Islamische Länder messen internationalen und regionalen Organisationsformen große und wachsende Bedeutung bei. Die OIC, aber auch die UNO und andere internationale und regionale Organisationen sollen aufgewertet werden, um wachsender globaler Interdependenz Rechnung zu tragen und Chancen für internationale Koordinierung und Kooperation besser zu nutzen. Die bestehenden Organisationen werden als geeignete Institutionen für zunehmende Kooperationsbeziehungen angesehen. Sie sollen jedoch nach muslimischer Meinung auf die in ihren Grundsatzdokumenten verankerten Prinzipien zurückgeführt werden. Insbesondere die UNO-Charta halten islamische Staaten für ein geeignetes Dokument, das den Rahmen und die Grundlage für gegenseitig vorteilhafte, partnerschaftliche internationale Beziehungen und damit für eine gerechte neue Weltordnung bilden kann. Mit Blick auf die Politik westlicher Staaten und den von den USA dominierten Sicherheitsrat wird in diesem Zusammenhang gefordert: „These principles should be upheld and applied, universally, and not selectively, so that no single nation, or a group of nations, is allowed to establish hegemony or domination over others."[18]

Aṣ-Ṣādiq al-Mahdī setzte sich wiederholt mit der Allgemeingültigkeit von Normen und Werten, die westlichen Ursprungs sind, auseinander. Wie viele Muslime stellte er sich die Frage, ob aus der westlichen Kultur resultierende Wertesysteme globale Geltung beanspruchen können. Sollten Muslime die weltweite Geltung von internationalen Dokumenten anerkennen, die von westlichem Gedankengut geprägt sind und dank westlicher Dominanz ihre Verbreitung erlangten? Mit seiner bejahenden Antwort folgt er im wesentlichen der Vorgehensweise vieler aufgeschlossener Muslime. Allgemeingültige, als westlich geltende Konzepte – Menschenrechte, Umweltbelange, nachhaltige Entwicklung u.a. betreffend – werden aufgegriffen, aus islamischen Texten heraus begründet, auf diese Weise „islamisiert" und zu Bestandteilen islamischer Gesellschaften.

Islamische Grundsatzdokumente stehen im Einklang mit international geltendem Recht. Obwohl islamische Länder z.B. eine Islamische Menschenrechtsdeklaration ausgearbeitet haben, von der sie glauben, daß sie ihrer kulturellen Orientierung am besten entspricht, ordnen sie sich bewußt auch in das internationale Regelwerk ein. Die Betrachtung von Ziel- und Wertvorstellungen der OIC ergab deren Ähnlichkeit oder zumindest Verträglichkeit mit allgemeingültigen,

„westlichen" Wertvorstellungen. OIC-Dokumente spiegeln ethische Prinzipien wider, die sich ebenso in UNO- und anderen internationalen Dokumenten finden lassen. Einwände gegen global geltende Normensysteme kleiden Muslime in die Forderung nach Ergänzung und Überarbeitung internationaler Dokumente. Diese seien zu einer Zeit verfaßt worden, als viele Länder noch nicht in der internationalen Staatengemeinschaft vertreten waren; ihre Meinungen sollten heute gehört und berücksichtigt werden. Außerdem entstammten sie einem intellektuellen Niveau, das durch Kapitalismus und Kommunismus dominiert war. Religiöse und kulturelle Identitäten wären zu dieser Zeit weitgehend marginalisiert gewesen. Religion, Moral, aber auch das gegenwärtige geschärfte ökologische Bewußtsein seien deshalb zu wenig berücksichtigt. Heute gebe es „problems of ultimate concern", die stärkere Beachtung verdienen. Künftigen Generationen seien wir es schuldig, so aṣ-Ṣādiq al-Mahdī, ihr Erbe zu bewahren.[19]

Das Bewußtwerden von kultureller Heterogenität ist bei den betrachteten Muslime meist verbunden mit dem Wunsch, das Eigene nicht nur zu bewahren, sondern auch zu propagieren. Wenn islamische Regierungspolitiker der Propagierung des Islam auch Bedeutung beimessen und islamische Inhalte in globale Debatten einbringen wollen, so kann – zumindest mit Blick auf die OIC – doch nicht von einer schärferen Akzentuierung der globalen Mission des Islam gesprochen werden. Die Ambitionen der OIC sind eher darauf gerichtet, in der internationalen Gemeinschaft gleichberechtigt gehört zu werden. Zudem setzen OIC-Staaten in ihrer Politik auf legitime und gemäßigte Mittel und Methoden, um die ihnen als richtig geltende Weltsicht publik zu machen und dem Islam wie auch den Religionen insgesamt größere Beachtung zu verschaffen.

Wie viele Muslime hält aṣ-Ṣādiq al-Mahdī die Religion für ein höher zu bewertendes und stärker zu berücksichtigendes Gut. Sie beantworte Fragen nach dem Sinn des Lebens und rüste mit moralischen Werten aus. Gerade angesichts der heutigen globalen Situation betrachtet aṣ-Ṣādiq al-Mahdī sie als notwendig. Angesichts des Endes des Ost-West-Konflikts, des Versagens von Ideologien, angesichts von Fehlentwicklungen und globalen Problemen soll die Religion neue Lebensorientierungen und Wertesysteme schaffen helfen. Laizistische und marxistische Denkweisen hätten zwar hohen wissenschaftlich-technischen Fortschritt hervorgebracht, Belange der Moral aber vernachlässigt und trügen damit Verantwortung für heutige globale Probleme. Die wissenschaftliche und technologische Weiterentwicklung im Zeitalter der Globalisierung müsse hohen Wertmaßstäben unterstellt werden, die gerade die Religion bieten könne.[20]

Betrachtet man die Reaktionen islamischer Staaten auf die Globalisierungsprozesse und ihre Folgen, so wird vor allem deutlich: Islamische Länder verstehen sich als Mitglieder der internationalen Gemeinschaft. Sie integrieren sich in internationale Organisationen und wollen gleichberechtigte Partner im globalen System sein. Um den sich beschleunigenden Prozessen von Globalisierung und raschem globalem Wandel am wirkungsvollsten zu begegnen, orientieren sie auf folgendes: erstens, auf eine Aufwertung der internationalen Position islamischer Staaten, die ihnen eine aktive Teilnahme am und Mitgestaltung des globalen Geschehens ermöglichen soll, zweitens, auf die Stärkung eigener Potentiale, um die Leistungskraft islamischer Gesellschaften zu erhöhen und um bestehenden Abhängigkeiten wie auch wegen der Globalisierung befürchteten neuen entgegenwirken zu können, und drittens, auf die Stärkung der eigenen kulturellen Identität: Muslime sollen nicht nur den sich vermehrenden äußeren Einflüssen widerstehen; sie sollen vielmehr Selbstbewußtsein und die Überzeugung von der eigenen Leistungsfähigkeit ausbilden.

Islamische Staaten verstehen sich zunehmend bewußt als Akteure im Weltgeschehen. Sie unternehmen den Versuch, westliche Dominanz zurückzuweisen, eigene Denkmodelle in die internationale Debatte einzubringen und somit selbst stärker in globale Entwicklungen einzugreifen. Der Wunsch nach globaler Partizipation wird mit Selbstbewußtsein und Nachdruck artikuliert.

Veröffentlichungen der Autorin zu den Projekten

2001

Islam und Gesellschaft im Sudan. Selbstverständnis und politisches Konzept der Umma-Partei. In: D. Reetz (Hg.), Sendungsbewußtsein oder Eigennutz: Zu Motivation und Selbstverständnis islamischer Mobilisierung. Berlin: Das Arabische Buch 2001 (Studien des Zentrums Moderner Orient; 14), S. 153-172.

1999

Dissociation and Appropriation. Responses to Globalization in Africa, Asia and the Middle East. Berlin: Das Arabische Buch 1999 (Studien des Zentrums Moderner Orient; 10) (herausgegeben mit P. Heidrich und H. Liebau).

Die kulturelle Strategie für die islamische Welt – eine Entwicklungsstrategie? In: asien, afrika, lateinamerika, Berlin, 27 (1999) 3, S. 245-265.

1998
ISESCO – eine internationale islamische Organisation begeht ihren fünfzehnten Jahrstag. In: asien, afrika, lateinamerika, Berlin, 26 (1998) 4, S. 467-473.
Die islamische Staatengruppe und das Ende des Ost-West-Konflikts – die Sicht der Organisation der Islamischen Konferenz (OIC). In: H. Fürtig/G. Höpp (Hg.), Wessen Geschichte? Muslimische Erfahrungen historischer Zäsuren im 20. Jahrhundert. Berlin: Das Arabische Buch 1998 (Arbeitshefte des Zentrums Moderner Orient; 16), S. 97-115.

1997
Islamische Solidarität: Geschichte, Politik, Ideologie der Organisation der Islamischen Konferenz (OIC) 1969-1981. Berlin: Klaus Schwarz 1997 (Islamkundliche Untersuchungen; 214).

In Vorbereitung
Muslime nach dem Ost-West-Konflikt: Ṣādiq al-Mahdī und die neue Weltordnung. In: H. Fürtig (Hg.), Islamische Welt und Globalisierung: Aneignung, Abgrenzung, Gegenentwürfe. Würzburg: Ergon.

Anmerkungen

1 Vgl. A. Giddens, The Consequences of Modernity. Cambridge: Polity Press 1997, S. 64.
2 Vgl. Ṣ. al-Mahdī, Taḥaddiyāt at-tisʿīnīyāt, Kairo 1991, S. 133.
3 Vgl. S.P. Huntington, The Clash of Civilisations? In: Foreign Affairs, Washington, 72 (1993) 3, S. 22-49.
4 Vgl. Ṣ. al-Mahdī, , At-taʿāyuš wa-ṣ-ṣidām baina al-ḥaḍārāt (Vortrag auf einer Konferenz zum Thema „Der Islam und das 21. Jahrhundert", organisiert vom ägyptischen Ministerium für religiöse Stiftungen und dem Obersten Rat für islamische Angelegenheiten), Kairo, 6. Juli 1998, S. 16.
5 Vgl. Cultural Strategy for the Muslim World, Jeddah [1991], S. 13f.
6 Vgl. ebenda.
7 Trotz der kritischen Sicht auf westliche Politik gilt der Westen nach wie vor als der entscheidende, ja einzige Maßstab und Gradmesser für erfolgreiche Entwicklung. Sein wissenschaftlich-technologisches Niveau, sein politisches Gewicht und sein globaler Einfluß erscheinen sehr attraktiv. Westliche Industriestaaten gelten als diejenigen, denen auf ihre Weise erfolgreiche Entwicklung gelungen ist, worum islamische Staaten sich bisher weitgehend vergeblich bemüht haben.
8 Vgl. al-Mahdī, At-taʿāyuš..., a.a.O., S. 14.
9 Vgl. ebenda, S. 12.
10 Ebenda, S. 13.
11 Vgl. ebenda, S. 8-9.

12 Vgl. ebenda, S. 16.
13 Statement by H.E. Mr. Ali Alatas, Minister for Foreign Affairs of the Republic of Indonesia at the 21st Islamic Conference of Foreign Ministers, Karachi, 25-29 April 1993, S. 13.
14 Vgl. Sadiq al-Mahdi, Interview für Die Zeit, Hamburg, 3. September 1998, S. 18.
15 Vgl. al-Mahdī, At-taʿāyuš..., a.a.O., S. 17.
16 Vgl. u.a. al-Mahdī, Taḥaddiyāt..., a.a.O., S. 132.
17 Vgl. ebenda, S. 132, 213f.
18 Statement of H.E. Mr. Muhammad Nawaz Sharif, Prime Minister of the Islamic Republic of Pakistan at the Sixth Islamic Summit, Dakar, 10 December 1991, S. 8.
19 Vgl. S. al-Mahdi, Islamic Perspectives on the Universal Declaration of Human Rights. (Vortrag auf einer Konferenz anläßlich des 50. Jahrestages der Annahme der Allgemeinen Erklärung der Menschenrechte), Genf, November 1998, S. 11, 13.
20 Vgl. Ṣ. al-Mahdī, Al-islām wa-n-niẓām al-ʿālamī al-ǧadīd (Āfāq ǧadīda, 2), Kairo 1992, S. 25f.

STEFFEN WIPPEL

Teilprojekt (1998-2000): Wahrnehmungen „Europas" durch arabische Muslime – Fallstudie: Reaktionen von Vertretern marokkanischer Parteien auf die Zusammenarbeit mit der EG/EU und auf die Integration Europas seit den 1970er Jahren bis Mitte der 1990er Jahre

Vorstellung des Projekts: Untersuchungsgegenstand, Fragestellungen, Projektzusammenhang

Das Forschungsvorhaben beschäftigte sich mit Wahrnehmungen und Reaktionen in Marokko auf die Zusammenarbeit des Landes mit der früheren EG und heutigen EU. Untersucht wurden Einstellungen in drei ausgewählten politischen Parteien.[1] Diese prägten die politische Landschaft Marokkos über mehrere Jahrzehnte hinweg und nahmen eine meinungsbildende Position in der Öffentlichkeit des Landes ein, auch wenn sie sich meist jahrzehntelang in der Opposition befanden. Untersucht wurden – soweit verfügbar – Parteiprogramme und insbesondere Beiträge in parteinahen Zeitungen. Als besonders ergiebig erwiesen sich politische und wissenschaftliche Publikationen einzelner prominenter Vertreter der untersuchten Parteien, die sich mit der Problematik des marokkanisch-europäischen Verhältnisses auseinandersetzten. Unvorhergesehene Aktualität und Bedeutung für die politische Praxis des Landes gewannen die Positionen der drei Parteien dadurch, daß sie im Frühjahr 1998 an die Regierung gelangten und nun selbst Europapolitik gestalten müssen.

Grundanliegen des Projektes war es zu untersuchen, wie sich die Ansichten zum marokkanisch-europäischen Verhältnis vor dem Hintergrund der beschleunigten Globalisierung und der zunehmenden Integration Europas sowie unter dem Eindruck der damit einhergehenden Verflechtungen der südlichen Mittelmeeranrainer mit den europäischen Institutionen veränderten. Besonderes Interesse galt der Frage, ob wirtschaftliche und gesellschaftliche Gefährdungen und Risiken der Annäherung an Europa hervorgehoben werden und dies dazu führt, sich tendenziell nach außen abzuschließen, von Europa wirtschaftlich oder kulturell abzugrenzen, oder ob eher positive Folgeeffekte und Chancen gesehen werden und dies mit einer grundsätzlichen Bereitschaft einhergeht, sich nach Europa zu öffnen, sich europäische Werte und Erfahrungen anzueignen. Darüber hinaus galt es herauszufinden, in welchen Bezug zu anderen Möglichkeiten der Eigenverortung und Integration im regionalen Umfeld das Verhältnis zu Europa gesetzt wird. Betrachtet wurde insbesondere der Zeitraum seit den Fortschritten der innereuropäischen Integration Mitte der 1980er und der neuen Intensität der gegenseitigen Beziehungen in den 1990er Jahren. Der Einbettung in den historischen Kontext diente die vergleichende Erweiterung der Analyse auf die 1970er Jahre und teilweise zurück bis zur Unabhängigkeit Marokkos und davor.

Das Forschungsvorhaben stellte eine Fallstudie zur muslimischen Wahrnehmung „Europas" dar und war Teil des Gruppenprojekts „Islam und Globalisierung". Dieses war in besonderem Maße von einer regionalen und religiösen bzw. thematischen Ausrichtung gekennzeichnet. Wahrnehmungen von Globalisierungsphänomenen in der islamisch geprägten Welt stellten den gemeinsamen Untersuchungsgegenstand dar. Im Mittelpunkt stand der intraregional angelegte Vergleich der Wahrnehmungen unterschiedlicher Personengruppen in unterschiedlichen Perioden bzw. über unterschiedliche historische „Wendemarken" hinweg.

Erfahrungen bei der Umsetzung des thematischen Ansatzes

Der Herangehensweise der Projektgruppe I entsprechend, standen im vorgestellten Teilprojekt die Wahrnehmungen von Phänomenen, die der Globalisierung zurechenbar sind, im Vordergrund. Dies erhellt nicht nur die subjektive Seite der Globalisierung, sondern auch die lokale, außereuropäische Perspektive, die bei diesem auch politisch eminent wichtigen Thema in der wissenschaftlichen Forschung bislang weitgehend außer Acht blieb; zum Teil wurde selbst in hochrangigen Forschungseinrichtungen angenommen, daß eine entsprechende Debatte vor Ort weitgehend ausgeblieben sei.[2] Dieses Vorurteil konnte die Studie mit dem genauen Gegenteil – einer heftigen und andauernden Auseinandersetzung – widerlegen. Als marokkanische Besonderheit läßt sich dabei erwähnen, daß trotz des Vorrangs des Königs in der außenpolitischen Positionsbestimmung des Landes und erheblicher demokratischer Defizite seit der Unabhängigkeit immer ein Mehrparteiensystem bestand, in dessen Rahmen gerade das Verhältnis zu Europa seit Anfang an heftig diskutiert wurde.

Das dem Gruppenprojekt zugrundeliegende weite Begriffsverständnis von Globalisierung im Giddensschen Sinne – immer dichtere und schnellere Verflechtungen zwischen räumlich weit entfernten Strukturen, Prozessen und Ereignissen[3] – erwies sich als geeignete Klammer der Teilprojekte, bedurfte aber des „Herunterbrechens" auf die einzelnen Fallstudien. Es machte zugleich deutlich, daß mit diesen Prozessen zwangsläufig eine intensivere Wahrnehmung des „Anderen" einhergeht. Die Notwendigkeit nimmt zu, sich mit globalen Phänomenen in ihren unterschiedlichen Ausprägungen auseinanderzusetzen. Dabei geht es darum, das Gegenüber zu bewerten, das Verhältnis zu ihm zu bestimmen – auch in Bezug auf die Verwendbarkeit fremder Werte und Erfahrungen – sowie Konzepte und Strategien lokaler bzw. regionaler Entwicklung zu entwerfen. Dieses Bild des Anderen, und damit auch von sich selbst, hat erhebliche Rückwirkungen auf das Denken, Entscheiden und Handeln nationaler Eliten und Regierungen.

Globalisierung wurde im vorgestellten Projekt als historischer Prozeß verstanden, der sich in den letzten ein bis zwei Jahrzehnten erheblich beschleunigte – nicht zuletzt als Folge politischer Entscheidungen und Ereignisse. Diese führten zu Übergängen und „Brüchen" in der globalen Geschichte bzw. wurden als solche wahrgenommen. Die historische Sicht, die Einordnung heutiger Positionen und Wahrnehmungen in ihren Wandel über längere Zeiträume hinweg, hat im Projektverlauf – soweit angesichts des verfügbaren Zeitrahmens möglich – einen größeren Stellenwert erhalten als in der Konzeption des Projekts ursprünglich vorgesehen.

Die öffentliche Diskussion der Globalisierung konzentriert sich, wie mehrfach auch in den Projektanträgen des ZMO ausgeführt, noch immer auf ihre technologischen und ökonomischen Komponenten, auch wenn ihre sozial- und kulturwissenschaftliche Seite zunehmend Beachtung findet. Dem Ökonomen, der häufig unter Einbeziehung disziplinübergreifender Ansätze arbeitet, ermöglichte die Beteiligung am ZMO-Gesamtprojekt zur Globalisierung aus kultur- und sozialwissenschaftlicher Perspektive an Herangehensweisen an eigene frühere Forschungsthemen anzuknüpfen und diese zu erweitern.[4] Die sozial- und kulturwissenschaftliche Betrachtung von Globalisierung und die wirtschaftswissenschaftliche Debatte ergänzen einander. Diese doppelte Perspektive und die Konzentration auf Wahrnehmungen erlaubt, ökonomische Entwicklungen, Entscheidungen und Handlungen umfassender zu untersuchen und zu verstehen.

Einer intensiveren Betrachtung wert gewesen wären die Verbindungen und Parallelen von kultur- und wirtschaftswissenschaftlicher Diskussion der Globalisierung, die jedoch nicht ausgearbeitet werden konnten.[5] Gemeinsame Ansätze hätten sich z.B. in systemischen Überlegungen finden lassen, die darauf hinweisen, daß beides notwendig ist für das Überleben eines Systems:

die (zumindest zeitweise oder partielle) Öffnung, um der Gefahr der Erstarrung vorzubeugen, aber auch die Abschließung resp. die notwendige (aber noch immer durchlässige) „Kompartimentierung" großer Systeme, um der Gefahr des ungehinderten Durchschlagens von Krisen vorzubeugen; zwischen beidem ist das jeweils geeignete Zwischenmaß zu finden, das von historischen Umständen bedingt ist und über die Zeit hinweg variiert.

Das Forschungsvorhaben, das von einem vordergründig ökonomischen Sachverhalt ausging, legte daher den Schwerpunkt der Analyse nicht auf seine ökonomischen Aspekte, sondern auf die Wahrnehmungen des Forschungsgegenstandes und seine Verflechtungen mit sozio-kulturellen Dimensionen des euro-mediterranen Verhältnisses. Dabei wurden der Prozeß der Annäherung an Europa und die damit einhergehenden intensivierten Wahrnehmungen des „Anderen" als Teile historischer und aktueller Globalisierungsprozesse verstanden. Der Globalisierungsansatz bot die Möglichkeit, die Fragestellung auf spezifische Aspekte zu fokussieren, die häufig übersehen oder vernachlässigt werden. Der Entwicklung der euro-mediterranen Beziehungen kommt im Zusammenhang mit dem Thema Globalisierung mehrfache Bedeutung zu:

– als auf einen Teilraum der Welt heruntergebrochener Ausschnitt aus der Globalisierung, der ebenfalls in Hinblick auf Aneignung und Abgrenzung, Homogenisierung und Heterogenisierung betrachtet werden kann;
– als regionaler Prozeß, auf den globale Ereignisse einwirken;
– als Zwischenebene zwischen nationaler und globaler Ebene, auf der sich ebenfalls eine Verdichtung und Beschleunigung von Verflechtungen beobachten läßt.

Dieser letzte Punkt verweist auf das Konzept der „Regionalisierung" (in einem breiteren, ebenfalls über einen engen ökonomischen Ansatz hinausgehenden Verständnis), das sich im Laufe der Projektbearbeitung als zunehmend bedeutsamer herausschälte. Dieser Ansatz steht im Mittelpunkt des Folgeprojekts über die transsaharischen Beziehungen Marokkos und wird dort weiter ausgearbeitet werden. Er steht jedoch auch in engem Verhältnis zur Globalisierungsdebatte, und es lassen sich daran ähnliche Fragen diskutieren (Regionalisierung vs. Regionalismus/Regionalität; Historizität des Prozesses; phänomenologischer Ansatz[6]; Wechselverhältnis von materiellen und kognitiven Prozessen; ökonomische, politische und sozio-kulturelle Dimensionen; Macht und Asymmetrien[7]; Homogenisierung vs. Fragmentierung).

Im besonderen bedeutet dies, das Verhältnis von Regionalisierung zu Globalisierung zu interpretieren. Auch hier kann es keine eindeutigen Antworten geben: Handelt es sich um einen Gegenentwurf, eine Gegenreaktion zur Globalisierung, um einen vorausgehenden Zwischenschritt („Übungsraum") oder ist sie – wozu der Autor eher neigt – als inhärenter Bestandteil der Globalisierung zu verstehen, die gleichzeitige und miteinander verwobene Prozesse von Heterogenisierung und Homogenisierung in sich birgt? Ebenso ist zu fragen nach der Bildung von Regionen, sei es auf der Basis materieller Beziehungen oder auf der kognitiven Ebene. Dabei kommt ein weiterer bedeutsamer – und in der ökonomischen Diskussion vernachlässigter – Punkt zum Tragen, daß nämlich erst ein dauerhaftes Gefühl von Zugehörigkeit bzw. Zusammengehörigkeit die Basis für die Haltbarkeit regionaler Verflechtungs-, Kooperations- und Integrationsräume über konjunkturelle Schwankungen der Beziehungen und u.U. kurzfristig angelegte politische und wirtschaftliche Interessen hinweg darstellt.[8]

Zur Auseinandersetzung mit Globalisierung und Regionalisierung in Marokko: zwischen Aneignung und Abgrenzung

Generell läßt sich feststellen, daß man sich in Marokko intensiv mit Phänomenen der Globalisierung auseinandersetzt, wozu neben Fragen der Weltkultur und Weltwirtschaft seit Mitte der 1980er Jahre auch das euro-mediterrane Verhältnis gezählt wird. Diese Auseinandersetzung findet in politischen Parteien, in Medien, Forschungseinrichtungen und Organisationen der Zivilgesellschaft statt. Nimmt man die gesammelten schriftlichen und mündlichen Informationen als Grundlage, dann scheint die Beschäftigung mit den euro-mediterranen Beziehungen und ihren Folgen noch intensiver zu sein als mit der Globalisierung im allgemeinen (ungeachtet der Verzerrung durch den Fokus der Studie).

Die Diskussion erstreckt sich jeweils vorrangig auf ökonomische Phänomene. Weniger wahrgenommen und diskutiert werden – pauschal betrachtet – Rückwirkungen des wirtschaftlichen Wandels, die sich aus der Öffnung zum europäischen und zum globalen Markt ergeben, auf das soziale Gefüge und die kulturellen Besonderheiten des Landes (z.B. hinsichtlich des Wandels von sozialen Strukturen, von Verhaltensweisen und Werten). Hier gab es auch bei Rückfragen wenig konkrete Antworten der politischen und z.T. wissenschaftlichen Vertreter, oder die Rückwirkungen wurden als gering bzw. wenig problematisch angesehen. Dies bedeutet aber nicht, daß in der Debatte durchgehend eine Trennung in unterschiedliche gesellschaftliche Bereiche erfolgt; gerade auch in früheren Veröffentlichungen zum Thema wurden die Verflechtungen der unterschiedlichen Beziehungsebenen zu Europa bereits eingehend analysiert.

Im großen und ganzen bestätigte die Studie die Ambivalenz von Aneignung und Abgrenzung. Entgegen der im ZMO-Antrag genannten Literatur, die in den 1960/1970er Jahren eher auf den Trend zur Homogenisierung, in den 1980er/1990er Jahren auf die neue Heterogenität der Welt hinweist, haben sich im untersuchten Fall die Einstellungen über 40 Jahre von prinzipiell ablehnend und abschließend hin zu einer steigenden Öffnungsbereitschaft gewandelt (u. U. auch gerade als Reaktionen auf die festgestellten strukturellen Tendenzen).

Das Verhältnis von Aneignung und Abgrenzung schwankt nicht nur im Zeitablauf, sondern unterscheidet sich auch je nach betroffenem gesellschaftlichem Bereich: so wird auf wirtschaftlicher Ebene heute die Öffnung zum europäischen, selbst zum globalen Markt am leichtesten akzeptiert. Das bedeutet nicht, daß es nicht noch immer heftige Auseinandersetzungen mit dem europäischen Gegenüber gibt. Zum Teil wurde die Durchsetzung wirtschafts- und machtpolitischer Interessen seitens der EG/EU heftig kritisiert, und es wurde vor den zum Teil katastrophalen wirtschaftlichen und sozialen Folgen von Liberalisierung, Außenöffnung und Globalisierung und den damit verbundenen politischen Gefahren gewarnt. Die Kritik bezieht sich aber vor allem auf einzelne Dossiers (wie Agrarexporte, Fischereifragen, Migration etc.). Sie erfolgt heute eher „von innen" aus einer – sicher unvollständigen, aber dennoch gemeinsamen bzw. erwünschten – Partnerschaft heraus, nicht mehr „von außen" gegenüber einem äußeren Widerpart. Dabei erscheint auch die Einstellung im Wirtschaftlichen erstaunlich positiv angesichts der relativ sicher zu erwartenden negativen Effekte der Öffnung, die im Rahmen der euro-mediterranen Freihandelszone kurz- bis mittelfristig eintreten werden und denen lediglich Hoffnungen auf langfristig positive Folgen gegenüberstehen.

Anders sieht es auf kultureller Ebene aus, wo die Bereitschaft zur Öffnung und Aneignung weitaus geringer ist. Zwar lassen sich auch Forderungen nach kultureller Öffnung feststellen; diese soll aber eher partiell stattfinden bzw. der Infragestellung und Weiterentwicklung des überlieferten Eigenen dienen, ohne eine vollständige Anpassung nach sich zu ziehen. Insbesondere besteht die Furcht vor einer globalen, aber auch regionalen US-amerikanischen kulturellen (und ebenso wirtschaftlichen und politischen) Hegemonie. Im globalen Maßstab wird die Kooperation mit Europa von den Beobachtern im Lande als das kleinere Übel angesehen. Politisch verwahrt man sich einerseits gegen europäische Einmischung in „innere Angelegenheiten" (bspw. gegenüber Anmerkungen zur Westsaharafrage oder zur Menschenrechtssituation im Lande), andererseits betonte gerade die untersuchte damalige „ewige Opposition" europäisch-westliche Werte und die notwendige Kooperation in diesem Bereich. Vor allem die jungen südeuropäischen Demokratien wie Spanien wurden zum Vorbild für die politische Öffnung.

Nicht gesondert zu betonen ist derweil, daß die Diskussion in Marokko natürlich mit Bezug auf die spezifischen Probleme des im Weltmaßstab kleinen Landes erfolgt. Die Marokkaner erkennen die Nachteile, die Asymmetrien und Hierarchien der Globalisierung eher als die Europäer; Kritik bezieht sich vor allem auf die Durchsetzung europäischer Interessen. Dennoch ist, wie erwähnt, die Bereitschaft zum Wandel, auch zum Überdenken eigener traditioneller Werte und Verhaltensweisen sowie zur Öffnung zumindest gegenüber Europa und zum Mittelmeerraum, teilweise auch zur globalen Ebene erstaunlich weit verbreitet. Insgesamt bestätigen die Untersuchungsergebnisse damit eher die Flüssigkeit und Heterogenität (aber nicht die Aufhebung!) interkultureller (und anderer zwischengesellschaftlicher) Grenzen anstelle ihrer antagonistischen Verfestigung.

Die Gründe und Auslöser für den Wandel der Einstellungen sind vielfältig. Konzentriert man sich auf die zeitlichen Umstände, zählen dazu offensichtlich globale Ereignisse wie insbesondere der „globale Epochenbruch" 1989/91, der gerade im potentiellen Konfrontationsraum Mittelmeer zu spüren war und zum Verlust von (möglichen) Partnern und insbesondere eines Ordnungsmodells führte.[9] Auch das Fortschreiten der wirtschaftlichen Globalisierung, v.a. die zunehmende Liberalisierung des Welthandels in den 1990er Jahren, übte Druck aus auf die Öffnung des Landes und seine Anbindung an einen der großen Wirtschaftsblöcke.

Eine Konzentration allein auf die Jahre 1989/91 erwies sich jedoch als nicht sinnvoll, da ergänzend weitere Ereignisse und Wendepunkte auf unterschiedlichen regionalen Ebenen (wie Zäsuren im Verhältnis zur EU, innereuropäische Entwicklungen, die Nahostfriedensverhandlungen, die Gründung und der erneute Stillstand der Maghrebunion, die Situation in Algerien etc.) die Orientierung Richtung Europa verstärkten. Diese mögen zwar im einzelnen durchaus im Zusammenhang mit der erstgenannten Zeitenwende gestanden haben, führten aber auch – wie in der ZMO-Dachkonzeption angenommen – zu einer spezifischen geschichtlichen Periodisierung. Dabei verdichteten sich die unterschiedlichen Zäsuren zu einer längeren Umbruchsphase, innerhalb derer es zu einer allmählichen Änderung der Einstellungen kam. Diese erstreckt sich etwa über ein Jahrzehnt und wird markiert von der europäischen Süderweiterung und der Einheitlichen Europäischen Akte 1986 und von der euro-mediterranen Konferenz von Barcelona 1995.

Diese Ereignisse allein können jedoch das sich durchsetzende Meinungsmuster nicht ganz erklären; zum Teil spielen auch das Nichtvorhandensein bzw. das Nichterkennen von Alternativen (bspw. ordnungs- oder regionalpolitischer Art), das Schwinden der Bindungskraft gesellschaftsübergreifender Visionen auch in Marokko und der steigende Pragmatismus in allen politischen Lagern eine erhebliche Rolle. Dabei gehört es zu den homogenisierenden Tendenzen der Globalisierung, daß im Laufe der Zeit die Einheitlichkeit der Meinungen steigt, während früher trotz der grundsätzlichen Ablehnung der Anbindung an Europa in den untersuchten Parteien eine größere Spannbreite der Ansichten bezüglich des Umgangs mit Europa und zu den Alternativen bestand. Heute sollen selbst die Islamisten (zumindest was das Ökonomische angeht) vergleichsweise pro-europäisch eingestellt sein.[10]

Auch in bezug auf die Islamdiskussion wird ein eher populäres als akademisches Vorurteil über den islamisch geprägten Raum und sein Verhältnis zum Westen widerlegt. Die Ergebnisse der Untersuchung belegen eine recht differenzierte Wahrnehmung des Anderen (wobei „Europa" durchaus nicht nur als homogene Größe mit einheitlichen Interessen und Traditionen wahrgenommen wird) und die Situationsgebundenheit der dominierenden Sichtweise, in der Islamisches – zumindest auf die Dauer gesehen – kaum eine Rolle spielt. Die untersuchten Parteien vertreten keinesfalls eine genuin islamische Perspektive mit globalen Ansprüchen (auch nicht die Partei, die am ehesten das islamisch-arabische kulturelle Ebene und die islamische Solidarität beschwört); eine solche Perspektive gibt es zwar, aber eben auch die andere, und zwar vertreten von nicht unbedeutenden Kräften in der politischen Landschaft Marokkos. Auch läßt sich die im Antrag formulierte Annahme, daß im interregionalen Vergleich die arabische politische und intellektuelle Elite eher zur Abgrenzung, zu Gegenprojektionen neigt, während in Afrika eher nach Anschluß an globale Prozesse gesucht wird, nicht so pauschal bestätigen; aber auch hier läßt sich möglicherweise wieder auf die Sonderposition Marokkos in der arabischen Welt verweisen.

Anzumerken ist ein weiteres für Marokko geltendes Spezifikum: Die untersuchte politische Elite hat durch Ausbildung oder Exil einen besonders engen Bezug zu Frankreich/Europa, der zu besonders intensiver Auseinandersetzung mit diesem „Anderen" führt. Hierbei kommt es zu besonderen Formen der Aneignung in der Globalisierung: Selbst bei extremer Abgrenzung werden von Anfang an Positionen und Diskussionsstränge, politische und wissenschaftliche Ansätze aus europäischen Debatten übernommen, wo ja ebenfalls eine breite Vielfalt von Überlegungen und kontroverse, Wandlungen unterliegende Ansichten über Fragen von Entwicklung und Globalisierung herrschen. Dabei orientieren sich die marokkanischen Vertreter vielleicht etwas stärker an Frankreich, wo die Kontroversen zu diesen Themen meist etwas heftiger ausfallen. Nur selten gab es Anreize, nach indigenen wissenschaftlichen Ansätze zu suchen.

Die Bedeutung der Region in der Globalisierung und für die Eigenverortung des Landes

Die Außenöffnung wird dadurch erleichtert, daß sich zwischen das Nationale und das Globale die Region (im Sinne einer die nationalstaatlichen Grenzen überschreitenden Makroregion, die vorwiegend wirtschaftlich verstanden wird, aber auch kulturell gesehen werden kann) als ein Drittes, als Zwischenebene schiebt. Sie erleichtert einerseits die Öffnung und ermöglicht sie andererseits in einem kleineren Rahmen. So kommt in der öffentlichen Diskussion – auch in „südlichen" Ländern – erst langsam zu Bewußtsein, daß Regionalisierung und Globalisierung nicht zwangsläufig einen Widerspruch darstellen: Während früher gerade in der Dritten Welt regionale Zusammenschlüsse als Abkoppelung konzipiert wurden, können wir heute zunehmend Beispiele „offener Regionalisierung" beobachten: das bedeutet nicht nur Offenheit zu Weltmarkt und Weltwirtschaft, sondern umfaßt auch multiple regionale Zugehörigkeiten. Damit ist die relevante Region nicht mehr selbstverständlich definiert. Dies führt u.a. zur Wiederentdeckung bzw. Neukonzeptionierung von „Zwischenräumen", die teilweise erst nach dem Ende der globalen Bipolarität möglich wurde.[11]

Auch in Marokko wurde erkannt, daß im 21. Jahrhundert die Weltwirtschaft vor allem auf großen regionalen Einheiten beruhen werde. In vielen Teilen der Welt habe der Regionalisierungsprozeß bereits neuen Schwung erhalten. Allein sei die Vielzahl der globalen Herausforderungen nicht zu meistern. Der Anschluß an einen der drei großen Weltwirtschaftsblöcke und die Eingliederung in einen euro-mediterranen Raum wurden unter den Bedingungen der Globalisierung sogar als unabdingbar angesehen.

Zudem wird man sich der Tatsache bzw. der Möglichkeit mehrfacher regionaler Zugehörigkeiten zunehmend bewußt. Die Bedeutung der unterschiedlichen Regionen wandelte sich im Zeitablauf. So standen in den 1960er Jahren als „eigene Regionen" der Maghreb, die arabische Welt und die Entwicklungsländer im Vordergrund, die dazu dienen sollten, die Dissoziation von der internationalen bzw. westlichen Wirtschaft zu realisieren. Die Maghrebidee spielt auch heute politisch noch eine große Rolle, doch wandelte sich ihre Bedeutung parallel zu den Einstellungen gegenüber Europa: sie dient nun weniger als „Gegenmodell" denn zur gemeinsamen Eingliederung in einen größeren euro-mediterranen Raum. Auch je nach Beziehungsebene unterscheiden sich die Gewichte der Regionen, zu denen das Land gehört: Wirtschaftlich überwiegt die Orientierung auf Europa, auch wenn immer wieder die Umsetzung bzw. Wiederbelebung der Maghrebidee gefordert wird und in den letzten Jahren auch Afrika wieder – mit der Hoffnung auf zusätzliche Märkte – stärker Beachtung findet. Kulturell fühlt man sich stärker der islamischen und arabischen Welt bzw. dem Maghreb zugehörig, in historischer Perspektive werden die engen Bindungen an das subsaharische Afrika betont.

Die geographisch-historische Randlage zu drei der großen üblicherweise betrachteten Weltregionen stellt eine weitere Besonderheit Marokkos dar. Man empfindet sich als Schnittpunkt, Drehscheibe, Brücke zwischen Regionen und Kontinenten.[12] Zwischenräume wie das Mittelmeer (und die Sahara) spielen daher für das Land eine besonders große Rolle, was sich sowohl im ersten Projekt zum Mittelmeer und zu den transmediterranen als auch im zweiten Projekt zu den transsaharischen Beziehungen niederschlug. Das Mittelmeer stellt dabei, interpretiert man das marokkanische Verständnis, eine Art „Mélange" bzw. zunehmend etwas „synkretistisch" neu-altes Eigenständiges zwischen den Kulturen und Regionen dar; seine Wahrnehmung wird in Marokko immer wieder verbunden mit dem Verweis auf tatsächliche oder vermeintliche historische und aktuelle Gemeinsamkeiten. Diese neue Vision des Mittelmeers stellt wie heute auch der Maghreb ein integratives Konzept dar. Der Erhalt (und der Wandel) der „kulturellen" Eigenheit, der „eigenen" Identität kann und soll nach marokkanischer Ansicht am besten unter der gleichzeitigen Einordnung in einen größeren Rahmen wie das Mittelmeer stattfinden; dieses vereinbart mehrere identitätsstiftende Komponenten, geht bspw. über die rein arabisch-maghrebinische Zugehörigkeit hinaus, aber bewahrt und erweitert sie zugleich. Bereits an anderer Stelle wurde festgestellt, daß eine mediterrane Identität, die viele Teilidentitäten einbegreift, für viele in der Region akzeptabler zu sein scheint als z.B. eine Mitte der 1990er Jahre diskutierte (Israel einschließende) nahöstliche Identität im Rahmen eines gemeinsamen Marktes, die den arabischen Raum eher spalten und v.a. Marokko weiter an den Rand drängen würde.[13]

Die Debatte um globale Einordnung bzw. regionale Zugehörigkeiten hebt in der marokkanischen Perzeption die Bedeutung des Nationalstaates nicht auf, sie macht dagegen dessen (multiple) Verortungen in größere Zusammenhänge verstärkt bewußt: So treten die regionalen neben die lokalen und nationalen Zugehörigkeiten. Das neue regionale Selbstverständnis hat dabei z.T. auch intern Rückwirkungen. Es führte bspw. dazu, den Blick auch auf mediterrane, bisher vernachlässigte Regionen innerhalb des Landes zu lenken, ihre Rolle im Rahmen des euro-mediterranen Projekts zu erkennen, aber auch sich ihrer historischen Bedeutung zu besinnen. Weitergehend wäre nun zu untersuchen, ob sich damit tatsächlich auch vor Ort neue lokale Identitäten herausbilden oder ob es sich lediglich um neue Wahrnehmungen und Ansichten „von oben" handelt.

Abschließend erscheinen zwei Warnungen angebracht: Auch bei der Beschränkung auf die zwischenzeitlich regierende politische Elite handelt es sich um ein durchaus prekäres Meinungsbild, das in schweren Zeiten und ohne europäische Rücksichtnahme leicht kippen kann.[14] Außerdem handelt es sich um Ansichten einer schmalen Schicht, die auf dem breiten Land relativ wenig verankert ist, auch wenn Meinungsumfragen den verbreiteten deutlichen Willen in der Bevölkerung zu bestätigten scheinen, sich zunehmend nach Europa orientieren zu wollen.[15]

Veröffentlichungen des Autors zum Projekt

2000

Die „feste Verbindung" mit Europa, Infrastrukturprojekte über die Straße von Gibraltar und ihre symbolische Bedeutung für die regionalen Zugehörigkeiten Marokkos. In: asien, afrika, lateinamerika, Berlin, 28 (2000) 6 (im Druck).

1999

Marokko und der Euro, Folgen der Europäischen Währungsunion für ein assoziiertes Mittelmeer-Drittland. Diskussionspapiere Nr. 65, Freie Universität Berlin, Fachbereich Wirtschaftswissenschaft, Fachgebiet Volkswirtschaft des Vorderen Orients, Berlin: Das Arabische Buch 1999, 66 S.

Entwicklung und Probleme der euro-mediterranen Beziehungen aus marokkanischer Sicht, Reaktionen der sozialistischen Opposition zum „Mittelmeerjahr" 1995, Diskussionspapiere Nr. 67, Freie Universität Berlin, Fachbereich Wirtschaftswissenschaft, Fachgebiet Volkswirtschaft des Vorderen Orients, Berlin: Das Arabische Buch 1999, 20 S.

Habib El Malki (Ḥabīb al-Mālikī), Marokkanischer Landwirtschafts- und Fischereiminister. In: Orient, Hamburg, 40 (1999) 2, S. 175-188.
Fathallah Oualalou (Fatḥallāh Wala'lū), Marokkanischer Wirtschafts- und Finanzminister. In: Orient, Hamburg, 40 (1999) 3, S. 375-386.

Mohammed VI (Muḥammad as-sādis), Marokkanischer König. In: Orient, Hamburg, 40 (1999) 4, S. 533-543.

1998

Europa als Gegner, Vorbild, Partner? Sichtweisen eines marokkanischen Wissenschaftlers und Politikers über mehrfache Zäsuren in drei Jahrzehnten. In: H. Fürtig/G. Höpp (Hg.), Wessen Geschichte? Muslimische Erfahrungen historischer Zäsuren im 20. Jahrhundert, Berlin: Das Arabische Buch 1998 (Arbeitshefte des Zentrums Moderner Orient; 16), S. 117-149.

In Vorbereitung

Auswirkungen der Europäischen Währungsunion in ihrem regionalen Umfeld, Marokko als Beispiel für ein Mittelmeerdrittland. Für: Orient, Hamburg, 41 (2000) 4 (im Druck).

Von „Tanger" nach „Barcelona", Zwischen Abgrenzung und Außenöffnung im marokkanisch-europäischen Verhältnis. In: H. Fürtig (Hg.), Islamische Welt und Globalisierung: Aneignung, Abgrenzung, Gegenentwürfe. Würzburg: Ergon.

L'attitude des élites marocaines face à une plus grande coopération entre l'UE et les pays du Maghreb. Beitrag zum Tagungsband des 6. Deutsch-Marokkanischen Forschungssymposiums in Paderborn, hg. von A. Kagermaier/M. Berriane.

L'Union Européenne Monétaire et son environnement régional, Le cas d'un Pays Tiers Méditerranéen: les conséquences de l'introduction de l'euro sur le Maroc. Für: Critique économique, Rabat, (2001) 4.

„Fraktale Integration": Überlegungen zu aktuellen Formen und Abläufen wirtschaftlicher Regionalisierung. Für: Festschrift für Prof. Dr. Dieter Weiss, hg. von I. Cornelssen und S. Wippel.

Regionale Kooperation und Integration im Maghreb. Für: Informationen zur politischen Bildung, Bonn.

Anmerkungen

1 Die betrachteten Gruppierungen entsprechen innerhalb der marokkanischen Parteienlandschaft (neben den Islamisten) am ehesten der Vorstellung politischer Strömungsparteien: Es handelte sich um die Istiqlâl-Partei, deren Programm national-konservative, islamische und sozialdemokratische Elemente aufweist, die heute eher sozialdemokratische „Union Socialiste des Forces Populaires" und die ex-kommunistische „Parti du Progrès et du Socialisme" (ein-

schließlich ihrer Vorläuferorganisationen).
2   So insb. B. Hibou, Les enjeux de l'ouverture au Maroc, Dissidence économique et contrôle politique, Les Etudes du CERI N° 15, Paris 1996, S. 3.
3   Vgl. A. Giddens, The Consequences of Modernity. Cambridge: Polity Press 1997, S. 64.
4   In früheren Arbeiten verknüpfte der Autor z.b. die ökonomischen Aspekte einer „Islamischen Wirtschaft" mit ihren politischen und kulturellen Dimensionen und bezog dabei wirtschaftsanthropologische Ansätze sowie system- und evolutionstheoretische Überlegungen ein (s. S. Wippel, Islamische Wirtschafts- und Wohlfahrtseinrichtungen in Ägypten zwischen Markt und Moral. Hamburg/Münster: LIT 1997).
5   Der Autor stieg im dritten Jahr des in seinen Grundlagen bereits bestehenden Globalisierungsprojekts ein und arbeitete daran nur zwei statt der ursprünglich vorgesehenen drei Jahre mit, um mit anderen Mitarbeitern den Übergang zu neuen „Forschungslinien" mitgestalten zu können. Da die ökonomische Globalisierung aus dem Entwurf des ZMO-Gesamtprojekts ursprünglich ausdrücklich ausgeschlossen war, war dies auch nicht Bestandteil der Konzeption des Teilprojekts. Gerne hätte der Autor in Folgeprojekten die Untersuchung auch auf weitere Gruppen im Lande (3. Jahr) und ländervergleichend (4. und 5. Jahr) ausgeweitet.
6   Im Rahmen des Folgeprojekts unternahm der Autor einen ersten Versuch, der Vielgestaltigkeit des Phänomens in einigen Zügen habhaft zu werden: S. Wippel, „Fraktale Integration": Überlegungen zu aktuellen Formen und Abläufen wirtschaftlicher Regionalisierung, Ms. Berlin 2000 (erscheint als Beitrag zur Festschrift für Prof. Dr. Dieter Weiss, hg. von I. Cornelssen/S. Wippel).
7   Vgl. bspw. die in der euro-mediterranen Partnerschaft befürchteten „hub and spokes"-Effekte aufgrund der fehlenden Verflechtungen der südmediterranen Partner untereinander: dazu M. Schiffler, Die Euro-Mediterrane Freihandelszone im Licht neuerer Ansätze der Außenwirtschaftstheorie, Diskussionspapiere Nr. 56, FU Berlin, FB Wirtschaftswissenschaft, Fachgebiet Volkswirtschaft des Vorderen Orients. Berlin: Das Arabische Buch 1997.
8   Vgl. dazu bspw. R. Münch, Globale Dynamik, lokale Lebenswelten. Der schwierige Weg in die Weltgesellschaft Frankfurt am Main: Suhrkamp 1998, S. 351; P. Veltz, Une organisation géoéconomique à niveaux multiples. In: politique étrangère, Paris, 62 (1997) 2, S. 272 ; L. Hansen/M.C. Will iams, The Myths of Europe: Legitimacy, Community and the ‚Crisis' of the EU. In: Journal of Common Market Studies, Oxford, 37 (1999) 2, S. 233-249, diskutieren die Notwendigkeit von Legitimation und Mythenbildung. Darauf, daß es sich bei sozialen und geographischen Räumen – zu denen auch trans- und supranationale Regionen zählen – um mentale Konstrukte handelt, verweisen u.a. Erkenntnisse von A. Appadurai, The Production of Locality. In: R. Fardon (Hg.), Counterworks, Managing the Diversity of Knowledge. London/New York: Routledge 1995, S. 204-225; S. Krätke, Globalisierung und Regionalisierung. In: Geographische Zeitschrift, Stuttgart, 83 (1995)1/2, S. 207-221; und R. Higgott, Mondialisation et gouvernance: l'émergence du niveau régional. In: politique étrangère, Paris, 62 (1997) 2, S. 277-292. Aus wirtschaftswissenschaftlicher Sicht könnten hierbei Ansätze der Neuen Institutionenökonomik fruchtbar gemacht werden (vgl. bspw. H. Frambach, Die neoklassische „Geschichte" der Ökonomie: Douglass C. North's Theorie vom Wandel der Institutionen [Antrittsvorlesung im Fachbereich Wirtschaftswissenschaft der Bergischen Universität – Gesamthochschule Wuppertal am 31. März 1999] <http://wwcont.wiwi.uni-wuppertal.de/nioessemn/frambach/> u.a.m.)
9   Trotz seiner grundsätzlichen Westorientierung unterhielt Marokko gute Beziehungen zur Sowjetunion. Vor allem für die Linkssozialisten galt das sozialistische Lager als potentieller Verbündeter und Handelspartner und offerierte ein (nicht unumstrittenes) Wirtschaftsmodell.
10 So laut M. Scheepmaker, ‚Hier zijn zelfs de islamisten pro-Europees'. In: Vice Versa 31 (1997) 1, S. 28-29 <http://www.oneworld.org/euforic/vv/vv97_hi.htm>. S.a. Beiträge in ar-Râya, dem Organ der gemäßigten Islamisten, deren Untersuchung in einem dritten Projektjahr angestanden hätte.
11 Zur Bedeutung neuer übergreifender, i.w.S. „medi-terraner" – um Binnenmeere gelegener, mehrere Subregionen umfassender – Räume (wie am Schwarzen Meer) vgl. auch F. Attina, Regional Cooperation in Global Perspective. The case of the „mediterranean" regions, Jean Monnet Working Papers in Comparative and International Politics 04.96, University of Catania, Department of Political Studies, Jean Monnet Chair of European Comparative Politics,

	Catania 1996 <*http://www.fscpo.unict.it/vademec/jmwp04.htm*>.
12	Auch materiellen Einrichtungen wird hierbei eine große symbolische Bedeutung zugeschrieben: vgl. bspw. S. Wippel, Die „feste Verbindung" mit Europa. Infrastrukturprojekte über die Straße von Gibraltar und ihre symbolische Bedeutung für die regionalen Zugehörigkeiten Marokkos. In: asien, afrika, lateinamerika, Berlin, 28 (2000) 6 (im Druck).
13	Vgl. A. Englert, Die Große Arabische Freihandelszone. Motive und Erfolgsaussichten der neuen Initiative für eine intra-arabische Integration aus arabischer Sicht, Diskussionspapiere Nr. 73, FU Berlin, FB Wirtschaftswissenschaft, Fachgebiet Volkswirtschaft des Vorderen Orients. Berlin: Das Arabische Buch 2000.
14	Reaktionen in marokkanischen Partei- und anderen Zeitungen im Herbst 2000 auf den schleppend vorangehenden euro-mediterranen Partnerschaftsprozeß (zur Umsetzung des Assoziationsabkommens, zu Mittelabflußproblemen, vor allem aber zu den Verhandlungen über ein neues Fischereiabkommen und zur von der zweiten Intifada überschatteten vierten euro-mediterranen Konferenz in Marseille) bestätigen die Gefahr, daß die im letzten Jahrzehnt gewachsene Stimmung leicht wieder umschlagen könnte.
15	Vgl. Libération [Casablanca] vom 6.2.1996 und Mohamed Mardi, Réflexions sur les retombées du projet de liaison fixe à travers le détroit. In: Mohamed Refass (Koord.), Tanger. Espace, économie et société, Rabat/Tanger 1993, S. 140f.

Literaturhinweise

Angesichts der Fülle von Veröffentlichungen zum Komplex „Globalisierung" verbietet sich in der folgenden Übersicht jeder Anspruch auf Vollständigkeit. Hier sollen deshalb die Titel Erwähnung finden, die von mehreren oder allen obengenannten Autorinnen für ihre Forschungen verwendet wurden.
Für eine bessere Übersichtlichkeit sind die Publikationen nach Schwerpunkten geordnet.

A) Allgemein

Altvater, Elmar, 1996: Grenzen der Globalisierung : Ökonomie, Ökologie und Politik in der Weltgesellschaft. Münster: Westfälisches Dampfboot.
Beck, Ulrich, 1997: Was ist Globalisierung? Frankfurt am Main: Fischer.
Giddens, Anthony, 1990, 1997: The Consequences of Modernity. Cambridge: Polity Press.
Reinknecht, Gottfried, 1996: Globalisierung: Kurzbibliographie. In: Nord-Süd aktuell, Hamburg, 10, 3, S. 567-581.
Said, Edward, 1998: Zwischen den Welten. In: Sinn und Form, Berlin, 50, S. 765-779.
Slater, R.O./B.M. Schutz/St.R. Dorr (Hg.), 1993: Global transformation and the Third World. Boulder: Westview.
Turner, Bryan S., 1994: Orientalism, Postmodernism and Globalism. London u.a.: Routledge.
Waters, Malcolm, 1995: Globalization. London u.a.: Routledge.

B) Globalisierung und Ökonomie

Chartouni, Charles, 1996: Global society, technology and democracy: essays in political epistemology. Beirut: Lebanese University, Institute of Social Sciences – Research Center.
Martin, Hans-Peter/Harald Schumann 1996: Die Globalisierungsfalle: Der Angriff auf Wohlstand und Demokratie. Reinbek: Rowohlt.
Muhammadi, A. (Hg.), 1997: International Communication and Globalization. A Critical Introduction. London u.a.: Sage.
Thurow, Lester C., 1996: The future of capitalism. How today's economic forces shape tomorrow's world. New York: St. Martin's Press.

C) Globalisierung und Nationalstaat

Appadurai, Arjun, 1996: Sovereignty without territoriality: notes for a postnational geography. In: Yaeger, P. (Hg.), The geography of identity. Ann Arbor: The University of Michigan Press, S. 40-58.
Basch, Linda u.a., 1994: Nations Unbound. Transnational Projects, Postcolonial Predicaments, and Deterritorialized Nation-States. Langhorne: Gordon and Breach.

Glick-Schiller, Nina/Linda Basch/Cristina Szanton Blanc, 1992: Towards a Transnational Perspective on Migration: Race, Class, Ethnicity, and Nationalism Reconsidered. New York: St. Martin's Press.
Kappel, Robert, 1995: Kern und Rand in der globalen Ordnung: Globalisierung, Tripolarität, Territorium und Peripherisierung. In: Peripherie, Frankfurt/M., 15, 59-60, S. 79-117.
Malkki, L., 1995: Refugees and exile: from „refugee studies" to the national order of things. In: Annual Review of Anthropology, Palo Alto, 24, S. 495-523.
Mehmet, Oezay, 1994: Fundamentalismus und Nationalstaat: der Islam und die Moderne. Hamburg: Europäische Verlagsanstalt.
Mittelman, James H. (Hg.), 1996: Globalization: Critical reflections. Boulder: Lynne Rienner.
Schrader, Heiko, 1996: Globalisation, (de)civilisation and morality. Universität Bielefeld, Forschungsschwerpunkt Entwicklungssoziologie, Working Paper No. 242.
Taylor, P.J., 1995: Beyond containers: internationality, interstateness, interterritoriality. In: Progress in Human Geography, London, 19, 1, S. 1-15.
Yearley, Steven, 1996: Sociology, environmentalism, globalization: Reinventing the globe. London u.a.: Sage.

D) Globalisierung und Geschichte

Amin, Samir, 1997: Capitalism in the Age of Globalization. The Management of Contemporary Society. London: Zed.
Amin, Samir, 1997: Die Zukunft des Weltsystems. Herausforderungen der Globalisierung. Hamburg: VSA-Verlag.
Campbell, J.T., 1997: Towards a Transnational Comparative History. In: Beyond White Supremacy: Towards a New Agenda for the Comparative Histories of South Africa and the United States. Collected Seminar Papers No. 49 London: University of London, School of Advanced Studies, S. 22-27.
Foreman-Peck, J. (Hg.), 1998: Historical Foundations of Globalization. Cheltenham: Elgar.
Frank, Andre Gunder, 1993: The world system: Five hundred years of five thousand? London u.a.: Routledge.
Holm, H.-H./G. Sorensen, (Hg.), 1995: Whose world order? Uneven globalization and the end of the Cold War. Boulder: Westview.
Law, Robin (Hg.), 1995: From slave trade to ‚legitimate commerce': The commercial transition in nineteenth-century West Africa. Cambridge: Cambridge University Press.
Mazlish, Bruce/Ralph Buultjens (Hg.), 1993: Conceptualizing global history. Boulder: Westview.
Williamson, Jeffrey G., 1996: Globalization, convergence and history. In: Journal of Economic History, New York, 56, 2, S. 277-306.
Zeleza, Paul Tiyambe, 1993: A modern economic history of Africa, Vol. I: The 19th Century. Dakar: CODESRIA.

E) Globalisierung und Kultur

Appadurai, Arjun, 1996: Modernity at Large: Cultural dimensions of globalization. Minneapolis: University of Minnesota Press.
Bahadir, Sepik Alp, 1998: Kultur und Region im Zeichen der Globalisierung. Erlangen-Nürnberg: Zentralinstitut für Regionalforschung, Arbeitspapier Nr. 2.
Bhabha, Homi, 1994: Location of Culture. London: Zed.
Breidenbach, Joachim, 1998: Tanz der Kulturen: kulturelle Identität in einer globalisierten Welt. München: C.H. Beck.

Featherstone, Mike (Hg.), 1994: Global Culture. Nationalism, Globalization and Modernity. London u.a.: Sage.
Featherstone, Mike, 1995: Undoing culture: Globalism, postmodernism and identity. London u.a.: Sage.
Featherstone, Mike/Scott Lash/Roland Robertson (Hg.), 1995: Global modernities. London u.a.: Sage.
Friedman, Jonathan, 1994: Cultural identity and global process. London u.a.: Sage.
Friedman, Jonathan, 1995: Global System, globalization and the parameters of modernity. In: Featherstone/Lash/Robertson (Hg.), Global modernities, a.a.O., S. 69-90.
Geiger, K.F., 1998: Krieg oder Frieden der Kulturen. Kassel: Universität/GH Kassel, FB 05/Gesellschaftswissenschaften, Working Paper No. 6.
King, Anthony D., 1991: Culture, globalization and the world-system: contemporary conditions for the representation of identity. Houndsmills u.a.: Macmillan.
Pieterse, Jan Nederveen, 1995: Globalization as hybridization. In: Featherstone/Lash/Robertson, Global modernities, a.a.O., S. 45-68.
Rapp, F. (Hg.), 1998: Globalisierung und kulturelle Identität. Bochum: Projekt-Verlag, Schriftenreihe der Universität Dortmund; 42.
Ruloff, D., 1998: Vom Ost-West-Konflikt zum Kampf der Kulturen? Die neue Teilung der Welt im Zeitalter der Globalisierung. Zürich: Universität Zürich, Studien zur Politikwissenschaft; 229.
Schimany, Peter/Manfred Seifert, 1997: Globale Gesellschaft? Perspektiven der Kultur- und Sozialwissenschaften. Frankfurt/M.: Lang.

F) Globalisierung und Lokalität

Appadurai, Arjun 1995: The production of locality. In: Fardon, Richard (Hg.), Counterworks: Managing the diversity of knowledge. London u.a.: Routledge, S. 204-225.
Berner, Erhard/Rüdiger Korff, 1994: Globalization and local resistance: The creation of localities in Manila and Bangkok. Universität Bielefeld, Forschungsschwerpunkt Entwicklungssoziologie, Working Paper No. 205.
Cooper, Frederick/Ann Stoler Ann (Hg.), 1997: Tensions of empire: Colonial cultures in a Bourgeois world. Berkeley: University of California Press.
Cvetkovich, Ann/Douglas Kellner, 1997: Articulating the global and the local: Globalization and cultural studies. Boulder: Westview.
Gilroy, Paul, 1993: The black Atlantic: Modernity and double consciousness. Cambridge u.a.: Harvard University Press.
Korff, Rüdiger, 1995: Globale Integration und lokale Fragmentierung. Das Konfliktpotential von Globalisierungsprozessen. Universität Bielefeld, Forschungsschwerpunkt Entwicklungssoziologie, Working Paper No. 220.
Krätke, Stefan, 1995: Globalisierung und Regionalisierung. In: Geographische Zeitschrift, Stuttgart, 83, 3-4, S. 207-221.
McMichael, Philip, 1996: Globalization: Myths and realities. In: Rural Sociology, College Station, 61, 1, S. 25-55.
Miller, Daniel (Hg.), 1995: Worlds apart: Modernity through the prism of the local. London u.a.: Routledge.
Mlinar, Zdravko (Hg.), 1992: Globalization and territorial identities. Aldershot u.a.: Avebury.
Robertson, Roland, 1995: Glocalization: Time – space and homogeneity – heterogeneity. In: Featherstone/Lash/Robertson (Hg.), Global modernities, a.a.O., S. 25-44.

G) Globalisierung und Religion

Ahmad, Akbar S., 1990: Discovering Islam: Making sense of Muslim history and society. London u.a.: Sage.
Ahmad, Akbar S., 1992: Postmodernism and Islam: Promise and predicament. London: Routledge.
Ahmad, Akbar S./Hastings Donnan (Hg.), 1994: Islam, globalization and postmodernity. London u.a.: Sage.
Beyer, Peter, 1994: Religion and globalization. London u.a.: Sage.
Bin Sayeed, Khalid, 1995: Western dominance and political Islam: challenge and response. Albany: State Univ. of New York Press.
Brouwer, Steve u.a., 1996: Exporting the American gospel: Global Christian fundamentalism. London u.a.: Routledge.
Campbell, John R./Alan Rew (Hg.), 1999: Identity and affect: experiences of identity in a globalising world. London u.a.: Pluto.
Cooper, J./R.L. Nettler/M. Mahmoud (Hg.), 1998: Islam and Modernity: Muslim Intellectuals Respond. London-New York: Praeger.
Gerges, Fawaz, 1999: America and political Islam : clash of cultures or clash of interests? Cambridge: Cambridge University Press.
Gifford, Paul, 1994: Some recent developments in African Christianity. In: African Affairs, Oxford, 93, S. 513-534.
Haynes, Jeff, 1996: Religion and Politics in Africa. Nairobi: East African Educational Publ., London: Zed.
Huntington, Samuel, 1996: Kampf der Kulturen. Die Neugestaltung der Weltpolitik im 21. Jahrhundert. München: Europaverlag.
Husain, Mir (Hg.), 1995: Global Islamic politics. New York: Harper Collins.
Leveau, Remy (Hg.), 1998: Islam(s) en Europe. Approches d'un nouveau pluralisme culturel européen. Berlin: ohne Verlag, Les travaux du Centre Marc Bloch; 13.
Manger, Leif (Hg.), 1999: Muslim diversity: local Islam in global context. Richmond: Curzon Press.
Marshall, Ruth M., 1993 ‚Power in the name of Jesus': Social transformation and pentecostalism in Western Nigeria ‚revisited'.
Memon, A.N., 1995 The Islamic nation: Status and future of Muslims in the New World Order. Belstville, Md.: Writers' Inc. International.
Nielsen, J.S., 1998: The Christian-Muslim Frontier; Chaos, Clash or Dialogue? London-New York: Praeger.
Poewe, Karla (Hg.), 1994: Charismatic Christianity as a global culture. Columbia: University of South Carolina Press.
Rejwan, Nossar, 1998: Arabs face the Modern World: Religious, Cultural and Political Responses to the West. Gainesville: University of Florida Press.
Salvatore, Armando, 1997: Islam and the political discourse of modernity. Reading: Ithaca Press.
Schulze, Reinhard, 1990: Islamischer Internationalismus im 20. Jahrhundert. Untersuchungen zur Geschichte der islamischen Weltliga. Leiden: Brill.
Stauth, Georg, 1996: Globalization, modernity, Islam. Universität Bielefeld, Forschungsschwerpunkt Entwicklungssoziologie, Working Paper No. 249.

H) Globalisierung und Geschlechterverhältnisse

Giri, Ananta Kumar,1995: The dialectic between globalization and localization: Economic restructuring, women and strategies of cultural reproduction. In: Dialectical Anthropology, Dordrecht, 20, 2, S. 193-216.

Lachenmann, Gudrun, 1995: Internationale Frauenpolitik im Kontext von Globalisierung und aktuellen Transformationsprozessen. Universität Bielefeld, Forschungsschwerpunkt Entwicklungssoziologie, Working Paper No. 229.

Lachenmann, Gudrun, 1996: Weltfrauenkonferenz und Forum der Nichtregierungsorganisationen in Peking – Internationale Frauenbewegung als Vorreiterinnen einer globalen Zivilgesellschaft? Universität Bielefeld, Forschungsschwerpunkt Entwicklungssoziologie, Working Paper No. 251.

Rajput, Pam/Hem Lata Swarup, 1994: Women and globalisation: Reflections, options and strategies. New Delhi: Ashish.

ZENTRUM MODERNER ORIENT

ARBEITSHEFTE

Nr. 1 ANNEMARIE HAFNER/JOACHIM HEIDRICH/PETRA HEIDRICH: Indien: Identität, Konflikt und soziale Bewegung

Nr. 2 HEIKE LIEBAU: Die Quellen der Dänisch-Halleschen Mission in Tranquebar in deutschen Archiven. Ihre Bedeutung für die Indienforschung

Nr. 3 JÜRGEN HERZOG: Kolonialismus und Ökologie im Kontext der Geschichte Tansanias - Plädoyer für eine historische Umweltforschung (herausgegeben von Achim von Oppen)

Nr. 4 GERHARD HÖPP: Arabische und islamische Periodika in Berlin und Brandenburg, 1915 - 1945. Geschichtlicher Abriß und Bibliographie

Nr. 5 DIETRICH REETZ: Hijrat: The Flight of the Faithful. A British file on the Exodus of Muslim Peasants from North India to Afghanistan in 1920

Nr. 6 HENNER FÜRTIG: Demokratie in Saudi-Arabien? Die Āl Saʿūd und die Folgen des zweiten Golfkrieges

Nr. 7 THOMAS SCHEFFLER: Die SPD und der Algerienkrieg (1954-1962)

Nr. 8 ANNEMARIE HAFNER (Hg.): Essays on South Asian Society, Culture and Politics

Nr. 9 BERNT GLATZER (Hg.): Essays on South Asian Society, Culture and Politics II

Nr. 10 UTE LUIG/ACHIM VON OPPEN (Hg.): Naturaneignung in Afrika als sozialer und symbolischer Prozess

Nr. 11 GERHARD HÖPP/GERDIEN JONKER (Hg.): In fremder Erde. Zur Geschichte und Gegenwart der islamischen Bestattung in Deutschland

Nr. 12 HENNER FÜRTIG: Liberalisierung als Herausforderung. Wie stabil ist die Islamische Republik Iran?

Nr. 13 UWE PFULLMANN: Thronfolge in Saudi-Arabien - vom Anfang der wahhabitischen Bewegung bis 1953

Nr. 14 DIETRICH REETZ/HEIKE LIEBAU (Hg.): Globale Prozesse und "Akteure des Wandels": Quellen und Methoden ihrer Untersuchung

Nr. 15 JAN-GEORG DEUTSCH/INGEBORG HALENE (Hg.): Afrikabezogene Nachlässe in den Bibliotheken und Archiven der Bundesländer Berlin, Brandenburg und Mecklenburg-Vorpommern

Nr. 16 HENNER FÜRTIG/GERHARD HÖPP (Hg.): Wessen Geschichte? Muslimische Erfahrungen historischer Zäsuren im 20. Jahrhundert

Nr. 17 AXEL HARNEIT-SIEVERS (Hg.): Afrikanische Geschichte und Weltgeschichte: Regionale und universale Themen in Forschung und Lehre

Nr. 18 GERHARD HÖPP: Texte aus der Fremde. Arabische politische Publizistik in Deutschland, 1896-1945. Eine Bibliographie

Nr. 19 HENNER FÜRTIG (Hg.): Abgrenzung und Aneignung in der Globalisierung: Asien, Afrika und Europa seit dem 18. Jahrhundert

STUDIEN

Bd. 1   JOACHIM HEIDRICH (Hg.): Changing Identities. The Transformation of Asian and African Societies under Colonialism

Bd. 2   ACHIM VON OPPEN/RICHARD ROTTENBURG (Hg.): Organisationswandel in Afrika: Kollektive Praxis und kulturelle Aneignung

Bd. 3   JAN-GEORG DEUTSCH: Educating the Middlemen: A Political and Economic History of Statutory Cocoa Marketing in Nigeria, 1936-1947

Bd. 4   GERHARD HÖPP (Hg.): Fremde Erfahrungen: Asiaten und Afrikaner in Deutschland, Österreich und in der Schweiz bis 1945

Bd. 5   HELMUT BLEY: Afrika: Geschichte und Politik. Ausgewählte Beiträge 1967-1992

Bd. 6   GERHARD HÖPP: Muslime in der Mark. Als Kriegsgefangene und Internierte in Wünsdorf und Zossen, 1914 - 1924

Bd. 7   JAN-GEORG DEUTSCH/ALBERT WIRZ (Hg.): Geschichte in Afrika. Einführung in Probleme und Debatten

Bd. 8   HENNER FÜRTIG: Islamische Weltauffassung und außenpolitische Konzeptionen der iranischen Staatsführung seit dem Tod Ajatollah Khomeinis

Bd. 9   BRIGITTE BÜHLER: Mündliche Überlieferungen: Geschichte und Geschichten der Wiya im Grasland von Kamerun

Bd. 10   KATJA FÜLLBERG-STOLBERG/PETRA HEIDRICH/ELLINOR SCHÖNE (Hg.): Dissociation and Appropriation: Responses to Globalization in Asia and Africa

Bd. 11   GERDIEN JONKER (Hg.): Kern und Rand. Religiöse Minderheiten aus der Türkei in Deutschland

Bd. 12   REINHART KÖßLER/DIETER NEUBERT/ACHIM V. OPPEN (Hg.): Gemeinschaften in einer entgrenzten Welt

Bd. 13   GERHARD HÖPP/BRIGITTE REINWALD (Hg.): Fremdeinsätze. Afrikaner und Asiaten in europäischen Kriegen, 1914 - 1945

Bd. 14   PETRA HEIDRICH/HEIKE LIEBAU (Hg.): Akteure des Wandels. Lebensläufe und Gruppenbilder an Schnittstellen von Kulturen

Bd. 15   DIETRICH REETZ (Hg): Sendungsbewußtsein oder Eigennutz: Zu Motivation und Selbstverständnis islamischer Mobilisierung

SCHRIFTEN DES ARBEITSKREISES MODERNE UND ISLAM

Bd. 1   ZEYNEP AYGEN (Hg.): Bürger statt Städter. Bürgerbeteiligung als Strategie der Problemlösung und der sozialen Integration

Bd. 2   STEPHAN ROSINY: Shi'a Publishing in Lebanon. With Special Reference to Islamic and Islamist Publications

Bd. 3   GERHARD HÖPP/NORBERT MATTES (Hg.): Berlin für Orientalisten. Ein Stadtführer

In Vorbereitung:

STUDIEN

GERHARD HÖPP (Hg.): Mufti-Papiere. Briefe, Memoranden, Reden und Aufrufe Amīn al Ḥusainīs aus dem Exil, 1940-1945

Bei Fragen zur Produktsicherheit wenden Sie sich bitte an:
If you have any questions regarding product safety,
please contact:

Walter de Gruyter GmbH
Genthiner Straße 13
10785 Berlin
productsafety@degruyterbrill.com